Hans Kreis

Die Kraft der Lebensvision

Hans Kreis

Die Kraft der Lebensvision

In 9 Schritten zum Glück

Knaur
MensSana

Herausgegeben von Hans Christian Meiser

Hinweis

Dieses Buch versteht sich als Hilfe zur Selbsthilfe. Es will Anregungen geben, die den Leser zum Nachdenken bringen möchten. Der Autor ist ein erfahrener Coach, der nicht die professionelle Hilfe eines Arztes oder Therapeuten ersetzen will, wie sie bei schwer wiegenden Problemen nötig sein kann. Für die Fallbeispiele hat der Autor aus seiner langjährigen Erfahrung geschöpft. Um die Betroffenen zu anonymisieren, hat er die Beispiele stark vereinfacht und die Personen ausgetauscht. Ähnlichkeiten mit lebenden oder toten Persönlichkeiten sind rein zufällig und keinesfalls beabsichtigt.

Die Folie des Schutzumschlags sowie die Einschweißfolie
sind PE-Folien und biologisch abbaubar. Dieses Buch
wurde auf chlor- und säurefreiem Papier gedruckt.

Besuchen Sie uns im Internet: www.droemer-knaur.de
Alle Titel aus dem Bereich MensSana
finden Sie im Internet unter www.knaur-mens-sana.de

Deutsche Erstausgabe Februar 2007

Umschlaggestaltung: ZERO Werbeagentur, München
Umschlagabbildung: Mauritius
Satz: Adobe InDesign im Verlag
Druck und Bindung: GGP Media GmbH, Pößneck
Printed in Germany
ISBN 978-3-426-66591-6

2 4 5 3 1

Inhalt

»Es ist unglaublich, wie viel Kraft die Seele dem Körper zu verleihen vermag.«

Wilhelm von Humboldt

Vorwort

Gehören Sie zu den Menschen, die in einer Welt voller Ängste, Sorgen und Probleme mehr wollen als nur zu funktionieren? Gehören Sie vielleicht sogar zu den Menschen, die gerade deshalb eine immer größer werdende Sehnsucht in sich spüren, neue Fragen stellen und dem Leben wieder einen tieferen Sinn geben möchten?
Wenn Sie »so« wie bisher nicht mehr weiterleben wollen und wieder neugierig geworden sind auf das, was wirklich aus Ihnen werden will, dann haben Sie mit diesem Buch einen wichtigen Wegweiser gefunden.
Irgendetwas in Ihnen weiß seit dem ersten Atemzug, dass Sie viel mehr sind als das, was Sie bisher lebten. Sie sind der große Traum einer Seele, den es zu verwirklichen gilt. Diesen großen Traum meinen Menschen seit jeher, wenn sie sich entscheiden, die Vision ihres Lebens erfüllen zu wollen.
Leider sind wir alle im Laufe des Lebens zu Verrätern unserer wunderbaren und einzigartigen Vision geworden. Das macht uns leicht zum Spielball fremder Ziele und Visionen. Ängste, Krisen und Depressionen sind der Lohn dieses Verrats.
Auf der Visionsreise, zu der ich Sie jetzt einlade, lernen Sie all das, was Sie scheinbar hindert, Ihren inneren Auftrag zu erfüllen, wieder in heilsame Kräfte zu verwandeln. Sorgen und Pro-

bleme werden so zu geheimnisvollen Wegweisern und Ängste wandeln sich zu erleuchtenden Sehnsüchten. Sie werden staunen, wie einfach und schnell das mithilfe dieses Buches gelingen kann. Viele Praxisbeispiele und einfache Visionsübungen werden Ihnen helfen, damit die Reise zum großen Traum eine Erfolgsgeschichte wird, die Ihren Namen trägt.
Schritt für Schritt werden Sie nicht nur Ihre Vision klarer sehen lernen, sondern auch endlich wieder sinnvoller und erfüllter leben.

Hans Kreis

Einführung

Dieses Buch ist ein Wegweiser, der Ihnen hilft, in einem fremd gewordenen Land die Blume zu finden, die Ihren wahren Namen trägt.

»An der Größe deiner Angst erkennst du die Größe deiner Vision.« Manchmal begegnen uns Sätze mit der Kraft eines Sonnenaufgangs. Das leise Licht der Vorahnung erfasst unsere Seelenlandschaft dort, wo die Dunkelheit ihren Anfang nahm. Noch ist das Licht zu schwach, um Klarheit in unser Leben zu bringen. Und doch fühlt sich alles um uns herum schon anders an als in der Hoffnungslosigkeit einer rabenschwarzen Nacht.

Der Mann, der mir diesen Satz mitgab, damals am Ende einer schweren Sinnkrise voller dunkler Nächte und vergessener Antworten, wollte ihn als Abschiedsgeschenk verstanden wissen, bevor er mich freigab für ein neues, hoffnungsvolles Leben. Diese Freigabe war für ihn ein Akt der Liebe und für mich eine Enttäuschung. Heute weiß ich, wer den anderen wirklich liebt, muss auch bereit sein, ihn zu enttäuschen.

Mit den Augen der Liebe sehen wir oft klarer, was aus dem anderen werden will. Wir sehen aber auch den Beitrag, den wir zu leisten haben, damit dieses Große im anderen zum Blühen kommt. Ein Teil in mir ahnte etwas von dieser Liebe, der andere Teil aber, der mir wohlbekannte Teil, war tief gekränkt. Er

fühlte sich vor die Tür gesetzt, verraten und voller Angst. Schließlich war dieser Mann seit langer Zeit mein Therapeut. Ihm hatte ich vertraut, ihm hatte ich alles anvertraut, ihm hatte ich mich ausgeliefert. Jetzt sollte das alles zu Ende sein? Verraten – aus Liebe – und weil er an mich und mein neues, großartiges Leben glaubte? Das konnte ich damals nicht – noch nicht – verstehen. Zu sehr hatte ich mich an diese Abhängigkeit gewöhnt. Lange, zu lange führte dieser Mann mich Nachtblinden durch die Nacht. In dem Augenblick, als ich die Tür zuschnappen hörte, fühlte ich noch einmal die pochende Angst ... Ich stand mitten im abendlichen Großstadttreiben und war doch der einsamste Mensch auf der Welt.
Aber bei aller Angst, Wut und Trauer spürte ich gleichzeitig eine leise, verdrängte Sehnsucht: Es war die Sehnsucht meiner Seele. Meine Seele sehnte sich nach dem unbekannten Großen und nach einem Sonnenaufgang, der dieses Verdrängte sichtbar machen würde. Meine Seele wollte ihren großen Traum verwirklicht sehen.
Ich entschied mich – trotz aller Zweifel, aller Warnungen und aller gut gemeinten Ratschläge –, der Sehnsucht meiner Seele zu folgen. Schon mit dem ersten Schritt machte ich eine wundersame Erfahrung: Meine Angst war in Wirklichkeit nichts anderes als verzauberte Sehnsucht, und jeder Schritt auf meinem Sehnsuchtsweg erlöste einen Teil meiner Angst.
Heute weiß ich, dass wir immer wieder vor der schicksalhaften Entscheidung stehen, welchen Weg wir gehen wollen. »Der Angstweg ist uns wohl bekannt, der Sehnsuchtsweg meist unbekannt«, schrieb mir ein dankbarer Klient einmal aus einem fernen Land. Vorher hatte er Angst zu reisen. Jetzt ist er ein Weltenbummler geworden. Die Sehnsucht zeigte ihm den Weg zum großen Traum, zu seiner Vision von Leben.
Wenn Sie dieses Buch lesen, wird sich Ihr Blick weiten. Er wird weit über die Angst hinausgehen. Es wird Ihnen dämmern, wie abhängig Sie bisher waren und welch hohen Preis Sie für diese

Abhängigkeit bis jetzt schon zahlten. Sie werden Ängste in einem neuen Licht sehen, so wie auch die Nacht zum besten Freund werden kann, wenn man sie zu lieben weiß.

Erinnern Sie sich noch an die Nacht, die von Ihrer ersten großen Liebe erfüllt war? Wo war da die Angst und welche Bedeutung hatte sie damals? Die Vision Ihrer Liebe hatte sie aufgesogen wie Märzensonne den Schnee. Dieses Buch will Sie daran erinnern, dass diese kraftvollen Bilder noch als Erinnerung in Ihnen schlummern, es will Sie wieder zur Kraft dieser Bilder führen.

Dieses Buch kann aber noch mehr: Es kann sogar der Zauberstab sein, der Ihnen beim Zaubern und Verzaubern hilft. So gesehen, ist es ein Zauberbuch – aber nur dann, wenn Sie das Gelesene auch in Ihr Leben integrieren.

Das Land, das Ihren Namen trägt

»Lehren sind nichts für mich, an mir selbst will ich lernen.« Dies ist ein Satz, der mich schon lange begleitet. Auf eigenen Beinen zu stehen heißt nicht unbedingt auch, sein eigenes Leben zu leben. Durch dieses Buch werden Sie lernen, vieles mit den wachen Augen eines Visionärs zu sehen – auch sich selbst oder Ihr bisheriges Leben. Ich war ein erfolgreicher Unternehmer und war es gewohnt, Ziele zu erfüllen. Ich war Dienstleister und lebte von den Träumen und Wünschen anderer. Ich war mein eigener Chef und als solcher für viele, viele Mitarbeiter verantwortlich. Dabei vergaß ich ganz, dass ich auch für mich selbst verantwortlich war, für mich zu sorgen hatte. Dann kamen die Jahre, in denen ich einfach nur funktionierte. Das kostete mich die meiste Kraft. Fast ein Jahrzehnt später erlangte ich durch lange Arbeit an mir selbst wieder neue Kraft. Aber was sollte ich mit dieser meiner befreiten Kraft anfangen? Wenn Fragen immer drängender werden und wir uns weiter um die Antworten drücken, dann ist das so, als wollten wir die Morgendämmerung nicht. Der Tag beginnt dann eben, ohne uns zu fragen. Auch unsere Vision verwirklicht sich, ohne uns zu fragen, wenn wir ihr keine Beachtung schenken. Das Schicksal wird zum Regisseur. Oft bedient es sich des scheinbaren Zufalls.

Dieser Zufall wollte es, dass ich meine Firmen schnell und gut verkaufen konnte. Aber die Entscheidung zu verkaufen blieb mir trotzdem nicht erspart. Ich entschied mich für den Verkauf und damit für einen radikalen Neubeginn. Ich hatte plötzlich Geld und Zeit, um mir die besten Lehrer und Schulen leisten zu können, durch die ich zu immer klügeren Antworten kam. Aber auch die beste Schule ist nur eine Vorbereitung auf das Wesentliche. Was aber ist das Wesentliche auf unserer Lebensreise?

Dieses Buch will eine Landkarte sein, die Ihnen hilft, diese Frage zu beantworten. So können Sie sich besser in einer Landschaft zurechtfinden, die Ihren Namen trägt. Vielleicht wird es Ihnen wie dem großen Gilgamesch gehen, der am Ende seiner Reise tief erschüttert in sein wahres Wesen schaute.

Wenn wir in scheinbar unbekannte Länder reisen, ist es hilfreich und beruhigend zugleich, dass die Landkarte von Kundigen erstellt wurde, die sich ihrer Verantwortung bewusst sind. Aber auch die beste Landkarte kann die Reise nicht ersetzen.

Meine Reise ins Wesentliche dauerte viele Jahre. Manchmal glaube ich, sie wird erst mit meinem Tod zu Ende gehen. Viele wunderbare Führer lernte ich auf dieser Reise bisher kennen. Jeder gab mir sein Wissen und seine Erfahrung mit. Viel davon werden Sie in diesem Buch wiederfinden – verpackt in schöne, aber auch berührende Geschichten und Übungen. Jede Übung ein Stück Lebenserfahrung, also gelebtes Leben. Wir wandern alle auf Straßen, die Menschen vor uns bauten. Nur in welchem Bewusstsein wir dies tun, das ist unsere Freiheit.

Dieses Bewusstsein führt uns irgendwann zur Erkenntnis, dass

auch die besten und weisesten Führer zu Verführern werden, wenn wir uns nicht trauen, Abschied zu nehmen.
Ich erinnere mich noch daran, wie das Schicksal mir bei diesen Trennungen immer liebevoller half. Irgendwann hatte ich gelernt, dass jeder noch so wunderbare Begleiter nur ein Weggefährte aus einer – seiner – anderen Welt war. Die Begegnungen waren Berührungen zweier Sterne aus unterschiedlichen Galaxien. Erfahrungen aus so unterschiedlichen Galaxien sind nur bedingt übertragbar, wenn es um die Verwirklichung unserer eigenen Vision geht.
Wenn Sie dieses Buch lesen, werden Sie einen Begleiter kennen und schätzen lernen, der mehr weiß als Sie und dem Sie trotzdem vertrauen dürfen. Er kann Ihr treuester und weisester Führer sein, wenn Sie Ihr Bewusstsein entsprechend schulen. Sie werden erstaunt sein, wie schnell es Ihnen mithilfe dieses Buches glückt, diesen Führer wiederzufinden.
Mich führte dieser Führer zu einem Schatz, den es nur ein einziges Mal im ganzen Universum gibt. Dieser Schatz bin ich selbst. Dieses ICH ist viel mehr als der, der ich glaube zu sein; erst recht viel mehr, als der, den sich die Eltern damals vor der Geburt gewünscht hatten oder den man sich in Zukunft vorstellt. Nein, viel schöner und größer ist dieser Schatz: Es ist die Vision meiner Seele von mir. Diese Vision ist der größte Traum, den wir uns erfüllen können.
Mittlerweile durfte ich unzählige Menschen bei ihrer Schatzsuche begleiten. Immer wieder staune ich über die Fantasie und Weisheit, aber auch die Radikalität, mit der sich Visionen der Seele erfüllen.
Erleben Sie in diesem Buch anhand von vielen Beispielen und Tipps aus meiner Arbeit als Coach, wie kraftvoll sich Visionen der Seele Schritt für Schritt verwirklichen. Erleben Sie aber vor allem an sich selbst, wie sich Ihr Leben mit Sinn und Glück erfüllt, wenn Sie sich selbst diesen größten Traum erfüllen.
Am Ende eines jeden Kapitels gebe ich Ihnen Anregungen, die

Ihnen helfen, auf dass die Reise zum großen Traum Sie nicht nur glücklich, sondern auch unsterblich macht.
Genießen Sie dieses Buch wie ein Festtagsmenü, auf das Sie sich schon freuen, wenn Sie nur daran denken. Denken Sie beim Lesen auch daran, dass Ihre Seele mitlesen will. Die Seele hat ihre eigene Vorstellung von Genießen und Verstehen. »Langsamer lesen, um schneller zu sein.« Dieses Motto gefällt der Seele. Sie werden staunen, wie sich Ihre Seele dafür bedankt.
Vielleicht stellen Sie beim langsamen Lesen der Kapitel fest, dass ein Kapitel auf das andere aufbaut, wie ein Tag auf den anderen, und dass ein neuer Tag nicht mit einem Druck auf den Lichtschalter, sondern mit allmählichem Dämmern beginnt. Dann haben Sie ein gutes Bild dafür, wie sich Träume und Visionen entfalten wollen.
So wie wir jeden Tag als etwas Einmaliges erleben sollten, statt ihn an anderen Tagen zu messen, so sollten Sie es auch mit den Fallbeispielen in diesem Buch halten: Lassen Sie sich von der großen Vielfalt anderer Visionen inspirieren und verzaubern, aber vergessen Sie dabei nicht: Ihre wunderbarste Vision sind Sie selbst und die ist zugleich der Beginn einer unendlich spannenden Reise.

KAPITEL 1

Es werde Licht

ODER:

WENN ENGEL TRÄUMEN

Wenn Ihre Vision die Blume ist, die erst über scheinbare Umwege ihre ganze Blütenpracht entfaltet, dann ist Ihr Bewusstsein die Sonne, die Ihre Vision zum Blühen bringt. Machen Sie sich zuerst bewusst, dass es viele Möglichkeiten gibt, Ihre Vision zu leben. So wie Sie jetzt leben, ist nur eine davon. Die vielen Fallgeschichten und Übungen werden Ihnen helfen, immer bewusster Ihre eigene Vision zum Blühen zu bringen.

Das Bild ist nicht die Landschaft

Von meinem Fenster aus habe ich einen weiten Blick auf eine wunderbare Landschaft. Je weiter mein Blick wird, umso wunderbarer und einmaliger kommt mir diese Landschaft vor. Je nach Wetter und Jahreszeit verändert sich das Bild. Wenn ich gestresst von einer langen Geschäftsreise zurückkomme, erlebe ich diesen Ausblick wieder anders, als wenn ich mich nach dem bunten Treiben der Großstadt sehne. Wäre ich ein Jäger, würde ich diese Landschaft wiederum mit anderen Augen sehen als ein Bauer oder gar ein Immobilienmakler.

Einer meiner Klienten schaute aus dem Fenster, schüttelte den Kopf und verglich die Landschaft sofort mit den inneren Bil-

dern seiner letzten Reise, die ihn durch die abenteuerlichsten und wildesten Gegenden Südamerikas führte. »Kein Vergleich, kein Vergleich«, wiederholte er fortlaufend. »Natur ist etwas ganz anderes: Wenn Sie eine Ahnung davon bekommen wollen, was Natur wirklich ist, dann sollten Sie das nächste Mal mit mir reisen. Die Berge hundertmal höher als hier, die Bäume größer und wuchtiger als dieser Kirchturm. Die Wiesen und Felder erstrecken sich, so weit das Auge reicht, und der Ausblick, gegen den ist dieser Blick frustrierend wie der Blick in einen leeren Kochtopf.« Dann zog er Vergleiche zu den Menschen und auch die schnitten deutlich schlechter ab. »Jeder bekommt die Landschaft, die er verdient. Unsere Landschaft ist nur auf Nutzen und Zweck ausgelegt. So wie die Menschen auch, die hier leben. Unnützes muss weg. Unnütz ist, was keinen Profit bringt. Die Strafe lesen Sie in den Gesichtern und Körpern: immer mehr Frust, immer mehr Angst.« Dann begann er wieder die Gesichter von hier mit den Gesichtern der anderen zu vergleichen. Selbst die Kinder wären schon frustriert und er zeigte mir – zum Vergleich – Fotos glücklicher südamerikanischer Kinder.
Der Blick aus meinem Fenster war getrübt. Nebelschwaden zogen auf. Innere Bilder haben eine Kraft, die weit über uns hinausgeht, vor allem wenn sich die Kraft dieser inneren Bilder gegen uns richtet. Den meisten Menschen ist allerdings nicht bewusst, wie viel Schaden sie damit anrichten. Es gibt aber auch viele Menschen, die leiden darunter, laufend verglichen zu werden. Vielleicht gehören auch Sie dazu. Dann werden Sie bald Grund zur Freude haben.

Das Geheimnis des Zauberers

Vor Kurzem hatten wir kleine Kinder zu Besuch. Sie tobten und kreischten, rannten von Zimmer zu Zimmer, wie lebhafte Kinder das gerne tun. Da kam ich auf die Idee mit dem Fenster.

Ich fragte sie, ob sie sich etwas wünschen möchten. Etwas Großartiges. Etwas, was ihnen nicht einmal Oma oder Opa erfüllen können. Etwas, was man sich nur einmal und nur jetzt von einem Zauberer wünschen darf. Sie horchten auf. Ich zog die Spannungsschraube noch einmal an, indem ich ihnen klarmachte, dass es nur um einen einzigen Wunsch gehen kann. Deshalb sollten sie es sich genau überlegen. Dann schaltete ich das Licht im Zimmer aus und deutete in die dunkle Nacht. Der Himmel war so klar, dass die Sterne wie kleine, scharf geschliffene Edelsteine blitzten. Jeden Moment konnte das Unmögliche geschehen. So ein Nachthimmel ist für Wunder wie geschaffen. »Jeder, der eine Sternschnuppe sieht, darf sich etwas wünschen. Wer ganz brav ist, für den erfüllt sich dieser Wunsch sofort. Wer nicht brav ist, der muss so lange warten, bis er gelernt hat, brav zu sein.« Solche Wünsche sind etwas Wunderbares – für den, der damit lockt. Da nur er entscheidet, was es bedeutet, brav zu sein, kann er andere ein Leben lang abhängig machen. Viele Eltern erziehen so ihre Kinder und wissen nicht, dass so eine Erziehung die Geburtsstunde vieler lebenslanger Ängste, Schuldgefühle und Zwänge ist. Was bleibt, ist die Sehnsucht nach Erfüllung. Und das Warten auf die Sternschnuppe.

Ich kenne viele Erwachsene, die warten heute noch auf die Erfüllung ihrer Wünsche. Wünsche sind verführerisch einfach auszusprechen und können deshalb so gefährlich für unser Leben werden. Wünsche machen abhängig und unzufrieden. Wünsche sind etwas anderes als Visionen. Das wird Ihnen mit dem Lesen immer klarer werden.

Wünsche können aber auch wertvolle Helfer sein und deshalb sind sie, trotz aller Gefahren, so wichtig für uns wie die Sterne in der dunklen Nacht. Das ist wie beim Zaubern: Ein Zauberer kann mit seinem Zauberspruch Gutes und Böses bewirken. Einen Tipp kann ich Ihnen aber jetzt schon geben: Lernen Sie, Wünsche zu hinterfragen, bevor Sie sich zum Wünschen verführen lassen. Richtig wünschen können Sie von den Kindern lernen oder von denen, die das Kind in sich wieder wichtig nehmen.

Schauen Sie einfach mal in einer sternenklaren dunklen Nacht aus dem Fenster, spüren Sie dabei die warme Hand des Menschen, der Ihnen viel bedeutet, atmen Sie tief und bewusst ein und ganz ruhig aus und wieder ein. Sie werden staunen, wie leicht das Wünschen geht.

Überleben oder Leben?

Was der Blick aus meinem Fenster mit mir macht, darüber entscheidet mein inneres System. Mit einer Geschwindigkeit von 270 Stundenkilometern rasen Nervenimpulse durch unser Gehirn und folgen dabei einem geheimnisvollen Befehl. Dieser Befehl ist so alt wie die Evolution.

Weil es in der Evolution immer um Leben oder Tod geht, hat auch dieser Befehl etwas mit dem Überleben zu tun. Nur schade, dass solche Befehle unbewusst sind und auch bleiben. Im Laufe der Jahrtausende haben viele dieser Befehle ihren Sinn verloren. Unsere Welt hat sich verändert. Nur noch wenige Menschen leben in einer Höhle. Noch weniger dieser Menschen müssen mit der Keule um ihr Überleben kämpfen. Deshalb sind inzwischen viele dieser Befehle überflüssig geworden. Höchste Zeit, um zu protestieren. Bringt aber nichts. Wir können mit allen reden, aber nicht mit unserem eigenen Unterbewussten. Dafür haben wir scheinbar kein Organ. Sind wir also dazu verdammt, bis zum letzten Atemzug das Opfer eines Tyrannen in uns zu bleiben, der bestimmt, was wir zu sehen und zu tun haben? Müssen wir uns von einem Tyrannen regieren lassen, dessen Gesetzbuch wir nicht kennen und das vielleicht für andere früher sinnvoll war, für uns aber unsinnig geworden ist? Gibt es vielleicht sogar eine Befreiung aus so einer inneren

Tyrannei? Ja, diese Befreiung gibt es und Sie sind schon dabei, sich zu befreien.
Viele Menschen begnügen sich allerdings mit einem scheinbaren Befreiungsversuch, der ihre scheinbar ausweglose Situation nur verdrängt, statt sie wirklich zu erlösen. Diese scheinbaren Befreiungsversuche kennen wir alle. Wir haben sie so selbstverständlich in unser Leben integriert, dass sie schon unbewusst geworden sind.

Die Reise zur Scheinwelt

Als Werbemann hatte ich auch Reiseveranstalter als Kunden. Wenn es darum ging, neue Reiseprospekte zu erstellen, wurde jedes Bild retuschiert. Hier störten die Strommasten, dort ein Hochhaus. Kein Bild war uns gut genug. Weil wir Werbeleute zu wissen glaubten, wie sich normale Menschen ihre Urlaubsziele vorstellen, verschönten wir mit unseren Mitteln und zeigten wunderbare Landschaften mit strahlend blauem Himmel, Stränden ohne Strandgut und Städten ohne Baustellen. Selbst der Schatten sollte sich in Grenzen halten.
Noch krasser wurde es, wenn wir in den Prospekten glückliche und makellose Menschen abbilden mussten. Dann brauchte es einen ganzen Stab von Helfern, die aus einem ganz normalen Menschen etwas Besonderes machten. Wir inszenierten Urlaubsglück voller Lebensfreude und Gesundheit, voller Gastfreundschaft und Geselligkeit. Das war für alle Beteiligten harte Arbeit, auch wenn es dabei um Urlaub ging. Wir mussten Models schminken, Gemütlichkeit inszenieren und Bierschaum präparieren. »Wir verkaufen Illusionen und keinen Alltag«, erinnere ich mich an den Kommentar eines Reisemanagers. »Illusionen verkaufen sich besser als die Wirklichkeit.«
Erstaunlicherweise zahlen wir viel Geld an Leute, die uns Illusionen als scheinbare Wirklichkeit anbieten. Viele meiner Kli-

enten kommen aus der Welt der Schönen und Reichen, der Mode, der Kosmetik oder der Film- und Fernsehwelt. Sie verdienen viel Geld damit, Scheinwelten zu inszenieren, oder geben viel Geld aus, damit ihre Scheinwelt erhalten bleibt. Illusionen haben mit dem, was wir Wirklichkeit nennen, nichts zu tun. Das wissen alle Beteiligten. Noch weniger haben Illusionen aber mit Visionen zu tun, auch wenn es bei beiden Begriffen darum geht, sich zu trauen und sich das scheinbar Unmögliche vorzustellen.

Spurensuche

Wenn wir damals im Studio alle Aufnahmen im Kasten hatten, die großen künstlichen Sonnenlichter ausschalteten und die Kulissen abbauten, sahen die Wände um uns herum plötzlich kahl und grau aus. Erst dann spürten wir unsere Müdigkeit. Es ging uns Illusionisten nicht anders als allen anderen Menschen: Wir träumten vom Urlaub, von Sonne, Sand und Meer. Wir blätterten in den Reiseprospekten des vergangenen Jahres und belohnten uns für die harte Arbeit mit einem wunderbaren Cappuccino.

Ohne Kulissen war so ein Studio eine ganz normale große und leere Halle. Langweilig und leer wie manches dieser geschminkten Modelgesichter. Neugierig und wach wurde ich erst wieder, wenn mir die gleichen Frauen abgeschminkt gegenübersaßen. Dann lohnte es sich, auf Spurensuche zu gehen. Ich entdeckte an der Wange die Narbe, die an eine kleine Wunde erinnerte, und unter den hellen großen Augen die Schatten einer vergangenen Nacht. Hier erzählten ungeschminkte Lippen von einer verschwundenen Fülle und feine Falten unter der Nase von der Angst, zu kurz zu kommen.

Makellos waren ungeschminkte Gesichter nie, aber tausendmal spannender als Gesichter, die einem schattenlosen Schönheitsideal entsprechen mussten. Vor allem aber waren sie voller Lebensgeschichten. Wenn ich die Menschen nach diesen Lebensgeschichten fragte, wurden die Gesichter meist streng, ernst und traurig. Oft waren es Geschichten, die von einem großen Ungenügen gekennzeichnet waren. Auch die schönsten und reichsten Menschen wussten Geschichten von Mangel, Schmerz und Leid zu erzählen. Niemand konnte diesen Menschen helfen, weil die Geschichten schon Vergangenheit waren, und die kann man bekanntlich nicht ändern. Ich bin mir sicher, dass auch Sie solche Geschichten erzählen können und dass Sie viele Menschen kennen, die zuerst Mangelgeschichten erzählen wollen.

Das Model mit der Ritterrüstung

Wenn solche Menschen zu mir kommen, erinnere ich mich an mein Fenster und die Sternschnuppen. Ich wünsche mir, dass eine Sternschnuppe diese traurigen Menschen entdeckt und sie von ihrem vergangenen Leiden erlöst. So wie dieses Model, das sich nach langer Zeit wieder einmal telefonisch bei mir meldete.

Zuerst räusperte sie sich, dann fragte sie, ob ich mich noch an sie erinnere. Umständlich versuchte sie in mir die Bilder der Vergangenheit wachzurufen. Dann entschuldigte sie sich für die lange Funkstille. Unser letztes Telefonat lag in der Tat schon eine ganze Zeit zurück. Im Radio hatte sie auf der Fahrt zufällig meine Stimme wiedererkannt. Es gibt ja bekanntlich keine Zufälle. Deshalb wollte sie mich unbedingt sprechen. Zufällig war sie in den nächsten Tagen in meiner Gegend. Zufällig hatte ich auch frei. Ich gestehe Ihnen, dass dies kein Zufall war. Ich war einfach neugierig und verschob deshalb andere Termine. Dann saßen wir uns gegenüber und sie erzählte und erzählte. Was sie schon alles geschafft hätte, wer sich alles schon für sie interessierte und wie es steil nach oben gehen würde. Tag für Tag steiler. »Mein Ziel ist es, ganz, ganz oben zu stehen. Und ich schaffe es!« Sie ballte die rechte Faust so, dass der Daumen nach oben zeigte. Immer höher ging die Faust mit dem nach oben zeigenden Daumen, bis es nicht mehr weiterging. »Und was machen Sie, wenn Sie ganz oben sind?«, fragte ich leicht provozierend. »Dann muss ich es niemandem mehr beweisen. Dann kann ich machen, was ich will.«

Die Lippen der schönen Frau hatten ihre Schönheit verloren. Schmal und nach innen gepresst, veränderten sie das ganze Gesicht. Trotzig und steif, wie in eine Ritterrüstung gezwängt, so wirkte der ganze Körper auf mich. Der ganze Mensch stand unter Strom. Dieses Lebensgefühl hält niemand lange unbeschadet aus. Mir fiel der Vergleich mit einem Tsunami ein, der deshalb so viel Zerstörung bringt, weil er lange Zeit unbemerkt unter der Oberfläche bleibt.

Die Visionsfalle

Manchmal läuft in unserem Leben etwas schief, was mit einem kleinen Missverständnis beginnt. Ich nenne es die Zielfalle. Ich könnte es auch die Visionsfalle nennen. Letztlich geht es darum, dass wir Ziele mit Visionen verwechseln. Sie werden noch staunen, was uns Menschen möglich wird, wenn wir dieses Missverständnis auflösen.

Vielleicht kennen Sie die Geschichte von einem erfolgreichen Mann, der sich von seinem Arzt widerwillig überreden ließ, endlich einmal Urlaub zu machen. Seine Frau erinnerte sich daran, dass es ihm früher immer so gut in einer kleinen romantischen Stadt am südlichen Mittelmeer gefiel. Dort fuhren sie also hin – der Frau zuliebe. Nach ein paar Tagen wurde es dem Mann langweilig. Nur Sonne, Sand und Meer, das ist etwas für das Alter. Er ging zum Hafen und bemerkte eine Gruppe von

Fischern, die einfach so herumsaßen. »Warum sitzt ihr so herum? Auf dem großen Meer gäbe es so viel zu tun«, begann der Mann. Die Fischer beachteten ihn zuerst nicht. Als er aber seine Frage nochmals laut und ungehalten wiederholte, antwortete einer der Fischer: »Wir haben schon gefangen, was wir brauchen.« Das machte den Mann noch ärgerlicher. »Mit dieser Einstellung kommt ihr nicht weiter im Leben. Wenn ihr nochmals hinausfahren würdet, könntet ihr doppelt so viele Fische verkaufen.« Einer der Fischer schaute fragend in die Runde: »Und was wäre dann?« Diese Frage erzürnte den Mann. Er schrie: »Dann könntet ihr euch irgendwann in einigen Jahren vielleicht ein größeres Schiff kaufen und noch mehr Fische fangen. Kapiert?« – »Und dann?« Ruhig und bescheiden klang die Frage aus dem Mund eines in der Sonne dahindösenden Fischers. Jetzt huschte ein Siegeslächeln über das Gesicht des Mannes. »Dann könntet ihr endlich machen, was euer Herz begehrt.«

Oft, sehr oft, sind andere Menschen unser Spiegel und zugleich Lehrer und Verführer, wenn es um Visionsfallen geht. Kennen Sie auch solche Menschen?

Das Katastrophengehirn

Zu meinen Kunden gehört auch ein Kriegsberichterstatter, ein alter Journalist, ein wahrer Haudegen, der von den Krisengebieten dieser Welt viel zu erzählen weiß. Wenn er an meinem Fenster steht, sucht er nach versteckten Panzern, Kanonen oder Hinterhalten. »Ich kann nicht anders«, entschuldigt er sich in solchen Situationen regelmäßig, »das ist schließlich meine Wirklichkeit und die ist verdammt hart. Mein Katastrophengehirn ist immer auf das Schlimmste vorbereitet. Das hat mir bis jetzt das Leben gerettet.« Wenn er so redet, wirkt er alt und resigniert und ich mit ihm. Das tut mir leid – für ihn und für mich.

Von Psychologen habe ich erfahren, dass es dieses Katastrophengehirn wirklich gibt. Wie so vieles kann es zum Fluch oder zum Segen werden. Zum Fluch wird es, wenn wir uns auf dieses Katastrophengehirn reduzieren. Es geht uns dann so, wie einem Bekannten von mir, der sich ein Traumauto mit zwölf Zylindern und über 400 PS kaufte. Er war begeistert von der Kraft der vielen Pferde und erzählte jedem, dass mit so viel Power der Spaß überhaupt erst beginne. Wenn er den Motor absichtlich aufheulen ließ und glücklich und zufrieden hinter seiner Scheibe winkte, dann kam er uns wie ein kleiner Junge vor, der als Einziger auf einem großen Pferd reiten darf. Zufällig merkte er nach einiger Zeit, dass er wegen eines technischen Defekts die ganze Zeit nur mit halber Kraft gefahren war. Da war es Schluss mit lustig. Katastrophenstimmung auf der ganzen Linie. Er hatte keine Lust mehr am Leben und erst recht keine Freude mehr am Auto. Die Freude kam erst wieder, als er das Fahrzeug aus der Werkstatt holen konnte und den Unterschied zu vorher feststellte.

Wie ist das bei Ihnen? Sind Sie wirklich sicher, dass Sie Ihre Möglichkeiten leben? Oder fahren Sie auch weit unter Ihren Möglichkeiten auf der Straße Ihres Lebens? Das Fatale dabei ist, dass wir uns an alles so schnell gewöhnen. Den Unterschied erkennen wir erst, wenn wir das andere Lebensgefühl ausprobiert haben. Bei Ihnen stehen die Chancen dazu gut, dies erleben zu können.

Allerdings sollten Sie Ihr Katastrophengehirn nicht verdammen. Zu sehr hat es sich in der Evolution bewährt. Auch heute noch brauchen Sie es zum Überleben. Aber eben zum reinen Überleben. Wenn Ihnen das genügt, dann machen Sie einfach weiter wie bisher. Ich bin aber fest davon überzeugt, dass Ihnen das irgendwann zu wenig sein wird und dass Sie spätestens dann mit mir der Überzeugung sind, dass Sie mehr verdient haben, als nur zu überleben. Wer sich nur auf sein Katastrophengehirn verlässt, bekommt von der Fülle des Lebens ungefähr so viel mit wie unser Kriegsberichterstatter.

Visionsübung

Machen Sie doch mal ein kleines Experiment. Erlauben Sie Ihrer Fantasie für einen Augenblick, innere Bilder aufsteigen zu lassen, indem Sie sich die Frage stellen, was in diesem Augenblick gleichzeitig auf der Welt alles geschieht. Schreiben Sie Ihre Gedanken dazu auf. Wenn dieses Experiment für Sie zu ungewöhnlich sein sollte oder Sie sich Hilfe erlauben wollen, dann nutzen Sie als Spickzettel die Zeitung oder schalten Sie einfach das Radio ein. Sie werden sehr schnell die Macht unseres Katastrophengehirns erkennen.

Aber es geschieht noch viel mehr gleichzeitig auf der Welt als Mord, Krieg und Verrat. Erlauben Sie sich, selbst Bilder aufsteigen zu lassen, die Ihr Herz mit guten Gefühlen erfüllen. Welche Spickzettel können Ihnen hier helfen? Schreiben Sie wieder auf, welche Bilder jetzt in Ihnen hochkommen.

Wenn Sie sich darüber hinaus Gutes tun wollen, dann achten Sie nach dieser letzten Übung auch auf Ihr Körpergefühl.

Der Feind in Ihnen

Unser Katastrophengehirn lässt uns nur einen Bruchteil unserer Möglichkeiten leben. Weil wir es nicht besser wissen, glauben wir, dass dies unser ganzes Potenzial ist, und sind sogar zufrieden damit.

Der Kriegsberichterstatter sagte mir beim letzten Coachingtermin, dass er jetzt erst den Unterschied von Überleben und Leben kennt. Sein Katastrophengehirn hatte ihn so im Griff, dass sein ganzes Leben auf Gefahren programmiert war. Er lebte wie ein Soldat im Schützengraben: Immer mit dem Fernglas auf der Suche nach Feinden, bei jeder Vorwärtsbewegung nach versteckten Tretminen tastend, immer auf der Hut vor Tieffliegern oder Fallen, jeden Hinterhalt vorausahnend, jedes Lachen als

Berechnung entlarvend und jeden menschlichen Annäherungsversuch als durchsichtiges und plumpes Überrumpelungsmanöver einordnend. Wenn er seine Ruhe brauchte, dann verkroch er sich und blieb so lange verkrochen, bis es ihm zu viel wurde.
So ein Leben nervt mit der Zeit. Das kann doch nicht alles sein. Manchmal, so gestand er mir, fragte er sich, ob so ein Leben überhaupt noch lebenswert ist. Als ich ihm dann vorschlug, dieses kleine Experiment mit dem Aufsteigen der guten Gefühle auszuprobieren, da bat er um Bedenkzeit und kämpfte mit Vorurteilen. »Heute nicht, vielleicht beim nächsten Mal«, entschied er sich dann. Meist begründete er dies mit schlechten Erfahrungen aus der Vergangenheit und erzählte traurige Geschichten dazu.
Es gibt immer mehr Menschen, denen das Lebensgefühl dieses Kriegsberichterstatters bekannt vorkommt, auch wenn sie einen ungefährlichen Beruf ausüben. Meine Vermutung ist, dass so ein Lebensgefühl sehr ansteckend ist.

Die tragischen Helden

Mir fiel oft auch auf, dass sich in den vielen Selbsterfahrungs- und Fortbildungsgruppen, die ich im Laufe der Zeit besucht hatte, überwiegend Menschen wiederfanden, die traurige Geschichten erzählten und dies auch wollten. Selbst in Workshops mit hoffnungsvollen Überschriften wollten die Menschen lieber traurig als fröhlich sein. Ich besprach mich mit vielen erfahrenen Therapeuten. Die bestätigten mir meine Erfahrungen. Ich sah in ihre Gesichter und bemerkte zu meinem Erstaunen, dass auch hier schon sehr viel Traurigkeit eingezogen war. »Wenn du über Jahre in deine Arbeit so viel Idealismus einbringst wie ich und dann merkst, dass die Menschen mit ihrer frei gewordenen Kraft nichts anzufangen wissen, dann wirst du bescheiden.« So versuchte mir einer der Therapeuten seine

Traurigkeit zu erklären. Er schob noch nach, dass er sich auch heute noch keinen anderen Beruf als diesen vorstellen könne. Er wäre eben ein geborener Idealist.
Idealismus ist eine besonders raffinierte Falle. Idealismus lebt von Vorbildern. Vorbilder suchen wir meist außen. Wer seine Idealvorstellung von seinem Beruf oder seiner Aufgabe hat, blendet das aus, was Visionen auszeichnet, und wird irgendwann von den ausgeblendeten Schatten, von seiner Realität eingeholt. So gesehen, blüht Wünschen und Idealen das gleiche tragische Schicksal.
Wenn sich solche Menschen in den dunklen Kammern ihrer Psyche verlaufen, dann werden sie schnell zu Gefangenen des eigenen Katastrophengehirns und zu Verrätern ihrer Idee von einem sinnerfüllten und freudigen Leben. Das ist der Stoff für die großen Tragödien unseres Lebens. Von solchen Stoffen ernährt sich unser Katastrophengehirn. Sie werden viel mehr große Idealisten aufzählen können als große Visionäre. Welche Kraft beide Gruppen verbindet? Eine tiefe innere Überzeugung, die über eigene egoistische Anliegen weit hinausgeht. Aber auch eine ganz bestimmte Angst, über die wir noch viel erfahren werden.

Das Land, in dem Ideen blühen

Es gibt Krankheiten, die wir uns herbeiwünschen. Kinder kennen das. Wer erinnert sich nicht mit Schmunzeln an das plötzliche Fieber ausgerechnet vor der schweren Mathe-Prüfung?
Wenn Sie nach dem, was Sie bisher gelesen haben, eine überschäumende Lust auf ein Leben bekommen haben, das sich nicht nur auf Überleben reduziert, und es kaum noch erwarten können, endlich dorthin zu reisen, wo Ihr Herz zu Hause ist, dann hat Sie das Reisefieber erwischt. Haben Sie schon eine Idee, wohin es gehen könnte? Ideen sind wie Kartengrüße aus

dem Land der Visionen. Heben Sie diese Kartengrüße auf, um einen Blick darauf zu werfen, wenn das Reisefieber nachlassen sollte. Es soll Menschen geben, die Postkarten sammeln, die sich aber nie einen Besuch in das Land ihrer Träume zutrauen. Tipp: Tappen Sie nicht in diese Falle. Bleiben Sie nicht beim Ideensammeln hängen. Visionen sind wie wunderbare, einmalige Welten: Sie wollen mit allen Sinnen erlebt werden. Sie wissen ja: Reiseprospekte und Postkartenwelten sind meist nicht die Wirklichkeit.

»Der längste Weg ist der, der vom Kopf zum Herzen führt.« Sehr oft denke ich an diesen wunderbaren Spruch, den ich irgendwo aufgeschnappt habe. Er ist und bleibt aktueller denn je. Wenn Sie bis jetzt dieses Buch mit dem Kopf gelesen haben, ist das ab jetzt ganz sicher zu wenig.

Was das Herz begehrt

Das Land der Visionen finden Sie nicht im Kopf, sondern in der Tiefe Ihres Herzens. Sie finden es dort, wo Ihre Seele zu Hause ist. Mit Seele meine ich allerdings nicht die Psyche, so wie ich auch nicht den Kaffeefilter meine, wenn ich von Kaffee rede. Mir gefällt ein Bild besonders gut. Ich möchte es Ihnen gerne weitergeben. Seele ist für mich die Membran des Lautsprechers, die Musik erlebbar macht. Die Psyche wäre dann die Interpretin. Und das Herz wäre in meinem Bild der Konzertsaal, in dem unser Gefühlsorchester spielt. Einer meiner Klienten, der sich als verkannter Dichter fühlte, wählte seine Dichtersprache zur Klärung der Begriffe. Vielleicht gefällt Ihnen seine Sprache noch besser:

Wenn das Herz ein wunderschönes Instrument ist, dann ist die Seele der Klang. Ein Klang, der alles erfüllt. Ein Klang, der, beschwingt und leicht, geheimnisvolle Welten grenzenlos verbindet.

Wenn wir die Seele mit einem Vogel vergleichen, dann hat sie in ihrem Schnabel einen goldenen Samen als Geschenk mitgebracht. Einen Samen, der nur an einem einzigen Ort auf der Welt gedeiht, dort aber prächtig und farbenfroh, dass selbst der Vogel staunend ihn umfliegt. Dieser Samen sind Sie!

Eine kleine Visionsgeschichte

Im fernen Orient lebte einmal ein Adler, der unter Hühnern aufwuchs. Weil alle um ihn herum Hühner waren, dachte er, dass auch er ein Huhn sei. Zwar war er kein so wohlgeratenes Huhn, aber immerhin hatte auch er Flügel. Zwar waren seine Flügel missgebildet, aber dafür hatte er auch einen Schnabel. Zwar war dieser Schnabel etwas zu krumm geraten, doch hatte er wenigstens auch ein Federkleid. Na ja, es stimmte eben vieles an ihm nicht. Er fühlte sich behindert und nicht ganz normal.
Eines Tages entdeckte ein anderer Adler diesen seltsamen Vogel, der mitten unter Hühnern lebte. Er überlegte sich, wie er ihn ärgern könne, denn er ahnte, dass es mit dessen Selbstwertgefühl nicht zum Besten stand. Er lockte ihn bis an eine Felskante, die steil und schroff zum Meer abfiel. Dann lenkte er ihn ab, indem er ihm etwas vorgackerte. Das seltsame Gegackere verunsicherte den Hühneradler noch mehr. Dies nutzte der fremde Adler schamlos aus und schubste den Hühneradler über die Felskante.
In dieser größten Not entdeckte unser Adler, dass er kein Huhn war und wunderbar fliegen konnte.

In den vielen Jahren meiner Arbeit mit Menschen und ihren Visionen bekam ich immer wieder neue einmalige Bilder für die Seele und die Entdeckung der eigenen Vision. Jedes Bild war wunderbar, von einzigartigem Zauber und einem gewaltigen Drang, endlich Gestalt annehmen zu wollen. Diese Energie wurde umso heftiger, je weniger Beachtung sie fand. Ich werde Ihnen viele dieser Menschen und die Entdeckung ihres eigenen Wesens beschreiben. Vielleicht sind diese Menschenbilder wie Postkarten für Sie, die Ihre Sehnsucht wachhalten, wenn Sie durch unerlöste Ängste oder Schicksalsschläge auf Katastrophenprogrammierung laufen.

Eine dieser Ängste kann ich Ihnen jetzt schon erlösen helfen: Die Angst, Ihr bewährtes Katastrophengehirn zu verlieren. Ihr Katastrophengehirn bleibt Ihnen erhalten. Sie erweitern es nur um eine Unendlichkeit.

Um Ihnen zu verdeutlichen, um welchen Gewinn es hier geht, habe ich für meine Klienten eine kleine Visionsübung, die ich Ihnen schon vorab verrate.

Visionsübung

Nehmen Sie ein einfaches weißes Blatt Papier und rollen Sie es auf Zigarettenstärke zusammen. Das Loch in der Mitte ist ungefähr so groß wie der Zigarettenfilter.

Nun betrachten Sie durch dieses Loch Ihre Umgebung. Vielleicht fällt es Ihnen leichter, wenn Sie ein Auge schließen. Vielleicht stellen Sie sich sogar vor, dass Sie etwas suchen. Etwas Bedrohliches vielleicht. Dann vergrößern Sie das Loch in der Mitte, indem Sie das Papier lockerer halten. Wenn Sie jetzt durch das größere Loch schauen, erscheint Ihnen einiges gleich größer. Lassen Sie nun zu, dass sich das Papier immer mehr aufrollt. Immer wieder schauen Sie durch das Loch und genießen es, wenn Ihre Welt immer größer und größer scheint. Irgendwann können Sie das Blatt ganz loslassen und die Fülle dieser Welt voll und ganz genießen. Manche nennen dies einen Erleuchtungsprozess. Für uns ist es ein kleines Spiel auf dem Weg zur großen Vision.

Das Land unserer Visionen ist geheimnisvoll wie ein bewegtes Meer: Wenn wir darin schwimmen, glauben wir, die nächste Welle sei die letzte, doch sie ist es mit Sicherheit nicht. Sonst wäre das Meer ja kein Meer.
Das Bild eines frühen Morgens taucht vor mir auf. Mit bläulich dunstigen Bergen am Horizont. Mit zunehmender Entfernung scheinen die Berge immer zarter, zerbrechlicher, weicher zu werden. Der vorderste könnte der entscheidende, der wichtigste sein. Der scheinbar größte Berg ist so lange mächtig, wie er noch nicht hinter uns liegt.
Oder eine Treppe: Welche Stufe ist die wichtigste, welcher Schritt der entscheidende. Klar ist nur, dass auch der längste Weg mit dem ersten Schritt beginnt.

Die Sehnsucht des Apfelkerns

Von einem Reporter wurde ich kürzlich gefragt, welches Bild mir bei der Verwirklichung unserer Vision einfällt. Ich nannte ihm als Gärtnersohn das Bild vom Apfelkern.
Ich bat ihn, sich vorzustellen, er wäre ein Apfelkern, dann würde es ihm auch nicht schwerfallen, sich in den Apfelkern hineinzufühlen. Der Gedanke gefiel ihm. Dann nahm ich ihn auf eine Bilderreise mit. »Stellen Sie sich jetzt vor«, fuhr ich fort, »aus einem modrigen, alten Apfel haben Sie es gerade noch geschafft herauszukommen. Vielleicht sind Sie der Einzige, der dadurch überlebte. Irgendetwas nimmt Sie auf. Regen und Wasserpfützen schwemmen immer mehr Erde über Sie. Vielleicht bekommen Sie Platzangst. Vielleicht fühlen Sie sich endlich wieder sicher. Irgendwann ergeben Sie sich so oder so Ihrem Schicksal und schlafen unter der Erde den Schlaf des Gerechten. Dann wird es kalt. Wie sollen Sie als kleiner Apfelkern wissen, dass dieser Winter für Sie wichtig ist?
Wahrscheinlich sind Sie fest davon überzeugt, langsam zu er-

frieren, und geben die Hoffnung auf. So schlafen Sie. Die einzige Chance zu überleben! Doch dann geschieht das Wunder. Die Welt um Sie herum taut auf und mit Ihrer Welt tauen auch Sie auf. Sie gewöhnen sich langsam an den Gedanken, dass alles noch einmal gut ging. Bis es geschieht: Zuerst ganz langsam, dann immer brutaler bricht oben an der Spitze Ihre Haut auseinander. Die Innereien quellen heraus. Das ist das Ende. Weil Ihnen das rechte Bewusstsein fehlt, können Sie auch nicht wissen, dass Ihre Vision dabei ist, sich zu erfüllen. Wenn es Ihnen jetzt gelingt, sich als Sprössling zu fühlen, stehen Sie kurz vor Ihrer Geburt. *Was will werden?* Diese Frage kann jetzt zu Ihrem Mantra werden. Nutzen Sie es. Fühlen Sie jetzt die Neugeburt. Als Sprössling bekommen Sie Ihre ersten Blätter. Sie wachsen und wachsen. Fühlen Sie sich jetzt als kleiner Baum. Erleben Sie Ihr Baumwerden. Ihre ersten Zweige kommen schon, die Äste, die allerersten Blüten. Erleben Sie sich und Ihre Entwicklung im Spiel der Jahreszeiten.
Was will jetzt werden? Immer wieder machen Sie sich diesen wunderbaren Zauberspruch bewusst. Dann geschieht es. Zuerst ganz klein, dann deutlicher: eine grüne Frucht. Ihre Vision ist dabei, sich immer klarer zu erfüllen. Als Apfel entwickeln Sie sich prächtig. Ihre Farbe verändert sich. Sie sind Teil eines wunderbaren großen, Früchte tragenden Baumes. Es wird Herbst. Die Herbststürme beginnen. Sie klammern sich fest, schreien um Hilfe. Viele schreien um Hilfe. Dann ein Ruck, ein Fallen, ein Aufschlagen, genau dort, wo das Schicksal seinen Lauf nahm. Die Vision erfüllt sich in einem ewigen Stirb und Werde, in einer immer wiederkehrenden Frage: *Was will jetzt werden?«*

Das große Geheimnis

Jeder hat sein Bild, das ihm seinen Visionsprozess am schönsten erklärt. Das Bild vom Apfelkern ist nur eines davon.

Das Verbindende ist, dass wir diese Bilder in einer vorweggenommenen Wirklichkeit sehen dürfen und dass wir aus tiefstem Herzen einverstanden damit sind. Ja mehr noch: Es erfasst uns mit so einer Kraft, dass es aus unserer Zukunft auf uns zuzufliegen scheint, weil es endlich Wirklichkeit werden möchte. Plötzlich ist alles sinnvoll: Das Vergangene, das Werdenwollende und das Gegenwärtige. Selbst diese Unterscheidung verliert ihre Bedeutung, weil sie im Land unserer Visionen nicht wichtig ist.

Ich erinnere mich, wie ich auf einer längeren Reise eine Rast einlegte. Ich ging ein paar Schritte vom Parkplatz weg und stand plötzlich vor einer Felskante. Vor mir ein wunderbarer Blick in eine Schlucht. Diese Schlucht öffnete sich zu einem See, den ich sehr wohl kannte. Dieser See wurde von einem Fluss gespeist, der am anderen Ende des Sees seinen Auslauf hatte. Eigentlich war das kein See, sondern die längste und breiteste Stelle eines Flusses, der nicht weit weg in einem unzugänglichen Gelände entsprang. Viele Zuflüsse speisten diesen See.

Unten in der Schlucht zog sich ein kleiner Bach dahin. Der dichte Wald, die großen Felsbrocken und die Sandbänke zwischendurch gaben ihm nur eine Möglichkeit vor und diese eine Möglichkeit nutzte er, um sich im großen See zu erfüllen. Dies war seine Erfüllung. Er nahm Abstürze über Stromschnellen genauso in Kauf wie das Ausufern im Sand und das Durchzwängen durch schmale Gräben. Es wusste in ihm um seinen rechten Weg.

Der See nahm ihn auf und damit die großen Flüsse und das weite Meer, die Wolken und der Regen. Vielleicht würde er diese Heimat hier nie mehr wiedersehen. Dafür würde er sich erfüllen. Ich versuchte mit dem Wesen des Baches Wesentliches

zu reden und verstand: Was sonst ist all die Mühe wert, außer, dass wir uns erfüllen.
Wie eine wunderbare Rose öffnet sich dabei eine Erkenntnis: Dass alles zum Weg gehörte, das Schmerzliche genauso wie das Freudige, der Absturz genauso wie der Höhenflug. Alles ist Teil des großen Sinns. Sinn bekommt seine ursprüngliche Bedeutung zurück. Alles gehörte zum Weg, zu unserem eigenen rechten Weg. Sinnvoll ist das, was wir bewusst als unseren Weg erkennen.

Die Weisheit des Baches

So wird es immer mehr zu unserer drängendsten Frage, in welchem Bewusstsein wir auf unsere Reise gehen.
An diesem Parkplatz veränderte sich die Einstellung zu all den vielen Selbsterforschungen und bekam eine andere Richtung. Einmal mehr war ich dabei, im eigenen Selbstmitleid zu versinken. Gerade noch rechtzeitig zog ich mich wie Münchhausen am eigenen Schopf aus dem Sumpf meiner negativen Gefühle. Ich versuchte eine Metahaltung einzunehmen, die mich gnädig über mein eigenes Schicksal hob.
In jahrelanger Selbsterforschung suchen wir nach Schuldigen für unsere großen und kleinen Probleme. Tage, Monate oder Jahre verbringen wir damit, die unterschiedlichsten Methoden der Selbsterforschung und Heilung zu erlernen, um dann zu erfahren, dass alles ganz, ganz einfach ist.
Alles war richtig und wichtig. Auf dem Weg der Rückbesinnung glaubte ich, die Weisheit des Baches singen zu hören. Es kommt immer darauf an, was wir daraus machen.
Ob für mich das Glas halb voll oder halb leer ist, entscheidet auch darüber, ob es eine glückliche Reise oder eine unglückliche Reise wird. Ich entschied mich für das halb volle Glas und damit für das Glück. Alles, was ich bisher erfahren hatte, alle

Methoden, die ich bisher gelernt hatte, alle Lehrer, deren Weisheiten mich bis hierher begleitet hatten, aber auch alle Kraft, die ich schon befreit hatte, waren jetzt mein Schatz im Dienste meiner Visionsfindung. Nichts anderes lehren uns die großen Mystiker und Helden, wenn sie vom großen Schatz berichten, von einem Schatz, der immer größer wird.
Wenn Sie in diesem Bewusstsein auf Ihre Visionsreise gehen, stehen die Chancen hervorragend, dass es eine glückliche Reise wird und dass sich schon vor dem ersten Schritt ein großer Traum erfüllt.

So hilft Ihnen dieses Buch, Ihr eigenes Buch zu schreiben:
Das schönste Geschenk, das Sie sich und Ihren Liebsten machen können, ist ein Buch, das Ihren Weg zum Glück erzählt. Diese Geschichte kann sich ab jetzt so wunderbar entwickeln, dass nicht nur Sie erstaunt sein werden. Schreiben Sie einfach auf, wie sich ab jetzt Schritt für Schritt Ihr Traum erfüllt.
Nach jedem der nun folgenden Kapitel gebe ich Ihnen Anregungen zum Schreiben Ihres eigenen nächsten Kapitels. Nennen Sie Ihr Buch: »WIE SICH MEIN GROSSER TRAUM ERFÜLLT« oder »MEIN REISEFÜHRER ZUM GLÜCK«. Vielleicht wollen Sie auch einen noch persönlicheren Titel wählen. Wichtig ist, dass Sie Ihr ganz eigenes Buch in einer liebevollen und dankbaren inneren Haltung schreiben. Manche Menschen in meinen Workshops sind sehr kreativ, wenn es darum geht, dass ihr Buch schön aussieht. Diesen Menschen sage ich dann, dass es noch mehr auf den Inhalt ankommt als auf das Aussehen.
Ihr Buch macht Sie unsterblich. Über Ihr eigenes Leben hinaus werden andere Menschen zu Zeugen Ihrer einmaligen und einzigartigen Lebensreise werden. Damit Ihnen selbst auch Ihre Entwicklung bewusst wird, gebe ich Ihnen immer wieder Tipps, da-

mit Ihr Buch zu einem lebendigen Buch wird, zu einem Buch, das sich mit Ihnen entwickelt und so lange weitergeschrieben werden kann, wie Sie es wollen.
Träumen Sie in das Erwachen hinein und schreiben Sie, wie es möglich wurde, dass sich ein großer Traum erfüllen konnte.
Wer sagt denn, dass große Träume immer gleich zu Ende gehen müssen?
Wenn Sie also jetzt das erste Kapitel Ihres eigenen Buches schreiben wollen, dann könnten Sie zum Beispiel darüber schreiben, wie Sie darunter litten, stets verglichen zu werden. Schreiben Sie, welche Ziele und Wünsche aus Ihrer Kindheit bis heute unerfüllt blieben. Lassen Sie Ihr Katastrophengehirn über Ihre Ängste und Nöte schreiben. Lassen Sie dann Ihr Herz ausführlich erzählen, wie es verzaubert wurde und auf welche Scheinwelten es hereinfiel.

KAPITEL 2

Wie das Herz auf Reisen geht

ODER:

DIE VISION VOM ERSTEN SCHRITT

Angst ist zu unserem gewohnten Lebensgefühl geworden. Angst lässt unser Leben eng und sorgenvoll erscheinen. Einen Lebensweg, der von Angst und Sorgen bestimmt wird, nenne ich den Angstweg. Aber hinter jeder Angst versteckt sich auch eine große Sehnsucht. Wer immer bewusster seiner Sehnsucht folgt, geht den Weg der Sehnsucht. Dieser Weg führt zum großen Traum. Ein weiser Führer hilft Ihnen, die beiden Wege immer bewusster unterscheiden zu lernen. Dies ist Ihr erster Fortschritt.

Das Geheimnis der Vorfreude

Wann haben Sie das letzte Mal geweint? Ich meine nicht diese Tränen aus den dunklen Kammern Ihrer Seele, als Trotz und Zorn etwas erzwingen wollten und dabei an ihre Grenzen stießen. Ich meine auch nicht diese schwarzen Tränen, als Hass und blinde Rache die letzten Reste von Glück zerstörten und Sie dann vor der verbrannten Erde standen, verzweifelt und erschrocken wie ein unschuldiges Kind. Ich meine auch nicht diese Tränen der Verzweiflung und des schreienden Schmerzes, damals, als Sie das Liebste und Wertvollste verloren hatten.

Selbst Ihre Seele konnte das Leid nicht fassen und war kurz davor, an den eigenen Tränen zu ertrinken. Nein, ich meine auch nicht die Tränen der Freude über einen glücklichen Ausgang, als schier Unmögliches möglich wurde, wundersam und leise.
Ich meine die Tränen der Vorfreude, diese kristallenen, geheimnisvoll glänzenden Tränen, die spielerisch, einem Zauberspruch folgend, alles verwandeln können. Glasperlen werden zu edlen Kristallen und Kieselsteine bekommen für einen Augenblick einen unschätzbaren Wert. Zeit wird zu einem Fremdwort und Entfernung wird zu einer nichtigen Größe.
Vorfreude, so sagen es uns die Psychologen und Neurobiologen, berührt unsere Seele sogar tiefer als die Freude.
Wenn das Ringen um den rechten Weg unsere Seele aufwühlt wie der Sturm das Meer, wenn der schicksalhafte Orkan die Wellen so aufpeitscht, dass es dem Verstand unmöglich wird, Kurs zu halten, dann hilft Ihrem Lebensschiff das Licht eines inneren Leuchtturms: die Vorfreude!
Wie oft standen Sie schon an der Schwelle zwischen Abschied und Neubeginn? Wie oft wusste alles in Ihnen schon, dass es so wie bisher nicht mehr weitergehen konnte? Wie oft zögerten Sie trotzdem? Dieses »Trotzdem« war ein sicheres Indiz dafür, dass Sie auf den Angstweg starrten wie die Maus auf die Schlange. Wie oft schauten Sie mehr zurück als nach vorn? Warum? Weil Sie auf dem Angstweg standen. Warum kämpften Sie bis zum Umfallen und vergebens? So viel Widerstand deutet darauf hin, dass Sie auf dem Angstweg kämpften. Wie viel Kraft, wie viel Rücksichtslosigkeit, wie viel Egoismus brauchte es, um endlich ganz, ganz oben zu stehen? Und wie einsam war es dann ganz oben? Vielleicht ahnten Sie es, vielleicht wussten Sie es bereits: Dieser Machtweg wird auch Angstweg genannt. Wie war dann der Absturz? Erinnern Sie sich noch an die schadenfrohen Gesichter, die Heuchler und Scheinheiligen? Ganz da unten war die Wegkreuzung. Ein Weg war der Weg der Sehnsucht. Aber Sie trauten sich nicht, noch nicht, ihn zu ge-

hen. Zu steinig, zu schmal, zu unbekannt. Auch so eine Rückschau gehört schon zur Vorfreude!
Wenn Sie selbst in großen Krisen weit genug in die richtige Richtung schauen, können Sie im größten Schmerz schon die Gefühle wie die Sonne am Horizont aufgehen sehen. Bleibt es dunkel, können Sie sicher sein, dass Sie in Richtung Angstweg schauen.
Auf Ihrer Reise zum großen Traum kreuzen sich viele Wege, aber je genauer Sie schauen, umso schneller werden Sie feststellen, dass es immer um die gleichen Wege und die gleichen Entscheidungen geht: Angstweg oder Sehnsuchtsweg. Als ich mich in den Jahren meiner großen Wandlungskrisen dazu verführen ließ, den scheinbar leichteren Angstweg zu gehen, musste ich schnell feststellen, wohin dieser Weg wirklich führt: in das Land der Utopien. Dieses Land macht seinem Namen alle Ehre. Es ist nirgends daheim. Es geistert nur in den Köpfen von Zauderern und Ängstlichen, die alles richtig machen wollen und deshalb alles falsch machen. Utopia ist so ziemlich das Gegenteil des Landes, in das uns unsere Sehnsucht zieht. Wenn Sie also in ein Land wollen, das nur in den Köpfen von Menschen existiert, die wollen, dass Sie funktionieren und klein bleiben, wenn Sie in ein Land wollen, in dem Vorurteile die Vorfreude unmöglich machen, dann können Sie den Angstweg wählen. Ich empfehle meinen Klienten, es einmal mit dem Sehnsuchtsweg zu versuchen. Sie können ja jederzeit wieder auf den Angstweg einschwenken. Dazu fällt mir eine kleine Geschichte ein.

So schön wie damals

An meinem früheren Wohnort hatten wir eine Nachbarin, mit der wir uns hervorragend verstanden. Als ich ihr mitteilte, dass wir umziehen werden, war sie sehr traurig. »Solche Nachbarn bekommen wir nie wieder!«, meinte sie spontan. Auch nach

meinem aufmunternden Hinweis, sie könnte sich ja überraschen lassen, vielleicht würden die neuen Nachbarn noch viel besser zu ihr passen, winkte sie sofort ab und blieb bei ihrem Vorurteil.
Als ich sie später zufällig traf, fragte ich sie nach den neuen Nachbarn. »Wenn ich gewusst hätte, welche wunderbaren Nachbarn wir wieder bekommen, hätte ich mir viel Grübelei erspart«, war ihre Antwort. Vor Kurzem begegnete ich ihr beim Einkaufen. Sie erzählte mir, dass sie nun wieder neue Nachbarn bekäme. Sie freute sich schon darauf. »Das ist wie Weihnachten«, sagte sie, »Weihnachten ist deshalb so schön, weil man nicht weiß, was man geschenkt bekommt.«
Kennen Sie auch solche Menschen? Das sind Menschen, die sich bewusst entschieden haben, auf der Straße der Sehnsucht zu gehen. Auch wenn sich solche Menschen zwischendurch einmal verlaufen sollten, die Vorfreude zeigt ihnen wieder den Weg. Vielleicht gehört es aber noch zu Ihren bisherigen Lösungsstrategien, Vorurteile festhalten zu wollen, weil sie Ihnen vertraut oder einfach bequem geworden sind. Es gibt aber auch einen anderen Grund, warum wir festhalten. Dieser Grund ist sogar sinnvoll und weise! Nur wenn wir kurz festhalten oder besser: innehalten, können wir die Schätze der Vergangenheit sichten und bewusst entscheiden, was wir in unser bewusstes Werden mitnehmen wollen. Nur so können wir das Gewesene wertschätzen und damit zu einem Teil unseres Schatzes machen. Selbst Narben aus der Vergangenheit können so zu Schätzen werden. Wertschätzung gehört auch zum Sehnsuchtsweg. Lernen Sie also das, was sich verabschieden will, wertzuschätzen, und stehen Sie zu Ihren Schätzen. Schauen Sie sich Ihre Vorurteile genauer an. Viele meiner Klienten übernehmen unbewusst die Einschätzungen anderer, wenn es um die Beurteilung von Schätzen geht. Geringschätzung gehört zum Angstweg, auch wenn wir nur die Meinung anderer übernehmen.
Einer meiner Besucher redete sehr abfällig über seine eigene

Mutter, nur weil sein Vater diese Meinung hatte. Erst lange nach deren Tod erfuhr er, von welcher wunderbaren Frau er geboren wurde. Ein erster großer Schritt zu einer neuen Sichtweise. Diese neue Sichtweise ließ das Leben seiner Mutter, ihre Handlungen, Entscheidungen, ja sogar sein eigenes Leben, seine eigenen Handlungen und Entscheidungen in einem ganz neuen Licht erscheinen. Dieses Licht erleben Sie nur auf dem Sehnsuchtsweg.

Selbst wenn uns der Zufall scheinbar zu spät anerkennt und wertschätzt, sieht es – bei aller Trauer, Scham und Schuld – schon nach einer Morgendämmerung aus, die einen wunderbaren Sonnenaufgang verspricht. Einen Sonnenaufgang, viel schöner als der auf Postkarten, schöner als der, den Sie damals erlebten, als Ihre Vorurteile geboren wurden. Einen Sonnenaufgang, der innig leuchtend Ihre eigene Visionsreise ankündigt. Damals, in Ihren glücklichsten Zeiten, glaubten Sie schon, dass es nicht mehr schöner werden könnte. Dieser Sonnenaufgang aber ist der Beginn eines Tages, der so lange dauern wird, wie es Sie gibt, genauer, wie es Ihren großen Traum gibt. Dieser Traum hat einen Hauch von Unsterblichkeit in sich. Vielleicht ist das der Grund, warum Menschen, die in all den Jahren mit mir auf Visionsreise gingen, eine andere Ausstrahlung, eine andere zeitlose Schönheit erlangten.

Visionsübung

Drehen Sie Ihren Kopf einmal ganz vorsichtig und bewusst nach hinten links und dann nach hinten rechts. Halten Sie jeweils inne und machen Sie sich die Schätze bewusst, die Sie von Vater und Mutter mitbekamen. Dann schauen Sie ebenso bewusst nach vorn. Machen Sie sich jetzt bewusst, dass Sie gerade in die Vorfreude und in das Neue schauen. Was vom Alten nehmen Sie mit? Was lassen Sie zurück? Wie fühlt es sich an, in das Neue mit diesem Reisegepäck zu schauen? Spielen Sie mit den Ge-

päckstücken, bis es sich richtig gut anfühlt. Dann machen Sie symbolisch und mit geschlossenen Augen einen ersten Schritt. Wie geht es Ihnen jetzt?

Sie sind der Regisseur Ihrer Gefühle

Wie oft erlebten Sie, dass die Vorfreude auf eine Urlaubsreise Ihre Seele zum Tanzen brachte. War aber der Urlaub endlich da, bekam er bald den Wert eines Weines, von dem zu viel im Keller liegt. Langsam drängte sich der Duft des Abschieds in die Tage. Das Rot der untergehenden Sonne verlieh der Freude neue Kraft. Die Zeit wurde umso wertvoller, je mehr sie sich erschöpfte. Im Konzert der Gefühle spielte, neben Abschiedsschmerz und Wehmut, bald wieder die uns wohlbekannte Vorfreude die erste Geige. Ihre zarten Berührungen halfen den Abschiedsschmerz zu ertragen. Aus der Sicht der Vorfreude fühlen sich selbst Verlust, Abschied und Trauer leichter an. Oft ist genau diese Einsicht der nächste Schritt.

Weil Vorfreude ein Gefühl ist, funktioniert sie wie alle Gefühle. Sie braucht unsere eigenen Gedanken als Geburtshelfer. Ein anderes Denken führt zu anderen Gefühlen. Oft kommen wir auf der Straße unserer Sehnsucht nicht weiter, weil uns ein scheinbares Hindernis den Weg versperrt, ein angsterfüllter Gedanke. Wer zum Regisseur seiner Gefühle werden will, muss also zuerst zum Regisseur seiner Gedanken werden.
Ein befreundetes Ehepaar hatte Dauerstress, wenn es um den Urlaub ging. Sie wollte in die Berge, er wollte ans Meer. Allein der Gedanke daran, die ganze Zeit am Meer verbringen zu müssen, löste in ihr blankes Entsetzen aus. Analog ging es ihm. Getrennte Ferien kamen auch nicht infrage. Was sollen denn die anderen denken. Im vertraulichen Gespräch mit mir gab sie zu, schrecklich eifersüchtig zu sein. »Schon allein der Gedanke

daran, dass er ohne mich in Urlaub fährt, macht mich eifersüchtig«, waren ihre Worte. Sie stellte sich vor, was alles geschehen könnte. Aber das waren ihre eigenen Gedanken. Wir kamen bald darauf, dass sich hinter diesen Gedanken ihre eigenen unbefriedigten Fantasien versteckten. »Wie wäre ein Seitensprung mit Ihrem eigenen Mann?«, fragte ich sie. Sie tat überrascht. Ich wusste aus den Gesprächen: Mit einem Seitensprung fing es damals bei den beiden an. Der Gedanke gefiel ihr. In ihren Augen schien sich ein kleiner Sonnenaufgang abzuspielen. Der nächste Schritt war kinderleicht für eine Frau, in deren Augen die Vorfreude schon tanzte.

Vorfreude kennt nur den Augenblick, das Hier und das Jetzt. Ihr ist es egal, ob das, worauf wir uns freuen, auch wirklich eintritt. Wie alle Gefühle ist sie also die Folge eines Denkens und somit auch unsere eigene Erfindung. Allerdings eine der wunderbarsten Erfindungen, bei der wir Glückshormone so lange im Überfluss produzieren, bis wir uns für andere Gefühle entscheiden. Wenn wir Gefühle von Ärger, Zorn oder Angst produzieren, dann programmieren wir zugleich unser Gehirn neu. Die Glückshormonproduktion wird eingestellt und andere Hormone überschwemmen uns. Plötzlich ist unser ganzes Leben scheinbar grau oder gar schwarz, egal, ob das, was uns Angst macht, auch wirklich so bedrohlich ist oder einer alten Kinderfantasie entspringt. Es genügt, dass wir uns bedroht fühlen oder uns eine Ungerechtigkeit einbilden. So mächtig sind Gefühle und so einfach verzaubern sie unsere Wirklichkeit. Wenn Sie durch die Kraft Ihrer Gedanken der Regisseur Ihrer Gefühle sind, warum sollten Sie sich dann für negative Gefühle und den Angstweg entscheiden?

Reisetipp

Bevor Sie auf Reisen gehen, erstellen Sie sich doch einfach einmal eine Rangliste Ihrer Vorfreuden. Worauf freuen Sie sich am meisten? Wie kann das, worauf Sie sich am meisten freuen, noch schöner werden? Heben Sie sich diese Liste der Vorfreuden auf, damit Ihre Reise eine freudige Reise wird.

Sind Sie der Regisseur Ihrer Gedanken?

In meinen Workshops herrscht oft große Betroffenheit, wenn ich den Teilnehmern von der Macht der Gefühle erzähle und davon, wie unser inneres Gefühlskonto entsteht. »Aber dann sind ja meine Gedanken an allem schuld«, sagte mir eine Frau, die sich als krankhaft eifersüchtig bezeichnete. Sie dachte immer nur daran, mit wem ihr Mann sie gerade betrügen würde. Wenn er dann von einer Geschäftsreise nach Hause kam, wurde er mit Vorwürfen empfangen. »Hüte dich vor deinen Gedanken, denn sie können Gefühle werden.« Diese alte Weisheit kannte sie zwar, aber das half ihr nicht wirklich. »Wie kann ich zum Regisseur meiner Gedanken werden?«, fragte sie in die Runde. Schweigen. Woher sollten die Teilnehmer das auch wissen? Auch ich brauchte lange, bis ich diese Frage beantworten konnte. Ein sehr guter Freund, einer der besten Fachleute auf diesem Gebiet, verblüffte mich mit seiner Erklärung. Gerne gebe ich sie Ihnen weiter:
Unser Denken und das, was wir als wahr annehmen, hängen von unseren Einstellungen ab. Einstellungen bestimmen unser Leben. Die Musik, die wir im Radio hören, ist das Ergebnis einer Einstellung. Wir haben ein bestimmtes Programm gewählt. Jetzt begleitet es uns und unser Leben so lange, bis wir ein neues Programm einstellen. Deshalb müsste man den alten Spruch ergänzen »Hüte dich vor deinen Einstellungen, denn sie werden zu deinem Schicksal.«
Auf unserer Visionsreise werden wir zu Einstellungen finden, die in ein glückliches Schicksal führen. Wenn Sie am Nordpol mit Ihrer Reise beginnen, brauchen Sie eine andere Kleidung

als am Äquator. Ihre bisherige Einstellung hat Ihnen irgendwann einmal das Leben gerettet. Jetzt hindert Sie diese Einstellung, Ihr Leben zu genießen.
Ich erinnere mich an eine wunderschöne Frau, die nie Glück mit Männern hatte. Jede neue Begegnung war zugleich eine Flucht. Jede Flucht wiederum war das Ergebnis einer Angst, die das Gehirn fest im Griff hatte. »Wer so schön ist, wird sowieso nur wegen seiner Schönheit geliebt. Wer ich wirklich bin, interessiert die Männer doch überhaupt nicht.« Dies war ihre feste Überzeugung. Entsprechend verhielt sie sich auch. Deshalb lebte sie lieber einsam als gemeinsam. Nach einem längeren Gespräch, in dem sie mir ausführlich begründete, warum sie Recht hatte, meldete sie sich ganz spontan zu meinem nächsten Workshop an. Und in diesem Workshop geschah es. Es geschieht oft Wunderbares, wenn wir unserem Herzen erlauben, mit uns auf Reisen zu gehen.
In der Gruppe war ein junger Mann, der eine schwere Krankheit überstanden hatte. Diese Krankheit hatte sein Leben vollkommen auf den Kopf gestellt. Nach seiner Heilung hatte er sich fest vorgenommen, die Menschen daran zu erinnern, wie wunderbar es ist, zu leben. »Das Leben ist so wertvoll und einzigartig, dass es zu schade ist, um es mit negativen Gedanken zu vergeuden!«, rief er in die Gruppe. Wie er das so sagte, wusste ich, dass dieser Mann auf der Straße der Sehnsucht war. Er war einer dieser Schatzsucher, die reich beschenkt und dankbar von ihrer Abenteuerreise zurückkommen, um Zeichen zu setzen, Zeichen der Hoffnung, Zeichen der Liebe. Solche Menschen erkennen Sie daran, dass sie tiefer schauen können – bis dorthin, wo die wahre Schönheit des Menschen wie ein verborgener Diamant strahlt.
Die wunderschöne Frau schien den jungen Mann überhaupt nicht wahrzunehmen. Wer aber zu sehen verstand, der konnte in ihren Augen etwas schimmern sehen, vielleicht vergleichbar den ersten Sonnenstrahlen, die nach einem langen Winter über

die tief verschneiten, eiskalten Berge einer gefrorenen Seelenlandschaft hervorlugen.
Ob der junge Mann diese ersten Sonnenstrahlen auch bemerkte? Noch schwieg er, als er die wunderschöne Frau ansah. Die ganze Gruppe sah, dass er sie ansah, und schwieg mit ihm. Das gefiel der wunderschönen Frau überhaupt nicht. Bissig fuhr sie den jungen Mann an, was es denn da zu glotzen gäbe. Er schwieg. Vielleicht sah er schon, dass sie genau an dem Punkt stand, an dem sich Angstweg und Sehnsuchtsweg kreuzen.
Am Folgetag hatte der junge Mann ein Gedicht mitgebracht, das er in der Nacht geschrieben hatte. Er bat, es vorlesen zu dürfen. Es handelte von einer wunderschönen Frau, die eines Morgens zufällig im Spiegel auf Entdeckungsreisen ging. Gleich zu Beginn ihrer Entdeckungsreise bemerkte sie Falten in ihrem Gesicht und am Hals. Sie wollte umkehren – erschrocken und genervt – noch ehe die Reise richtig begonnen hatte. Da sah sie einen Mann, der sie freundlich anlachte. Sie bekam Angst. Diesmal aber war es eine andere Angst. Es war die Angst einer blühenden Rose vor dem Verwelken. Der Refrain dieses Gedichtes hatte den Klang einer fremden Sprache. Übersetzt hieß es etwa: Wie soll ich erkennen, wer du wirklich bist, wenn ich die Spuren übersehen soll, die dein Leben dir schenkte? Wie soll ich jemals erfahren, wohin dein Herz verreisen will, wenn deine Seele nicht sprechen darf?

Wie die Geschichte wohl weiterging?

Visionsübung

Schreiben Sie diese Geschichte einfach bis zu einem guten Ende weiter. Lassen Sie sich von der Vorfreude berühren. Versuchen Sie die Geschichte so zu schreiben, dass sie aus dem Herzen und nicht aus dem Kopf kommt. Heben Sie die Geschichte gut auf. Wir werden sie noch brauchen.

Wohin die Reise geht ...

Wenn ich einen Reisejournalisten frage, warum er so gerne unterwegs ist, ernte ich zuerst immer einen erstaunten Blick. Er schaut mich dann stets so an, als gäbe es überhaupt keine andere Art zu leben, als immer unterwegs zu sein. Reisen ist für ihn eine Kunst, genauer eine Lebenskunst. »Ihre Worte«, fügt er dann meist mit einem verschmitzten Augenzwinkern an, wenn er mir zeigen will, was er aus unseren diversen Gesprächen für sich so alles mitgenommen hat.

Für unseren Kriegsberichterstatter hieß Reisen immer Lebensgefahr, weil er die Krisengebiete dieser Welt besuchte und es dort eben immer besonders bedrohlich war. Wir können uns leicht vorstellen, wie sich seine Reisevorbereitungen von denen des Reisejournalisten unterschieden.

Damit die Reise zu den vergessenen Visionen unseres Lebens nicht zu einem Kriegsbericht wird, sondern zu einer Lebenskunst, ist es hilfreich, von beiden zu lernen.

Ich hatte das Glück, die zwei am Rande eines Kongresses miteinander bekannt machen zu dürfen. Beide waren sehr an dieser Begegnung interessiert. Beide waren sehr bekannt und in ihrem jeweiligen Spezialgebiet auch sehr anerkannt.

»Was ist für euch das Wichtigste am Reisen?«, fragte ich die Abenteurer in Sachen Reisen.

Es erstaunte mich nicht, dass beide fast die gleiche Antwort gaben: Der Mensch braucht das Reisen, weil es zum Menschsein gehört, meinte der eine. Wer aufhört zu reisen, hört auf, ein Mensch zu sein, meinte der andere. Leben heißt unterwegs sein. Wer nicht mehr unterwegs sein will, hört auf zu leben, davon waren beide überzeugt. »Sage mir, wie du reist, und ich sage dir, wer du bist«, fügte unser Reisephilosoph hinzu. Dann erzählte er mir, wie er durch das Reisen das wiederfand, was er zu Hause verloren hatte.

Es war die Zeit der Krisen. Beruflich, privat und gesellschaftlich. Es war schick, von seiner Krise zu reden. Man schämte sich fast, zuzugeben, dass es einem noch einigermaßen gut ging. Auch unser Reisejournalist hatte die Krise. Nach langen Jahren gemeinsamen Lebens und Liebens wollte ihn seine Frau verlassen.

Ich kannte diese Frau und ich kannte auch ihre Motive. Beide Partner vereinbarten eine Trennung auf Zeit. »Wenn es das Schicksal will, werden wir uns vielleicht nie mehr sehen«, unterstrich die Frau ihre Entschlossenheit zum Wandel. Ihr Leben hatte bis jetzt aus Verabschieden und Wiedersehen, aus Warten und Sorgenaushalten bestanden. Dazwischen mussten die Kinder versorgt werden. Aber Kinder wachsen und werden Erwachsene, Freiräume entstehen, durch die Neues möglich wird. Dadurch werden alte Fragen wieder drängender, die sich im Hausfrauenalltag oft verdrängen lassen. »Was ist aus meinen Träumen geworden? Soll das alles gewesen sein? Was ist mir jetzt noch möglich?«

Es waren also keine leichten Fragen. Früher gingen Menschen mit solchen Fragen in die Wüste oder in die Abgeschiedenheit großer Berge, in Klöster oder auf die Pilgerreise.

Visionsübung

Schließen Sie die Augen. Denken Sie an eine große Trennungsangst. Spüren Sie, was diese Angst mit Ihnen macht. Dann öffnen Sie die Augen wieder und sagen sich laut und deutlich: »Ich höre jetzt auf, Angst zu fühlen.« So werden Sie nach und nach zum Regisseur Ihrer Angst.

Die Zeit der Trennung kam. Die Vorfreude war versteckt unter dicker Schminke von Wut, Trennungsangst und Misstrauen.

Die Frau entschied sich für eine Zeitreise ganz besonderer

Art. Aber davon erfuhr ihr Mann erst später und nur durch Zufall.
Er selbst wollte das nachholen, was bei ihm zu kurz gekommen war: Heimat. Auf den Spuren seiner Kindheit wollte er seine Wurzeln wiederfinden und damit vielleicht auch eine Antwort bekommen auf seine große Frage: Was will bei mir jetzt noch werden? Wer solche Fragen stellt, stellt auch die Frage nach dem Sehnsuchtsweg.
Auf seiner Spurensuche kam er immer häufiger an eigenartigen Wegweisern vorbei und die führten ihn immer wieder an Orte gemeinsamer Erlebnisse mit seiner Frau. Mehr und mehr wurde ihm bewusst, dass er zweierlei Leben führte: Das Leben des Reiseprofis war ein bewusst gelebtes Leben. Das Leben des Familienvaters war das Leben eines Pausenclowns. Ja, er war hin und wieder auch noch der Sexpartner, der Geldverdiener, der Telefonseelsorger. Mehr aber konnte er auch nicht sein. Schließlich war er ja Reisejournalist und gezwungen, viel und lange unterwegs zu sein.
Früher war das anders. Da reisten sie gemeinsam. Auch sie war Journalistin. Das passte so gut. Manchmal sah es so aus, als wären es die gemeinsamen Erinnerungen gewesen, die diese Ehe noch so lange am Leben hielten. Zum Beispiel damals im Fernen Osten, als sie die schönste Zeit ihres Lebens verbrachten. Das jedoch wussten sie damals noch nicht. Sie waren ja noch so jung. Dann kam eben alles ganz anders.

Der unsichtbare Reisebegleiter

Im Nachtrauern und Verklären des gelebten Lebens spüren wir oft ein Ungenügen in uns aufsteigen, wie Morgennebel im nahenden Herbst. Eine Ahnung vom drohenden Winter streift uns. Dieses Ungenügen und die Ahnung sind Vorboten einer Sehnsucht, die will, dass der Sommer nie vergehen möge.

Unser Reisejournalist kannte natürlich Länder, in denen der Sommer nie vergeht. Ein fast vergessener, weiser Reisebegleiter half ihm, das rechte Land zur rechten Zeit zu finden.
Sie kennen diesen Reisebegleiter aus eigener Erfahrung, auch wenn Sie ihn noch nie gesehen haben. Er half auch Ihnen schon, so manches Abenteuer zu bestehen. Sie haben ihm nie Danke gesagt. Er ist trotzdem immer noch für Sie da und er wird bei Ihnen bleiben, solange es Sie gibt. Er ist so weise und so leise, dass es leicht ist, ihn zu vergessen.
Unseren Reisejournalisten brachte dieser Reisebegleiter genau zum richtigen Zeitpunkt an einen einsamen Ort, weit weg von zu Hause, irgendwo im Fernen Osten. Für unseren Mann war dieser Ort zu dieser Zeit allerdings der heißeste und einsamste Ort auf der Welt und dazu noch der traurigste. Früher, viel früher da lachte er genau hier, tanzte und sang und träumte vor jenem Hotel von seiner ewigen großen Liebe. Damals war dies der glücklichste Ort auf der ganzen Welt. Selbst die Dorfbewohner freuten sich damals mit ihm und mit dieser Frau, die ihn so glücklich machte, dass er mitten auf dem Dorfplatz vor lauter Glück zu weinen begann.
Ja, so war das damals, genau hier an diesem glühend heißen Dorfplatz vor vielen, vielen Jahren. Wie hatte er sich darauf gefreut, am Platz, an dem alles begann, noch einmal verlorenes Glück aufzusaugen. Aber die Vorfreude war in der Hitze geschmolzen wie Eis in der Sonne. Zurück blieb eine kleine Pfütze – von ungeweinten Tränen vielleicht?
In solchen Augenblicken glauben wir, dass die Straße der Angst so groß ist wie die ganze Welt. Wir übersehen dabei leicht, dass wir schon zur Straße der Sehnsucht abgebogen sind. So ging es unserem Reiseprofi. Noch fragte er sich, warum er überhaupt hierhergekommen war. Um sich zu quälen? Dafür war er nicht gebaut. Er schaute über den in der Mittagshitze flimmernden Dorfplatz zum Hotel seiner alten Träume hinüber.
Das Hotel war alt geworden, wie die Träume. Die Farbe der

Fassade wirkte bleich, ja kränklich blass. Oben ging unbemerkt eines der breiten, wackeligen Fenster auf. Eine Frau, noch nass vom Duschen, zeigte sich in ihrer Nacktheit der Mittagssonne – wie damals. Da entdeckten sie sich ... Beide, unseren Reisejournalisten und seine Frau, hatte die Suche nach dem großen Traum zur gleichen Zeit dorthin gebracht, wo er begann.
Wie er war auch sie den Spuren des vergangenen Glücks gefolgt, wie er wurde auch sie an den Ort geführt, an dem die Zeit für einen Augenblick vor lauter Glück stillzustehen schien. Wie er stand sie nun da, sprachlos, zeitlos, staunend wie ein Kind. Noch nicht fähig zu weinen, nur zu staunen.

Exkurs: Zeit

Es gibt in unserem Leben Phasen, da spüren wir das Geheimnis der Zeit. Es ist uns, als ob es zwei Arten von Zeit gäbe. Eine, die unser Verstand erfunden hat, und eine, die aus einer unbekannten Tiefe kommt. So geht es Menschen seit alters her. Wissenschaftler messen die Zeit linear und erfanden dafür den Begriff der Chronoszeit. Sie teilt die Zeit in Stunden, Minuten und Sekunden. Wir können die Zeit aber auch mit dem Verständnis eines Mystikers einteilen. Wir sprechen dann von der Kairoszeit. Die spannt den Bogen vom Anfang zum Ende, von der Ursache zur Wirkung oder von der Idee bis zur Tat. Beide Zeitqualitäten existieren gleichzeitig.

Die Wiederentdeckung der Intuition

Manchmal braucht es Wunder, damit sich eine Vision von Liebe erfüllen kann – und ein Sinn für das größere Wissen. Diesen Sinn nennen wir Intuition.
Für mich ist Intuition unser weiser Führer, der viel mehr weiß als unser Bauchgefühl und noch viel mehr als unser Verstand.

Unser Verstand wäre schnell überfordert, wenn er eine Visionsreise organisieren müsste. Wie könnte er uns durch Abenteuer führen, bei denen es darum geht, uns, analog der Reise eines Apfelkerns, im Verlauf der Reise immer wieder neu zu erfinden? Wie könnte er einen Angstweg von einem Sehnsuchtsweg unterscheiden? Wie könnte er Menschen, die sich nichts mehr zu sagen haben, überreden, sich am Ende der Welt zu treffen?

Wenn Sie sich für diesen weisen Führer entscheiden, entscheiden Sie sich zugleich dafür, sich auf das unbewusste Wissen der gesamten Evolution zu verlassen. Ihre Intuition hat Zugang zu diesem Wissen. Nicht nur zu dem Wissen der Vergangenheit, sondern auch zu dem Wissen, das für uns noch in der Zukunft liegt. Für die Intuition gibt es keine Vergangenheit und auch keine Zukunft. Die Intuition kennt nur die Kairoszeit. Das ist die Zeit, die eine Vision braucht, um sich zu erfüllen.

Intuitionsübung

Stellen Sie sicher, dass Sie für ein paar Minuten ungestört sind. Dann holen Sie sich zwei beliebige Gegenstände und legen diese im Abstand von mindestens einem Meter vor sich hin.

Nun betrachten Sie abwechselnd zuerst den einen und dann den anderen Gegenstand, jeweils mindestens eine Minute. Wiederholen Sie bitte dieses Spiel einige Male. Dann halten Sie bewusst inne.

Beginnen Sie dann, den Raum zwischen den beiden Gegenständen zu beobachten. Einfach still beobachten.

Versuchen Sie nichts anderes, als nur zu beobachten. Nicht denken, nicht grübeln, einfach nur in diesen Raum dazwischen schauen.

Wenn Sie diesen frei schwebenden Zustand längere Zeit halten können, ohne sich anderen Reizen zuzuwenden, sind Sie bereit für die Intuition.

Sie haben sicher schon jetzt ein Gespür dafür bekommen, wie viel reicher, bunter und kreativer Ihr Leben werden kann, wenn Sie jeden Augenblick in einem Bewusstsein leben, dass der jetzige Augenblick der Beginn einer wunderbaren Reise ist, die immer wunderbarer wird. Das Werdende ist ein Geschenk des Jetzt. Sie können Ihren Teil dazu beitragen, dass dieses Geschenk groß und immer größer wird. Die Vorfreude hilft Ihnen dabei.

Es wird Ihnen beim Lesen und Üben immer deutlicher werden, dass Sie auch allen Grund haben, sich zu freuen. Mithilfe Ihrer Intuition werden Sie sogar immer deutlicher erkennen, worauf Sie sich freuen können.

Kürzlich las ich von einer jungen Dame, die von einem größeren Lottogewinn geträumt hatte. Sie folgte den Hinweisen ihres Traums und verwirklichte ihn auf eine ganz einfache Weise, indem sie zur nächsten Lottoannahmestelle ging und einen Lottoschein ausfüllte. Klar, dass sie gewonnen hatte. Die Frau hatte sehr viel Erfahrung im Umgang mit ihrer Intuition. Sie wunderte sich nur, dass nicht alle Menschen dieses Wissen nutzen. Nutzen Sie in Zukunft dieses Wissen. Ich werde Ihnen in diesem Buch noch mehrere einfache Übungen zeigen, die Ihnen helfen, Ihre Intuition besser als bisher einzusetzen.

Intuitionsübung

Suchen Sie sich einen ruhigen Platz, von dem aus Sie ruhig und ungestört beobachten können. Kommen Sie zuerst selbst zur Ruhe, indem Sie bewusst Ihren Atem kommen und gehen lassen. Beobachten Sie sich beim Atmen. Dann wechseln Sie mit Ihrer Aufmerksamkeit nach außen. Schauen Sie einfach mit wachem und freiem Blick in das hinein, was außen geschieht. Bleiben Sie nirgends hängen, sondern folgen Sie in einer frei schwebenden Aufmerksamkeit dem Treiben draußen.

Wiederholen Sie diesen Wechsel von innen nach außen mehr-

mals und solange Sie wollen. Wenn die Übung beendet ist, schreiben Sie einfach auf, was Ihnen aufgefallen ist – an Ihnen und am Außen.

Wenn Sie diese einfache Übung regelmäßig machen, werden Sie einen immer besseren Zugang zu Ihrer Intuition bekommen. Ihre Intuition wird Ihnen immer öfter helfen, sodass die Schritte in den nun folgenden Kapiteln keine Rückschritte, sondern echte Fortschritte werden. Fortschritte zu mehr Lebensfreude, Glück und Gesundheit.

Denken Sie an das Ehepaar, das sich schon verloren glaubte. Die eigene Intuition und die Vorfreude auf das, was aus einer Liebeskrise alles Wunderbares werden will, half den beiden, sich neu zu finden, aber auch neu zu erfinden.

Sie können sich leicht vorstellen, dass ein Paar, das sich so schicksalhaft wiederfand, jeden Tag anders lebt als vor der Krise. »Stellen Sie sich vor«, erzählt mir heute noch die Frau des Reisejournalisten, »Sie sind in der größten Einsamkeit und Verzweiflung Ihres Lebens, von Schuldgefühlen und Ängsten geplagt. Sie wollen den Mann, mit dem Sie so viel Leben teilten, doch nicht wegwerfen wie eine ausgepresste Zitrone. Nur wachrütteln wollen Sie ihn – aus Liebe und weil in Ihnen ein Bild strahlt und Ihnen zeigt, was für eine große Liebe mit diesem Mann noch möglich ist. Aber zwischen Ihnen und ihm sind Ozeane und zigtausend Kilometer. Innen und außen. Dann schauen Sie in das flimmernde Licht des ausgestorbenen, fremd gewordenen Dorfplatzes und trauen den eigenen Augen nicht. Augen! Ihr, meine eigenen Augen, selbst euch kann ich nicht mehr trauen. Dabei will ich doch nur lieben. Hat eine Frau, die ein Leben lang funktionierte, denn kein Recht mehr auf Liebe?«

Erst langsam fasste sie es damals: »Er ist es wirklich. Um den halben Erdball zog es uns, um uns – vielleicht – wiederzusehen. Er, dein eigener Mann, liebt dich doch noch.«

Eine Visionsreise hatte sich erfüllt. Und sie erfüllt immer noch ihre ausgetrockneten Herzen mit Vorfreude und Hoffnung, weil sie den Glauben an das Unmögliche wiedergefunden haben, daran, dass Wunder geschehen können.

Die Blume des Herzens

Vielleicht ist es Ihnen noch gar nicht aufgefallen, wie gut Sie mit Ihren Reisevorbereitungen schon vorangekommen sind. Sie wissen schon mehr über die zweierlei Wege als die meisten Ihrer Zeitgenossen. Es kann gut sein, dass Sie sogar schon die Straßenseite gewechselt haben, seit Sie wissen, dass Sie der Regisseur Ihrer Gedanken und Gefühle sind. Sie wissen um die Kraft der Vorfreude. Mit der Wiederentdeckung Ihrer Intuition können Sie sich ab jetzt auch auf den besten aller Reiseführer freuen. Aber vielleicht ahnen Sie bei aller Vorfreude, dass dies erst der Beginn eines großartigen Freudenfeuers ist, das mit jeder neuen Erkenntnis immer farbenprächtiger wird.
Ich habe im Laufe der Zeit von vielen Lehrern eine Menge über die Kraft der Vorfreude und das Geheimnis der Intuition erfahren. Das meiste und Erstaunlichste lehrte mich aber ein alter weiser Mann, den ich schon fast vergessen hatte, bis mir das Leben eine Lektion erteilte.

»Die Vorfreude ist stärker und kraftvoller als die Angst vor dem Tod.« Mit diesem Satz tröstete mich der alte Lehrer oft, wenn er mich daran erinnern wollte, das Neue zu wagen, statt in Verlustangst zu verharren. Vielen meiner Klienten konnte ich mit diesem Satz in schweren Zeiten weiterhelfen.
Einer jungen schwangeren Frau, die nach einem schlimmen Ereignis nicht mehr weiterleben wollte, half dieser Satz so sehr, dass sie mich bat, meinem alten Lehrmeister die Blume ihres Herzens zu schenken. »Die Blume ihres Herzens«, das war keine

normale Blume. Nein, das war ein ganz besonderes Geschenk ihrer Großmutter: eine sehr alte Brosche mit großer Symbolkraft, nicht zum Behalten, nein, zum Weiterschenken gedacht. »Schenke sie dem, der dich zum Geheimnis des Lebens führt. Aber sei achtsam. Du hast nur diese eine Brosche und in ihr steckt die Kraft deiner Ahnen.« Während mir die junge Frau die Geschichte ihrer Brosche erzählte, strich sie sich zärtlich über den mittlerweile stark gewölbten Bauch.

Sie werden sich ganz sicher mit mir freuen, wenn ich Ihnen später erzähle, was aus dieser jungen Frau Wunderbares werden sollte. Ihr Kind ist mittlerweile gesund und munter auf diese Welt gekommen. Die Vision vom ersten Schritt war sichtbar geworden. Ich will der Mutter gerne glauben, dass dieses Kind sie schon bei der Geburt lachend begrüßte.

Der alte Mann und sein Mädchen

Die Vorfreude ist nicht nur stärker als der Tod, sie braucht sogar den Tod, wie die Sterne die Nacht brauchen, um sichtbar zu werden.

Als ich mich damals entschloss, der jungen Frau ihren Wunsch zu erfüllen und dem alten Lehrmeister die »Blume des Herzens« zu übergeben, wurde mir erst bewusst, wie lange ich den alten Herrn schon nicht mehr gesehen hatte. Ob er überhaupt noch lebte? Ob er vielleicht umgezogen war? Vielleicht war er von all seinen Schülern schon so lange vergessen wie von mir? Vielleicht lebte er enttäuscht und zurückgezogen in einem Altenheim. Bei der letzten Begegnung war er schon gut in den Achtzigern gewesen. Er müsste nun schon Mitte neunzig sein. Seine Frau war zwar deutlich jünger, aber auch sie hatte die achtzig sicher überschritten. In meine Vorfreude mischten sich Angst, Unsicherheit und Schuldgefühle.

Ein Zufall half mir, dass seine Telefonnummer plötzlich auf

meinem Schreibtisch lag. Über vermeintliche Zufälle lesen wir später.
Der alte Herr freute sich aus tiefstem Herzen über meinen Anruf. Er, der ein Leben lang Menschen durch die dunkelsten und gefährlichsten Schluchten ihrer Seelenlandschaften führte. Er, der Schattenerprobte, Leidgewohnte, lebte nicht einfach so dahin, nein, er konnte sich noch über sein Leben freuen, wie ein Kind. Dies strahlte er schon beim ersten Anblick aus. Das lange Gehen auf der Straße der Sehnsucht ließ ihn selbst als die Vision der Sehnsucht erscheinen.
Ja, er war ein alter Mann. Aber mit seinen grauen langen Haaren und dem silbrig glänzenden Bart, seiner aufrechten würdevollen Haltung strahlte er eine Zeitlosigkeit aus, die einen Hauch von Ewigkeit in sich trug. Als Kind liebte ich ein Heiligenbild über meinem Bett. Es sollte mir Glück bringen. Ich war mir damals sicher, dass dieser heilige Alte mein weiser Führer und Begleiter durch die Stürme meines Kinderlebens war. Für eine Sekunde dachte ich, ihm stünde ich jetzt nach lange vergangener Kindheit wieder gegenüber. Auch heute noch stelle ich mir so einen zuverlässigen und weisen Führer vor, wenn ich mich aufmachen will, die ewig dunkle Seite des Mondes zu erforschen.
Dann bemerkte ich auch seine Frau. Klein und zierlich stand sie da – wie damals. Und wach. Voll präsent und mit hell leuchtenden Augen. Von ihr erfuhr ich, dass ich Glück hatte, sie heute noch zu erreichen. Morgen würden sie nämlich schon verreisen.
Zufall? Der Zufall ist die Wirklichkeit der Seele, so wie die Planzahl die Wirklichkeit der Angstmenschen ist. Dann sprach er liebevoll davon, dass er seinem kleinen Mädchen noch einen Herzenswunsch erfüllen möchte, einen, der noch immer ihr Herz zum Glühen brächte.
Mit dem kleinen Mädchen meinte er seine Frau, mit der er seit über sechzig Jahren verheiratet war. Sie war zehn Jahre jünger

als er. Er musste deshalb damals sehr um sie kämpfen. Damals schon nannte er sich Luzifer. Er wollte ihr Lichtträger sein. Sie sollte sich auch im Dunkeln nicht fürchten. Lichtträger war er für viele in seinem langen Leben. Visionen reifen langsam.

Visionsübung

Legen Sie sich ein Blatt Papier und einen Bleistift zurecht. Vielleicht gibt es noch eine Musik aus längst vergangener Zeit. Dann nehmen Sie diese Musik als Reisebegleiterin zu den Tagen Ihrer Kindheit. Wem hätten Sie damals zugetraut, Sie auf einer Abenteuerreise zu begleiten?
Wer hatte so viel Weisheit und Erfahrung, dass Sie sich als dieses kleine Kind von damals seiner Führung überlassen hätten?
Schreiben oder malen Sie, was Ihnen dazu einfällt.
Wer oder was fällt Ihnen noch dazu ein? Was oder wer gäbe Ihnen noch mehr Sicherheit, wenn es um eine Abenteuerreise ginge?
Schreiben oder malen Sie einfach. Und der Kritiker in Ihnen macht einfach einmal Pause.
Nun legen Sie alles weg. Wir werden es erst später brauchen.

Luzifers Reise zu den Wurzeln

Wohin zieht es einen alten Menschen, dessen Tage allein biologisch schon gezählt sind?
Mein alter Lehrer konnte natürlich meine Neugierde spüren. Für Augenblicke spielte er damit. Dann löste er die Spannung und begann zu erzählen. Damals, als sie endlich den Segen der Eltern bekommen hatten, entschlossen sie sich, trotz der Kriegswirren zu heiraten. Sie kauften sich ein kleines Haus, an dem viele gute Erinnerungen hingen. Dieses Haus würde der Hafen

für all das Glück werden können, das so eine Liebe möglich macht. Denn so viel Glück braucht schließlich einen Hafen.
Trotz des Donnergrollens, der von der näher kommenden Front herüberdrang, wurde es eine festliche und beschauliche Hochzeit in einer kleinen Wallfahrtskapelle inmitten eines dichten Waldes – mit vielen vergossenen Freudentränen. Dann wollte er sie noch über die Schwelle tragen, in das gemeinsame Haus und später noch einmal an die Front zurückkehren. Der Feind würde schnell vertrieben sein. Danach hätten sie Zeit für ihr Glück. Aber es kam ganz anders. Nicht einmal die Hochzeitsnacht war ihnen vergönnt.
»Hand in Hand gemeinsam«, flüsterte leise und mit feuchten Augen die Frau meines alten Lehrers, »dieses Versprechen haben wir trotzdem über sechzig Jahre gehalten.« Sie nahm zärtlich die Hand des alten Mannes. Er dankte ihr, indem er leicht zitternd ihre Wange streichelte.
Nun wollten sie sich ein letztes Versprechen einlösen: gemeinsam noch einmal über die Schwelle dieses Hauses gehen. In seinen inneren Bildern hatte er das Haus genau gesehen. Er wusste, dass es dieses Haus noch gab. Und er wusste auch, dass jetzt der rechte Zeitpunkt war, es zu besuchen.
Sie wissen mittlerweile, was ihn so sicher sein ließ: seine innige Beziehung zu seiner Intuition. Manchmal sehen wir in andere Augen und wissen, dass wir nie mehr in diese lebendigen Augen sehen werden, und der andere weiß es auch. Manchmal spüren wir eine Hand, die uns verabschiedet, und wissen, dass wir die Wärme dieser Hand nie mehr spüren werden, und der andere weiß es auch. Manchmal sind wir trotzdem dankbar, weil wir wissen, dass sich durch diesen Abschied ein großer Traum erfüllt und die Straße der Sehnsucht in eine andere Wirklichkeit führt. Ein paar Wochen später las ich zufällig seine Todesanzeige.

Visionsübung

Bitte zünden Sie sich eine Kerze an. Denken Sie an einen Menschen, der Ihnen viel bedeutet hat und den es in Ihrem Leben nicht mehr gibt.
Stellen Sie sich vor, dieser Mensch steht plötzlich vor Ihnen, schaut Sie an und wartet auf Ihre wichtigste Frage. Welche Frage wäre das? Wie könnte die Antwort lauten?

»Trauer ist die Erinnerung an das, was uns endgültig verloren gegangen ist.« Diesen Satz meines alten Lehrers hüte ich, wie »die Blume meines Herzens«, seit ich weiß, aus was für einer wertvollen Quelle er stammt.

Fragen an das, was werden will

Es gibt Fragen, die werden schnell gestellt und bleiben ebenso schnell im Gestrüpp der eigenen Betroffenheit hängen. Das sind Fragen, die unser Verstand stellt. Oft sind es Fragen, die uns hindern, die Straße der Angst zu verlassen und der Sehnsucht zu vertrauen.
Ich kenne solche Fragen aus vielen Beratungsgesprächen. Ich nenne sie Ego-Fragen. Manchmal falle ich selbst auf solche Ego-Fragen herein. Unser Ego, das für alles eine Antwort braucht, will ja auch seine Erfolgserlebnisse.
Warum muss ein guter Mensch so viel Leid ertragen und ein böser Mensch so viel geschenkt bekommen? Warum ist die Welt so ungerecht und so grausam? Das alles sind Beispiele für Ego-Fragen.
Es gibt aber auch Fragen, die kommen aus der Unendlichkeit wie der Flügelschlag eines Schmetterlings. Von irgendjemandem irgendwann und irgendwo gestellt, lösen sie plötzlich in

uns einen Hurrikan von Gefühlen aus, der zu einem inneren Katastrophenplan führt. Aber die Katastrophe bleibt aus. Solche Fragen kommen aus der Tiefe der Unendlichkeit, von dort, wo auch die großen Visionen geboren werden.

Fragen, die aus der Unendlichkeit kommen, berühren unsere eigene Unendlichkeit und damit unser Herz. Sie sind immer herzlich gemeint.

Jedes Mal, wenn ich mich entschloss, die Witwe meines alten verstorbenen Lehrers anzurufen und mich nach ihrer Befindlichkeit zu erkundigen, blieb mir die Frage im Hals stecken, weil sie eine Ego-Frage war. Ich legte dann den Hörer auf, noch ehe ich ihre Telefonnummer gewählt hatte.

Trotzdem ließen mich die Gedanken an die alte Dame nicht los. Ob ich einfach mal so vorbeikommen sollte? Oder ihr einen Brief schicken?

Eines Tages klingelte das Telefon. Ich wusste, dass sie es war, noch ehe ich abgehoben hatte. Natürlich war sie es.

»Ich brauche Ihre Hilfe«, ließ sie mich wissen. Es ist etwas Wunderbares, helfen zu dürfen. Es ist schwer für jemanden, der es gewohnt ist, selbst zu helfen, um Hilfe zu bitten. Die alte Dame war es nicht gewohnt, um Hilfe zu bitten.

Wir vereinbarten einen Termin bei ihr. Sie wohnte immer noch in der alten Wohnung. Nichts war verändert und doch fehlte etwas Wesentliches – in der Wohnung, aber auch in ihr.

Solange ich sie kannte, strahlte ihr Gesicht vor Freude und Dankbarkeit. Selbst wenn sie streng sein musste, hatte sie ein gütiges Lächeln, das wie eine Grundmelodie ihr ganzes Leben durchzog. Jetzt aber hatte sie tiefe Ringe unter den wässrig glänzenden Augen.

»Ich weine nicht um meinen Mann, der hat sein Leben gelebt – bis zum Schluss«, versuchte sie eine Erklärung. Dann erzählte sie mir viele kleine Episoden, die dies unterstreichen sollten. Sie beschrieb die letzte Reise in eine längst vergangene Heimat als das letzte, gemeinsame und krönende Abenteuer zweier

Liebender, denen die Götter noch ein Geschenk versprochen hatten: Im Erzählen erlebte sie noch einmal diesen berührenden und erschütternden Augenblick, als sie nach vielen Jahrzehnten das erste Mal wieder den äußeren Weg der Sehnsucht fanden, der direkt zum kleinen Anwesen führte.

Das Haus von damals gab es noch. In einem zugewucherten, verwilderten Garten stand es halb verfallen und unbewohnt einfach so da. Die Eingangstür schien sich hinter Brombeerhecken und dornigen Rosen zu verstecken. So war es nicht möglich, das Haus zu betreten. Einem Arbeiter, der mit seinem Auto vorbeikam, erzählten sie die Geschichte ihrer Wiederkehr. Er war tief berührt, hatte er doch den Auftrag, am nächsten Tag den Abriss zu koordinieren. Er befreite die Tür von den Dornen und half, das Türschloss zu öffnen. Dann ließ er die beiden Altverliebten allein. Von der Kapelle, oben auf dem Hügel, klangen die Mittagsglocken herüber. Man konnte glauben, dass es Hochzeitsglocken wären, mit einer Musik aus längst vergangenen Zeiten. Ein Wiener Walzer könnte es gewesen sein. Auf jeden Fall bat der alte Mann sein kleines Mädchen noch einmal zu einem Tanz, dem letzten seines langen Lebens. Leicht und schwebend tanzte das Mädchen über die Schwelle.

Was störte da das morsche Holz, was störten die Stiche der Disteln und das Moos auf dem alten Holzboden, was die Spinnweben an den eingeschlagenen Fenstern?

Ein Festsaal war das jetzt! Eingerichtet und dekoriert nur für diesen Augenblick. Und wie sie tanzten! Neugierig schauten die Kinder des nahen Ortes herein. Was willst du, Zeit, einen Unsterblichen belehren? So lange hatte er auf diesen Augenblick gewartet, dass er jeden Schritt auskosten wollte – wie ein Sterbender, der weiß, dass er ein Unsterblicher werden wird.

Als sie vom Rausch des Erlebten im Zugabteil erwachten, da streichelten sie sich gegenseitig die Hände, sagten sich Danke und schliefen ein. Sie für eine kurze Zeit und er für immer.

Wenn große Träume sich erfüllen, berührt sich Unberührbares und Unendlichkeiten erkennen sich.
Sie ging als Verliebte und kam als Witwe zurück. Was wollte, was konnte jetzt noch werden? Alleine fand sie keine Antwort. Wo der Schmerz so groß ist, brauchen wir ein Du, um den ersten Schritt in eine neue Welt zu wagen.
Auch einer Raupe fällt es in ihrem verpuppten Zustand schwer, alleine die erlösende Antwort zu finden. Das Werdende ist noch so unsichtbar weit.
Und doch ist es schon nah genug, um uns tröstende und klärende Hinweise zu geben. Aber dazu brauchen wir meist einen anderen Menschen, durch den es sprechen kann, genauer gesagt, brauchen wir einen intuitiven Menschen, der bereit ist, die Intuition durch sich sprechen zu lassen.
Mir kam es in dieser Situation so vor, als hätte die Intuition die Stimme meines verstorbenen Lehrers angenommen. So, als wollte er seinem kleinen Mädchen noch einen Liebesdienst erweisen. »Wissen Sie, seit dem Tag, an dem er gestorben ist, kann ich nicht mehr richtig atmen.« Ich hörte ihre Frage heraus und es antwortete aus mir mit einer Gegenfrage: »Wie ist das, wenn man nicht mehr richtig atmen kann?« Sie wunderte sich über meine Frage und erklärte mir dann, dass sie den Atem festhalten würde, weil sie Angst hätte, dass nicht mehr genügend nachkommt. Sie könne deshalb auch nicht mehr richtig ausatmen. Dazu kämen Schlafstörungen und Kraftlosigkeit. So, als ob man eine Batterie immer nur anzapft, aber vergessen hat, wie das Aufladen geht. Deshalb könne sie auch nichts mehr für andere tun. Es reiche ja nicht einmal für sie. »Ich kann nicht mehr lieben. Das ist das Schlimmste überhaupt«, schluchzte sie.
»Ihr Mann hatte immer die Liebe mit dem Atem verglichen. Atem ist ein Teil unserer Lebensenergie. Diese Lebensenergie nennen wir Liebe. Erinnern Sie sich noch daran?« Sie nickte. Wenn Liebe nicht mehr abfließen darf, ist das so, als ob wir den

Atem anhalten. Ich erinnerte sie an die Übung ihres Mannes, die er Menschen mit auf den Weg gab, die Asthma und andere Atemprobleme hatten. »Das Herz ist der Mund, mit dem wir die Liebe ein- und ausatmen«, erklärte er diesen Menschen immer und empfahl ihnen eine Übung, die ich mittlerweile als ein großes Geschenk weitergebe.

Visionsübung

Beobachten Sie zuerst Ihren Atem. Wie atmen Sie ein? Wie atmen Sie aus? Wo bewegt Ihr Atem Ihren Körper und wie stark bewegt er ihn wo?
Dann stellen Sie sich vor, dass auch Ihr Herz ein- und ausatmen kann, und lassen es bewusst Liebe ein- und ausatmen.
Wo öffnet und bewegt sich jetzt Ihr Körper? Was geschieht sonst noch?

Als ich die alte Dame an die Übung ihres Mannes erinnert hatte, begann sie das erste Mal wieder zu lächeln.
Liebe will fließen wie der Atem. Wenn wir sie festhalten wollen, werden wir unglücklich. Wenn wir sie weitergeben, hilft das uns und dem Menschen, an den wir sie weitergeben. Irgendetwas erinnerte die alte Dame plötzlich wieder daran, dass sie heilende Hände hatte. »Was wäre mit diesen heilenden Händen alles noch möglich?«, fragte sie sich halblaut. Bilder der Sehnsucht stiegen wie kleine Luftbläschen im Wasser in ihr hoch. Neues Leben sprudelte in ihren Augen. Dies konnte ich als ein sicheres Zeichen erkennen, dass sich die alte Dame traute, ihren ersten Schritt auf dem neuen Weg zu gehen.
Lange hatte sie ihre heilenden Hände vergessen, weil sie nur für ihren Mann und seinen Beruf da war. Nie hatte sie gefragt, was aus ihrer Begabung werden wollte.
Jetzt schien es zu spät zu sein. Es gibt Einstellungen, die kön-

nen uns auf die Angststraße führen. Für unsere Intuition aber ist es nie zu spät. Sie weiß selbst in solchen Zeiten eine weise Antwort. Während ich der Spur dieser Antwort folgte, klingelte es an der Haustür. Es war die junge Mutter, die damals nicht mehr leben wollte.

Die alte Dame hatte sie eingeladen. Sie wollte ihr die Brosche zurückgeben. Aber die »Blume des Herzens« war plötzlich verschwunden. Das war der alten Dame sehr peinlich. Sie konnte es sich nicht erklären, warum diese Brosche plötzlich nicht mehr auffindbar sein sollte.

In mir versuchte sich eine leise Stimme bemerkbar zu machen. Ich ahnte, was diese Stimme mir sagen wollte. Sollte hier eine größere Weisheit eine Absicht verfolgen? Eine Absicht, die viel mit Visionen und noch mehr mit einem Versprechen zu tun hatte, das in der Brosche lag?

Wenn Sie nun das zweite Kapitel Ihres eigenen Buches schreiben wollen, dann könnten Sie jetzt beschreiben, wie Sie bisher zwischen Angstweg und Sehnsuchtsweg hin- und herirrten. Sie könnten beschreiben, wie es Ihnen dabei erging. Sie könnten sich erinnern, wie Ihnen Vorurteile den Blick auf die Vorfreude versperrten, und Sie könnten beschreiben, wie Sie zum Regisseur Ihrer Einstellungen, Gedanken und Gefühle wurden. Vielleicht konnten Sie schon erste Erfahrungen mit Ihrer wiederentdeckten Intuition machen? Dann schreiben Sie am besten gleich über diese Erfahrungen.

KAPITEL 3

Sie sind als Glückskind geboren

ODER:

DIE VISION VOM ZWEITEN SCHRITT

Ihr großer Traum, das ist Ihre ganz eigene Vision vom Leben. Um diese Vision erfüllen zu können, sind Sie seit dem ersten Atemzug mit so viel Glück ausgestattet, dass es ein Leben lang reicht. Leider haben Sie vor lauter Glück irgendwann arglos Ihre Vision verraten und sind seitdem in der Gefahr, zum Spielball fremder Interessen zu werden. Jetzt ist es an der Zeit, sich wieder daran zu erinnern, dass es zuallererst darum geht, Ihr eigenes Glück zu finden.

Wenn die Reise beginnt

»Mit jedem Kind wird die Liebe neu geboren.« Davon war die Teilnehmerin eines meiner Workshops überzeugt. Die Frau musste es wissen. Mehr als 25 Jahre ist sie als Hebamme tätig gewesen. Unzähligen Kindern half sie in dieser Zeit ans Licht der Welt. Einigen wurde dieser erste Blick versagt. »Schauen Sie doch einmal in die Augen eines neugeborenen Kindes. Was Ihnen zuerst auffällt, ist ein Staunen, ein Staunen über diese neue, fremde Welt.« Die Frau war überzeugt, dass uns dieses

Staunen viel über das Wesen einer Künstlerin verrät, die wir Seele nennen und deren Absicht es ist, uns mit jeder Geburt eine Ahnung von ihrem einzigartigen Wesen zu vermitteln. Dieses Denken passte gut zu meinen eigenen Beobachtungen in der Arbeit mit Erwachsenen. Jeder Fortschritt war wie eine Neugeburt. Jeder Neugeburt folgte ein Staunen über das Neue und das, was durch diese Neuschöpfung möglich geworden war. Wenn die Künstlerin, die diese Neugeburt möglich macht, die Seele des neugeborenen Lebewesens ist, bekommen wir mit jedem Blick in die Augen eines Neugeborenen auch Zugang zu dessen Seele.

Dieser Zugang wird umso freier und tiefer, je mehr wir uns unserer Intuition überlassen. Sich in seinen Wandlungskrisen seiner Intuition überlassen zu können, sich ihr hinzugeben wie einem liebenden Menschen, ihr zu vertrauen, dass sie uns in ein von unserem Verstand nie zu fassendes Wissen führt, dies hat auch viel mit einer Neugeburt zu tun. Jede Neugeburt aber ist auch Teil eines Prozesses, der erst mit der Erfüllung der großen Vision zu Ende geht.

Denken Sie an das Bild vom Apfelkern. In ihm ist von Anfang an eine große Vision angelegt. Für den Unkundigen ist und bleibt diese Vision ein Geheimnis. Vielleicht bemerkt er, dass dort, wo ursprünglich ein fauler Apfel lag, im Folgejahr ein kleiner Sprössling wächst, als Folge einer für den Apfelkern lebensbedrohenden Krise. Den Apfelkern gibt es seit dieser Zeit nicht mehr. Dafür gibt es den Sprössling. Vielleicht bemerkt der Unkundige ihn nicht und tritt ihn achtlos um. Vielleicht übersieht er ihn und bemerkt ihn irgendwann. Aber dann ist er kein Sprössling mehr, sondern ein kleiner Baum. Kann sein, dass er diesen kleinen Baumstamm als störend empfindet, nutzlos und unsinnig.

Vielleicht ist dieser Unkundige ein gehetzter Manager und hat keine Zeit, sich um seinen Garten zu kümmern. Dann hat der kleine Apfelbaum Glück gehabt und seine Vision kann sich weiter erfüllen. Der kleine Apfelbaum wird wachsen, Knospen und Blüten bekommen. Irgendwann wird er Früchte tragen. Eine Frucht wird vom Baum fallen und dort, wo alles begann, wird sich eine Vision erfüllen, die Vision vom ewigen Leben. Jetzt wird auch der gehetzte Manager bemerken, dass sich der Garten verändert hat. Vielleicht wird er einen der Äpfel ernten und ihn mit den Äpfeln im Supermarkt vergleichen. Dann wird er ihn im hohen Bogen in den Nachbarsgarten werfen und sich fragen, warum es so einen kleinen, komischen Apfel geben muss, wo es doch in jedem Supermarkt viele perfekte Äpfel gibt. Er wird Sie wahrscheinlich nicht verstehen, wenn Sie ihm zu erklären versuchen, dass sich mit diesem Apfel eine Vision erfüllen wollte. Er wird Sie noch weniger verstehen, wenn Sie ihm dann noch erklären wollen, dass er soeben zum Geburtshelfer einer neuen Vision wurde, weil er den Apfel in die fruchtbare Nachbarswiese warf. Sollte sich diese Vision erfüllen, wird dies zwar wieder ein Apfelbaum werden, aber er wird ganz anders sein, weil kein Apfelbaum dem anderen gleicht.

Sie sind einmalig

Auch Sie gleichen keinem anderen Wesen in diesem uns bekannten Universum. Auch wenn Sie sich manchmal gefallen lassen müssen, wie die Äpfel im Supermarkt verglichen zu werden, in Ihrem innersten Wesen sind Sie einzigartig. Sie haben nicht nur ein Recht, sondern auch die Pflicht, sich dies von Zeit zu Zeit bewusst zu machen.

Der Weise, der mit Ihnen um dieses große Geheimnis Wissende, wird Ihnen zunicken. Er wird den Apfelkern in Ihnen sehen. Er wird sich mit Ihnen freuen, dass Sie in Ihrem Bewusstsein schon so weit fortgeschritten sind. Denn sich zu erfüllen ist das eine. Sich bewusst zu erfüllen, das ist das andere. Die Einsicht in diesen einmaligen Wachstumsprozess – dies zeichnet den wirklich Wissenden aus.

Visionsübung

Suchen Sie sich einen Menschen Ihres Vertrauens aus. Erzählen Sie diesem Menschen vom heutigen Tag an bis zu Ihrem ersten Atemzug, also rückwärtsschauend, Ihren eigenen Wachstumsprozess. Aus der Sicht des Wissenden bekommt das Werden oft einen anderen Sinn. Gibt es einen roten Faden in Ihrem Wachstumsprozess? Wie vollzogen sich die Krisen: immer nach einer gleichen Dramaturgie oder immer ganz anders? Wie gingen Sie in das Neue? Ängstlich oder voller Sehnsucht? Was fällt Ihnen noch Auffälliges ein?

Der Weise ist wie ein Gärtner. Er erkennt nicht nur, dass hier ein Apfelbaum und kein Birnbaum wachsen will, er sieht auch, wie weit diese Vision schon gediehen ist. Er sieht die Krise mit der Übersicht eines Gärtners, der weiß, dass jetzt der erste Ast werden will. Er sieht vorausschauend, welche Krisen nötig sind, um irgendwann Früchte ernten zu können. Er weiß: Das Blatt, das jetzt auf die Erde fällt, hat sich erfüllt und ist zugleich der Humus für etwas vollkommen Neues. Vielleicht ist dieses vollkommen Neue ein neues Bewusstsein, vielleicht ein neues Erscheinungsbild, eine neue Einstellung zum Leben. Auch Visionen folgen dem Gesetz von Sterben und Werden, von Wachsen und Reifen. Die Schritte, die Sie jetzt immer bewusster gehen werden, sind Sollbruchstellen auf dem Weg dieser Erfüllung. Krisen können solche Sollbruchstellen sichtbar machen.

Exkurs: Vom Geheimnis der Prozesshaftigkeit

Prozesse sind unumkehrbar. Aus dem einen geht das andere Neue hervor. Weil wir das Ergebnis nicht immer so vorhersagen können, wie wir es gern hätten, unterscheiden wir grundsätzlich zwischen determinierten und stochastischen Prozessen. Aber auch das ist nur ein Hilfskonstrukt. Unsere menschliche Entwicklung ist ein offener Prozess. Jeder neue Zustand geht zwar aus einem anderen hervor, exakt planbar und voraussehbar ist er aber nicht. Im Visioneering begleiten wir diese offenen Prozesse aus einer höheren Bewusstseinswarte, also mit dem Blick von außen, von oben oder mit dem Blick des Apfelkerns. Dabei geht es uns um das besondere »AHA-ich-verstehe-Erlebnis«.

Wenn wir den Krisen unseres Lebens mit der Einstellung begegnen, dass sie notwendig für unseren Wachstumsprozess sind, dann verändert sich auch unser Verhalten in den Krisen unseres Lebens. Selbst unser Denken kreist nicht mehr nur um den Verlust, sondern schließt den Gewinn mit ein. Unsere Gefühle reichen dann weit über den eigenen, augenblicklichen Schmerz hinaus weit in das, was jetzt werden will. Mit jedem Kind wird nicht nur eine neue Vision geboren, sondern ein Entwicklungsprozess eingeleitet, an dessen Ende die Erfüllung eines großen Traums steht. Dieses neugeborene Kind ist mit all seinen Krisen, Verletzungen und Veränderungen auch Teil eines offenen Prozesses, der sich wie die Vision des Apfelkerns erfüllen wird. Das »Wie« liegt auch in unserer Hand, das »Was« ist das Geschenk. Nie wird aus einem Apfelkern ein Birnbaum werden. Ein alter Mönch sagte mir einmal am Rande eines Kongresses: Wir sind Gottes tätiges Werkzeug. Dass wir als Werkzeug tätig sein dürfen, ist das Geschenk Gottes an uns, aber auch unsere Verantwortung und zugleich unser Glück.

Was Sie deshalb vom Apfelkern am meisten unterscheidet, ist Ihr menschliches Bewusstsein. Deshalb gleicht der Verlauf Ihrer Reise nicht nur der Reise des Apfelkerns, sondern mehr noch der Reise eines Parzival, eines Gilgamesch und all der großen Helden, deren Streben nach Selbstverwirklichung auch der Entwicklung und Reifung des Bewusstseins diente.
Wenn Sie sich also entschlossen haben, Ihren großen Traum zu erfüllen, dann geht es auch darum, diesen Traum immer bewusster zu erfüllen. Dies gehört genauso zu Ihrem Prozess.

Wie Prozesse wirken

Das Bild vom Apfelkern zeigt Ihnen auch das Geheimnis der Prozesshaftigkeit. Prozesse sind dynamisch. Sie verstärken sich selbst. Sie haben das schon öfter selbst erlebt, ohne sich dessen vielleicht bewusst gewesen zu sein.
Als Kind hatten sie irgendeine kleine Krankheit. Eine Erkältung vielleicht. Ihre Mutter oder ein anderer fürsorglicher Mensch gab Ihnen eine Arznei mit den Worten: »Das hilft! Du wirst sehen, wie schnell deine Erkältung vorbei ist.« Vielleicht gab es zur Unterstützung noch ein Dampfbad oder Vitamine. Tatsächlich ging die Erkältung zurück. Fürsorge, Arznei, Dampfbad und das Vertrauen in das Wissen des fürsorglichen Menschen verstärkten sich gegenseitig und unterstützten Ihre Selbstheilungskräfte. Es ging Ihnen von Tag zu Tag besser. Irgendwann war die Krankheit vergessen. Das Wissen um diesen Genesungsprozess war Ihnen damals nicht so wichtig wie die Tatsache, dass Sie wieder gesund waren. Die Information, wie Genesung möglich ist, rutschte in Ihr Unterbewusstsein. Aber auch die Erlebnisse rund um die Krankheit, das Ausgeliefertsein, die Schmerzen, das Leid, die Angst, alles rutschte mit. Wie sollten Sie wissen, ob diese Erlebnisse traumatisch oder befreiend auf Ihr Unterbewusstsein wirkten? Erst als wieder eine Erkältung im

Anmarsch war, kamen die alten Erinnerungen wieder hoch. Mit ihnen kamen die alten Lösungsstrategien. Nach diesen alten Lösungsstrategien leben Sie heute noch. Viel zu oft sind diese alten Lösungsstrategien mit dem Angstweg verbunden. Oft verstärken sie sich sogar. Die Fachleute nennen dieses Phänomen Retraumatisierung. Dieser Prozess wird so lange weitergehen, bis Sie sich bewusst anders entscheiden können.

Ihr tieferes Wissen hat viele solche Erfahrungen gespeichert, nicht nur eigene Erfahrungen von Krankheit, Leid oder Gesundung, sondern auch die Erfahrungen von unendlich vielen Generationen, ja der gesamten Evolution.

Deshalb können Sie in den Augen eines Kindes nicht nur dessen Staunen über den gegenwärtigen Augenblick, sondern auch das Staunen aller Kinder, aller Lebewesen, ja sogar der gesamten Evolution erkennen. Im Schreien des Kindes erleben Sie nicht nur dessen Schmerzen, Hilflosigkeit oder Angst, sondern auch Ihre eigene Betroffenheit, ja sogar die Betroffenheit der ganzen Schöpfungsgeschichte.

Umgekehrt können Sie in der Schöpfungsgeschichte der Menschheit natürlich auch Ihre eigene Schöpfungsgeschichte wiederfinden: vom Werden bis zur Erfüllung, vom Scheitern bis zum Glücken.

Vielleicht glauben Sie, diese Glücksgeschichte schon ganz gut zu kennen. Und doch will ich sie gemeinsam mit Ihnen aus diesem neuen Wissen heraus noch einmal erinnern: Es ist sehr wahrscheinlich, dass Sie diese Ihre eigene Schöpfungsgeschichte so noch nicht gehört haben. Vielleicht haben Sie sich irgendwann auch – unbewusst – entschieden, diese Geschichte einfach zu vergessen.

Vielleicht sind Erinnerungen damit verknüpft, die Sie verdrängen mussten. Dann sind Sie nicht allein. In allen großen Geschichten der Menschheit geht es um dieses scheinbare Vergessen. Es geht aber auch darum, sich wieder erinnern zu lernen, damit das Leben glückt.

Visionsübung

Lesen Sie doch einfach einmal ganz bewusst eine der großen Schöpfungsgeschichten unserer Ahnen oder vielleicht die Paradiesgeschichte aus der Bibel. Lesen Sie mit Ihrem jetzigen wachen Bewusstsein. Versuchen Sie, die Bilder auf sich wirken zu lassen und mit den aufsteigenden eigenen Bildern in Beziehung zu bringen. Was fällt Ihnen dabei auf? Schreiben Sie genau das auf ein Blatt Papier.

Ihre eigene Schöpfungsgeschichte

Es war einmal eine Seele, die hatte einen Traum. Sie, die Unsichtbare, könnte sich selbst sehen. Mehr noch, sie könnte in einer Anderswelt, in der das Unsichtbare sichtbar werden kann, das sichtbar machen, was sie im Traum von sich selbst gesehen hatte. Das, was sie von sich selbst gesehen hatte, war ein tiefes inneres Anliegen, ein Geschenk, das sie dieser Anderswelt überbringen wollte. Weil Seelen weise sind, wusste sie, was dieser Anderswelt fehlt.

In diesem Geschenk schwang ganz viel von der Seele mit, so wie in jedem Kunstwerk ganz viel vom Künstler mitschwingt – für den, der dies zu »sehen« vermag.

Die Seele fand auch den Raum, in dem dieses Kunstwerk entstehen konnte. Einen wunderbaren, großen, paradiesischen Raum, in dem es an nichts fehlen sollte, was dieses Geschenk zu seiner Vollendung brauchte: angenehme Wärme, Klänge, Farben und Düfte wie aus Tausendundeiner Nacht, Nahrung, Sicherheit und Geborgenheit. Auch unverwechselbar und eigensinnig sollte es sein. Immer mehr fiel der fürsorglichen Seele dazu ein. Vor allem aber sollte dieses Kunstwerk das mitbekommen, woraus die Seele im Wesentlichen bestand: Freiheit und Liebe.

Der Geist dieses Geschenks sollte sich nach dem ausrichten, was das ganze Universum wie ein Windhauch durchweht und was in der Seelenwelt das große Geheimnis genannt wird.
Dieses Geheimnis ist ein ewiges Sein und zugleich Werden. Dem Kunstwerk selbst sollte dieses ewige Sein und Werden als eine leise Ahnung und Sehnsucht mitgegeben werden.
Dieses ewige Sein und Werden begann mit einem Schwangerwerden in einem längst vergessenen, paradiesischen, uterinen Raum. Bald verstärkten sich in diesem Raum die Ahnung einer zeitlichen und räumlichen Begrenztheit und die Sehnsucht nach Sichtbarwerdung. Das Kunstwerk wollte geboren werden. So geschah es. Ab jetzt konnte dieses Neugeborene seinem Wesen entsprechend wachsen. Welch ein Glück für den Künstler und sein Werk!
Wachsen aber ist das Gegenteil von Stagnation. Wachsen heißt, sich einem Prozess anzuvertrauen, der alles in sich hat, was zum Wachsen gehört.

Visionsübung

Versuchen Sie jetzt, Ihren Wachstumsprozess aus der Sicht eines wohlwollenden Beobachters zu erinnern. Was ist Ihnen seit der Zeit Ihrer Vertreibung aus Ihrem uterinen Paradies alles Wunderbares geglückt?
Schreiben Sie es auf und reden Sie mit einer Vertrauensperson darüber. Wenn es eine Person ist, die Sie schon lange kennt, dann hören Sie sich deren Version an.

Wie sich Ihre erste Vision erfüllte

Wenn Sie sich dafür entschieden haben, als Vorbereitung auf unsere vorletzte Übung, die Paradiesgeschichte zu lesen, dann kommt Ihnen dieses Paradies sicher bekannt vor. Wo waren

diese Unbeschwertheit, diese Leichtigkeit, diese Sicherheit und zugleich dieses Gefühl von Freiheit? Wo drehte sich für eine scheinbare Ewigkeit lang alles nur um Sie? Wo war die ganze Welt um Sie herum nur für Sie da? Mehr noch: Wo und wann waren Sie diese ganze Welt? Wo war das Atmen dieser Welt zugleich Ihr Atmen? Wo war der Geschmack dieser Welt, der honigsüße Geruch, dieser leichte, leise, pulsierende Gesang, das, was Sie so zart und warm berührten, zugleich Ihr Geschmack, Ihr Geruch, Ihr Gesang? Sie badeten so wunderbar in einem duftenden, weichen Wasser und zugleich waren Sie dieses Wasser. Alles um Sie herum waren Sie und zugleich war es ein ganzes Universum. Manchmal begann dieses Universum leicht und wellenartig zu schaukeln. Auch dieses Schaukeln waren Sie. Es gehörte zu Ihrem Spiel und zu Ihrer Vision von Dasein, im ganzen Universum und mit ihm zu schaukeln. Sie waren großartig und zu allem fähig. Wenn Sie trinken wollten, tranken Sie. Wenn Sie essen wollten, aßen Sie. Wenn Sie schlafen wollten, schliefen Sie.
Ihre erste Vision schien sich auf wunderbare Weise erfüllt zu haben. Sie waren ein glückliches Wesen in einer glücklichen Welt. Sie selbst waren das Glück!

Der Blick in die Unendlichkeit

So könnte es gewesen sein, damals, im Mutterleib, in der Zeit, als Sie noch ein Embryo waren. Für einen Embryo gibt es keine Uhrzeit. Deshalb lebten Sie zeitlos. Für einen Embryo gibt es keine Sprache. Nur diese wunderbaren Bilder. Deshalb war Ihr Leben ein Schwimmen in bunten Bildern. Für einen Embryo gibt es kein sprachliches Denken. Deshalb dachten Sie in analogen Bildern. Diese Bilder wurden Ihre Symbolsprache. Sie spielten sich von Bild zu Bild in neue Erinnerungen hinein. Vergangenheit, Gegenwart oder Zukunft – welche Bedeutung haben solche Worte für einen glücklich umherschwimmenden Embryo? Alles, was ist, ist jetzt. Auch die Erinnerung ist jetzt. Auch die Vorfreude. Auch die Vorahnung.

Sie hatten vielleicht eine Ahnung, dass dieses Paradies ein Paradies auf Zeit sein könnte. Sie hatten vielleicht ein Ahnung, dass dieses Einssein mit allem Teil eines größeren Plans sein könnte und dieses Bild von der Welt Teil eines größeren Bildes, einer großen Vision. Aber wie wichtig ist das einem Embryo, der im Glück schwimmt?

Einer meiner Klienten ist Frauenarzt. Als er das erste Mal zu mir kam, war er höchst unzufrieden mit dem gesamten Gesundheitssystem. Mit vielen anderen Ärzten schimpfte und streikte er, weil es so nicht mehr weitergehen konnte. Heute erzählt er mir, dass er damals, in dieser Zeit des inneren und äußeren Aufruhrs, verlernt hatte, sich über dieses Wunder im Mutterleib zu wundern. Wenn er jetzt im Ultraschall auf Spurensuche geht, ist diese Suche wie das Öffnen eines Fensters. Manchmal, in heiligen Augenblicken, wenn ihn die Liebe dieses Embryos erreicht, ist es ihm, als würde er in ein Paradies schauen dürfen. Dann nimmt er die Hände dieser werdenden Mutter und sagt »danke«. Und die Mutter versteht.

So könnte es auch bei Ihnen gewesen sein, als Kind – damals, als ein guter Arzt auch Ihre kindliche Liebe spürte und mit einem leisen, inneren Danke darauf antwortete. Ihre liebende Mutter hörte dieses *Danke*, woher auch immer es kam, und schöpfte daraus ein tiefes Urvertrauen. Dieses Urvertrauen saugten Sie dann auf, noch ehe Sie geboren waren. Damit hatte sich die erste Vision Ihrer Seele erfüllt, noch vor Ihrer Geburt.

Es kann aber auch alles ganz anders gewesen sein. Zum Beispiel so: Die Welt, Ihre Embryowelt, war von Anfang an bedroht. Die Schöpfungsgeschichte Ihrer ersten Vision begann mit einem zögernden »Vielleicht« oder gar einem »Nein«. Milch und Honig in diesem Paradies waren von Stresshormonen der Mutter überschwemmt. Die Angstschübe produzierten einen

Cocktail aus körpereigenen Giften, die ungefiltert den Embryo durchströmten. Das Baden im Paradies wurde durch diese Bedrohungsszenarien eher ein Davonschwimmen-Wollen. Aber wohin? Es ging trotzdem alles gut. Das Glück war Ihnen wohlgesinnt. Ihre erste Vision durfte sich glücklich erfüllen.

Die Geburt der Ohnmacht

Dann geschah es. Die Ahnung spülte immer öfter eigenartige Bilder in Ihre paradiesische Welt. Bilder von einem Untergang, von einer Vertreibung, von einem Verrat, von einer schicksalhaften Wende. Diese Ahnung verstärkte sich, als Ihr Universum an Grenzen stieß.

Es wurde eng in Ihrer Welt. Diese Enge war Ihr Glück. Denn dadurch wurden Sie neu geboren. Es zog Sie förmlich in das Neue, auch wenn Sie sich vielleicht dagegenstemmten.

Ohnmächtig waren Sie gegen diese Titanenkräfte, ausgeliefert diesen übermächtigen Kräften einer aufziehenden neuen Vision, hineingeworfen in ein neues Werden, das uns überfluten kann – oder retten.

Sicher war damals nur: Es wird kein Zurück mehr geben. Dieses verlorene Paradies wird für immer verschlossen bleiben. Und das war gut so. Wenn Sie einen Weg gefunden hätten, der Sie zurückgebracht hätte, in die Reste Ihrer zerstörten uterinen Welt, dann wären Sie für immer verloren. Damals waren Sie, wenn auch unbewusst, das erste Mal auf der Straße der Sehnsucht. Aber auch den Angstweg lernten Sie damals schon kennen. Sie waren allerdings noch so tief und fest mit Ihrem großen Traum verbunden, dass Sie sich blind für den rechten Weg entschieden. Das war Ihr Glück. Genau genommen hatten Sie seit dieser Zeit immer Glück. Weil Sie in der Tiefe Ihres Herzens immer ein Glückskind geblieben sind, blieb Ihnen auch die schreckliche Erfahrung erspart, zurückzumüssen.

Und doch gibt es Menschen, die bestehen noch als Erwachsene darauf, zurück in die Scheinsicherheit dieser verlorenen heilen, nostalgischen Welt zu dürfen, in den vermeintlich sicheren Mutterleib. Solche Menschen tarnen sich mal als Esoteriker, mal als Opfer oder als Nesthäkchen. Die Welt hier und jetzt erleben sie nur als bedrohlich und schlecht. Sie sind nie wirklich in dieser Welt angekommen und kommen in dieser Welt deshalb nur schwer zurecht.

Je aufmerksamer und bewusster Sie dieses Buch weiterlesen, umso mehr werden Sie ab jetzt solchen Menschen begegnen. Sie werden diese Menschen ab jetzt nicht nur besser und schneller erkennen, sondern auch verstehen lernen. Verstehen ist die Voraussetzung für vieles Heilsame. Mir begegnen oft Menschen, deren Unglück damit zu tun hat, dass sie andere Menschen nicht verstehen.

Visionsübung

Gibt es in Ihrem Bekanntenkreis einen Menschen, dem der Abschied schwerfällt? Welche Gründe könnte es dafür geben?
Wie ist das bei Ihnen?
Sind Sie ein Mensch, dem Abschied und Neubeginn eher schwerer- oder eher leichterfallen?
Wenn Ihnen der Abschied schwerfällt, was könnte diesen Abschied leichtermachen?
Vielleicht möchten Sie sich mit einem Menschen Ihres Vertrauens darüber austauschen.

Der König von Sparta

Vor einigen Monaten kam ein Mann zu mir, den ich aus den Medien kannte. Von vielen Titelseiten lächelte er, weit entrückt, in Millionen Gesichter, ohne diese Gesichter selbst zu sehen. In vielen Filmen konnte man ihn bewundern, aber er lernte diese Bewunderer nie persönlich kennen. Seine Welt war von der Welt seiner Bewunderer unendlich weit entfernt und so wollte er es auch. Er erfand immer neue Geschichten aus seiner Welt. Zugleich erfand die Welt seiner Bewunderinnen immer neue Geschichten über ihn. Meist waren es Heldengeschichten oder Geschichten über einen zärtlichen Liebhaber, einen reichen Prinzen, der immer noch eine Prinzessin sucht. So war es nicht verwunderlich, dass viele Frauen sehnlichst darauf warteten, dass dieser Mensch einer Sternschnuppe gleich direkt in ihr Leben fiel.

Wir werden noch darüber lesen, warum manche Menschen solche Helden brauchen und andere wahre Helden sind. Die Frauen lagen ihm zu Füßen, dies konnte man zumindest in den Medien über ihn lesen. In letzter Zeit war es allerdings etwas ruhiger um ihn geworden. Aber das konnte Teil eines Spiels sein, das solche Menschen gerne in ihrer Welt spielen.

Es gibt Menschen, die spielen dieses Spiel so gekonnt wie begnadete Musiker ihre Instrumente. Es gibt aber auch tragische Helden, die leben noch in ihrer Welt, obwohl diese Welt schon lange verloren ging. Aber wie soll man solchen Helden diese ungeheuerliche Wahrheit sagen? Manchmal hilft uns unsere Intuition. Sie führt uns dann in eine Situation, in der die Trauer erträglich wird. Nennen wir dies wieder Zufall.

Der einsame Held bekam ein Angebot, den König von Sparta zu spielen. Der König von Sparta erinnerte ihn an sein Schicksal und daran, dass er etwas Wichtiges in seinem Leben versäumte. Für mich war dieses Ungenügen ein erster Schritt und ein guter Fortschritt. Wollte sich hier vielleicht eine neue Vision, die Vision eines Fortschritts ankündigen? Fortschritt heißt zugleich auch Abschied. Abschied aber fällt vielen Menschen schwer.

Wenn das Leben eine Entscheidung will

Im letzten Sommer beobachtete ich im Freibad eine junge Frau, die ganz oben auf dem Sprungturm stand und kurz darauf auf dem Sprungbrett auf- und abwippte. Sie konnte sich nicht entscheiden: springen oder stehen bleiben. Irgendwann ging sie zurück – traurig und gebeugt. »Warum traust du dich nie? Du kannst es doch!«, rief ihr eine ältere Frau zu.

Eine alte Geschichte hatte sie eingeholt. Wie ich später erfuhr, zog sich diese Ambivalenzgeschichte wie ein roter Faden durch ihr bisheriges Leben. In einer langen Analyse hatte sie schon versucht, diesen inneren Konflikt zu verstehen. In mehreren Folgetherapien gelang es ihr dann, diesen Konflikt so in ihr Leben zu integrieren, dass sie sich andere Fragen stellte.

Als ich sie bat, sich eine Zeit in der Zukunft vorzustellen, in der dieser Konflikt schon wunderbar gelöst ist, huschte ein Lächeln über ihr Gesicht. Sie sah sich nicht nur genussvoll vom Sprungturm springen, sondern auch als eine selbstsichere Entscheiderin im Beruf ihren Karriereweg gehen.

»Wie ist das geglückt?«, fragte ich die »zukünftige«, von Entscheidungsangst befreite Frau. »Ich hatte mir bewusst gemacht, dass es mehr Freude macht, selbst zu springen, als in das Neue hineingeworfen zu werden«, antwortete sie spontan. Der Angstweg ist oft ein Segen, wenn wir ihn als einen Weg erkennen, der uns zur Straße der Sehnsucht führt. Mittlerweile ist die junge Frau eine Topentscheiderin in der Wirtschaft geworden.

Das, was dieser jungen Frau geholfen hat, war eine Erkenntnis, die zu einer neuen Einstellung führte. Diese neue Erkenntnis kann auch Ihnen helfen, wenn Sie zu den Menschen gehören, die manchmal schwer entscheiden können. Viele große Träume werden nicht gelebt, weil die Träumer sich nicht entscheiden können. Viele Sehnsuchtswege bleiben unberührt, weil Menschen sich nicht entscheiden können. Deshalb möchte ich Ih-

nen zuerst etwas über die Hintergründe vieler Entscheidungsprobleme erzählen.
Wenn in Ihrem Leben etwas entschieden werden will, dann machen Sie sich zuerst bewusst, dass Sie schon ein Entscheidungsprofi sind. Erfahrung gibt vielen Menschen Sicherheit, auch wenn darin eine Falle verborgen ist.
Schon als Kind lernten Sie zu entscheiden, auch wenn dieses Entscheiden eine andere Qualität hatte. Damals, bei Ihrer Geburt, ging es um Leben oder Tod, um Festhalten oder Loslassen. Etwas in Ihnen entschied sich für das Springen und Sie sprangen hinein ins Leben. Mit dem ersten großen Abschied erkannten Sie, dass Sie in eine neue große Ordnung hineingefallen sind wie damals, als Sie in diesen großen unbekannten Mutterbauch hineinfielen.
Als Sie sich entschlossen, die Augen zu öffnen, war das Wichtigste schon geschafft. Ich meine mit den Augen nicht nur die äußeren Augen, sondern vor allem die inneren Augen. Weil Sie zu den Glücklichen gehören, die es heute noch gibt, können wir davon ausgehen, dass Ihnen damals etwas Geniales eingefallen ist, damit Sie die Trauer um das Verlorene und Bekannte als Kraftquelle für das Neue, Unbekannte nutzen konnten. Vielleicht war dies die Zeit, in der Sie die Vorteile Ihres Katastrophengehirns entdeckten. Oder Sie entdeckten damals, wie gut es ist, sich umsorgen zu lassen. Oder Sie lernten in dieser Zeit die Straße der Sehnsucht kennen. Vielleicht hörten Sie auf dieser Straße der Sehnsucht das leise Liebeslied Ihrer Seele. Das Lied trug eine geheimnisvolle Botschaft an Ihr Ohr. Es ging darum, dass die Vertreibung aus Ihrem uterinen Paradies nichts anderes war als ein Liebesbeweis Ihrer Seele, wie er auch liebenden Eltern abverlangt wird oder manchen Partnern, die spüren, dass die Trennung von einem langjährigen Weggefährten für beide überlebenswichtig ist.

Eine kleine Visionsgeschichte

Ein lieber Bekannter aus dem Nahen Osten erzählte mir vor langer Zeit eine alte Geschichte aus seiner Heimat. Ein Kaufmann war mit seinem Gehilfen in der Wüste unterwegs. In einem gefährlichen Gebiet übernachteten sie in einer Oase. Der Kaufmann befahl seinem Gehilfen, die Kamele anzubinden und aufzupassen. Er, der Kaufmann, wollte währenddessen noch ein wichtiges Geschäft besprechen. Der Gehilfe brauchte nicht lange, da schlief er ein. Am nächsten Morgen waren die Kamele fort. »Ich habe es so gemacht wie immer. Zuerst habe ich zu Allah um Schutz gebetet und dann habe ich mich vertrauensvoll schlafend in seine Hände begeben.« Der Kaufmann wurde ärgerlich. »Bist du noch ein Kind oder bist du schon ein erwachsener Mensch? Ein Kind darf schlafend vertrauen. Ein Erwachsener muss beides tun: zu Allah beten und wach bleiben.«

Damals, als Sie, voller Entsetzen und zugleich blind vertrauend, den Händen einer bis dahin fremden Person übergeben wurden, wie war das damals?

Zuerst spürten Sie diese bekannte Wärme, diesen Pulsschlag, die Nähe, obwohl Sie dieses Lebewesen noch nie vorher gesehen hatten. Sie hörten Geräusche, die Ihnen so bekannt vorkamen, als wäre es Ihre Lebensmelodie. Sie bemerkten einen Geschmack in Ihrem Mund, der neu war und zugleich etwas vom alten Geheimnis in sich hatte. Dann wieder eine Trennung, die radikaler und endgültiger nicht sein kann.

Mit dem Durchschneiden der Nabelschnur waren Sie plötzlich allein und doch nicht ganz allein. Wie kann Fremdes zur neuen Heimat werden? Wie kann sich aus so vielen Fragezeichen eine neue Vision entwickeln? Wie konnten Sie wissen, dass Sie schon auf dem rechten Weg waren? Wie konnten Sie wissen, dass diese Trennungen wichtige Schritte auf einem

Weg waren, der mit jedem Fortschreiten immer kräftiger wurde?
Kräftiger, was die Vertrautheit betrifft, aber auch gefährlicher, wenn es um die Erfüllung der eigenen Vision geht.

Die Geburt der Sehnsucht

Das erste Mal in Ihrem Leben bekamen Sie in dieser Zeit ein Gefühl davon, was es heißt, getrennt zu sein. Getrennt von Ihrer bisherigen Heimat, von Ihrem eigenen Universum. Mit dieser Trennung teilte sich die Einheit auf. Aus eins wurden zwei, es gab jetzt innen und außen, gut und böse, Licht und Schatten, Angst und Sehnsucht, Macht und Ohnmacht, Illusion und Vision. Eine Illusion war es, zu glauben, dass die Welt weiter nur so lieb und mitfühlend mit Ihnen umgehen würde, wie Sie es bisher gewohnt waren. Eine Illusion war es auch, zu glauben, in diesem neuen Universum, das den seltsamen Namen Welt hatte, einsam und verlassen zu sein.
Weil wir Illusionen so lange als Wahrheit annehmen, bis wir sie enttäuschen, bauten Sie ab jetzt Ihr Leben auf dieser Wahrheit auf. Sie entwickelten sogar Überlebensstrategien, die Ihnen halfen, in dieser Illusionswelt zurechtzukommen. Eine davon hieß: brav sein. Und schon war die Welt wieder in Ordnung. Wenn Sie brav und lieb waren, antwortete die ganze Welt auf Ihr Lachen mit einem Lachen. Wenn Sie brav und lieb waren, antwortete die ganze Welt auf Ihren Hunger mit Milch und Honig, mit Wärme und einem wunderbaren Schaukeln. Noch viel mehr entdeckten Sie: Wenn Sie die Augen schlossen, dann war alles da: das Paradies von damals, aber auch das Paradies von jetzt. Dies war Ihre bisher größte Entdeckung. Mit der Entdeckung Ihrer Vorstellungskraft hatten Sie neue Möglichkeiten, mit der neuen Welt zurechtzukommen. Sie entdeckten, dass Sie dank dieser Vorstellungskraft und der damit verbundenen

Schätze zum Schöpfer Ihrer eigenen Wirklichkeit werden können. Über diese Schätze werden wir noch Erstaunliches erfahren.

Wir werden auch noch viel mehr darüber erfahren, wie Ihnen Ihre Vorstellungskraft half, zu überleben, aber auch welchen Preis Sie dafür bis heute zahlten.

Die Wirklichkeit ist seit dieser Zeit das, was Sie von der ganzen Welt wahrnehmen wollen oder können.

Visionsübung

Bei meinen Workshops mache ich manchmal ein kleines Experiment. Ich stelle ein Glas in die Mitte, das zur Hälfte mit Wasser gefüllt ist. Dann bitte ich die Teilnehmer, spontan aufzuschreiben, ob dieses Glas halb voll oder halb leer ist. Möchten Sie dieses Experiment auch einmal ausprobieren?

Sie werden immer wieder feststellen, dass Sie je nach augenblicklicher Befindlichkeit die Welt und die Ereignisse auf dieser Welt unterschiedlich kommentieren. Alles hat zwei Seiten, sagt der Volksmund. Oft wechseln wir diese Seiten – je nachdem, zu wem wir gehören wollen oder müssen. Oft dürfen oder können wir nicht sagen, was wir denken, oder wir sagen das, was wir gar nicht denken, nur um nicht alleine dazustehen. Die Angst, wieder so allein gelassen zu werden, hat oft eine lebenslange Geschichte mit vielen Wirklichkeiten und vielen Seitenwechseln. Am Ende fühlen wir uns dann doch allein und unverstanden. »Uns trennen Welten«, begann einmal ein Klient sein Gespräch, als er sich selbst beschreiben wollte.

Aber genau diese Trennung, dieses Zurückgeworfen-Werden in ein Ich und ein Du, kann der nächste Fortschritt werden.

Für diesen Fortschritt zahlen wir zwar den Preis der Selbstverantwortung, aber wir bekommen dafür auch ein wunderbares, wertvolles Geschenk: die Sehnsucht nach dem großen Traum.

Um dieses Geschenk wertschätzen zu können, musste ich mit dem »König der Spartaner« allerdings einige Gespräche führen.

Das Muttersöhnchen

Der »König der Spartaner« erzählte mir am Telefon lang, sehr lang seine Geschichte. Er hatte viele Jahre der Selbsterfahrung hinter sich. Dadurch konnte er seine ganze »Genesis«, wie er sich ausdrückte, bestens und sehr beeindruckend erzählen. Wie er bilderreich und gestenstark erklärte, dass er mit einem wichtigen Auftrag punktgenau im Bauch seiner Mutter ankam, da konnte ich nicht anders, als ihm zu bestätigen, dass dies fürwahr eine Punktlandung war. Seine Intuition hatte ihn wie ein Radarstrahl genau dorthin geführt, wo er beste Startbedingungen hatte. Zuerst musste er im Mutterleib mit einigen Unzulänglichkeiten zurechtkommen. Aber er brachte alles in Ordnung. Die Startbasis Mutter erholte sich zunehmend von der überraschenden Schwangerschaft und hörte sogar irgendwann mit diesem leidigen Erbrechen auf. Das brachte selbst ihn, der hart im Nehmen war, zeitweise in Turbulenzen.
Einen Vorteil hatte das Ganze, aber davon erfuhr er erst später. Die lange andauernden Schwierigkeiten seiner Mutter in den ersten Monaten der Schwangerschaft vertrieben den vermeintlichen Vater, der in Wirklichkeit ein Rabenvater war. So war der König der Spartaner schon vor der Geburt aufgefordert, allein für das Wohl seiner Mutter zu sorgen, was ihm bravourös gelang. Die Geburt verlief ohne größere Komplikationen, auch wenn man wegen seines lange hinausgezögerten Abgangs die Geburt einleiten musste.
Im Vergleich zu anderen Babys war er ein Riese mit einigen Pfunden mehr als der Durchschnitt. Aber das lag sicher auch an der Größe seiner Aufgabe. Als man ihn auf den Bauch sei-

ner Mutter legte, war er schon so groß und kräftig, dass er beinahe die Nabelschnur selbst durchtrennt hätte. Im Übrigen erholte er sich schneller von den Strapazen dieses beeindruckenden Survival-Abenteuers als seine Mutter. Die Arbeitsaufteilung war von Anfang an klar geregelt. Jeder erfüllte die Wünsche des anderen, so gut es ging. Sie wollte stolz auf ihn sein. Er tat ihr den Gefallen. Sie erledigte dafür den Rest. Das bedeutete konkret, dass sie ihm den Alltagskram abnahm. In den langen Kindheits- und Jugendjahren gestaltete sich die Beziehung oft schwierig, aber so war es nun einmal.

Dann brachte er viele Beispiele dafür, wie großzügig er all die Enttäuschungen, die ihm seine Mutter zufügte, weggesteckt hatte. Er erinnerte sich noch genau daran, wie er stundenlang schreien musste, bis sie ihn an die Brust nahm. Die Arbeit war ihr wichtiger als das Leben ihres Kindes. Ihr Versprechen, ganz für ihn da zu sein, brach sie bereits, als er noch nicht einmal drei Jahre alt war. Da zog ein fremder Mann bei ihnen ein. Dieses Trauma prägte sein weiteres Leben. Er sann auf Rache. Angeblich schlug er mit einem Holzhammer auf den schlafenden Riesen ein und vertrieb ihn erfolgreich – bis zum nächsten Tag. Da schlug der Riese zurück. Den Machtkampf gewann er schließlich, weil seine Mutter endlich kapierte, wie er unter ihrem Verrat litt. Wie ein roter Faden zog sich für ihn diese Dramaturgie durch sein Leben. Die Angst war dabei ein ständiger Begleiter. Ein Begleiter, der immer mehr die Gestalt eines Riesen annahm.

Der König der Spartaner wusste durch seine lange Therapiegeschichte von den naturgewollten Phasen unserer Entwicklung. Genauer gesagt, wusste sein Kopf davon und interpretierte alles so, wie er es verstand. Sein klarer und analytischer Verstand konnte diesen Verrat auch sofort der phallischen Phase zuordnen. »Ein typischer ödipaler Konflikt«, beschrieb er sein »Thema«. Aber der längste Weg ist bekanntlich der Weg vom Kopf zum Herzen.

»Warum muss ich mein ganzes Leben immer nur kämpfen, kämpfen, kämpfen. Ich habe Angst, müde zu werden, einmal nicht aufzupassen und dann kommt der Dolchstoß von hinten – wie bei Siegfried und den anderen Helden. Warum darf ich nicht einfach mein Leben leben, so wie andere auch?! Das waren damals noch Zeiten, als ich wie die Made im Speck ruhig und zufrieden im Bauch meiner Mutter leben durfte!«, rief er theatralisch. Er stellte sich dabei auf, als wäre er auf einer Bühne und müsste zu einem großen Publikum sprechen. Dann bemerkte er seinen Irrtum und passte sein Auftreten dem Raum an. »In letzter Zeit wird meine Angst immer größer. Ich weiß nicht, ob Sie als Mann so etwas verstehen können.« Selbst an dieser wichtigen Frage war sein Herz nicht beteiligt. Die Ratio hatte es in einen tiefen Keller versteckt. Manchmal wurde die Angst allerdings so groß, dass sie nicht mehr in den Keller passte.

An der Größe unserer Angst erkennen wir die Größe unserer Vision. Die Sehnsucht zeigt uns den Weg dorthin. Aber wohin wollte die Sehnsucht diesen Menschen führen?

Sie werden sich solche Fragen immer leichter selbst beantworten können, wenn Sie sich von Ihrer Intuition leiten lassen. Die Übungen aus dem vorherigen Kapitel waren ein guter Einstieg, diese Intuition wieder bewusst zu schulen. Eine weitere Übung zeige ich Ihnen jetzt.

Visionsübung

Ich nenne diese Übung »Der Weg zum Meister«. Die Übung beginnt mit einer einzigen Frage, die Sie sich immer wieder stellen: Wofür war mein Leid gut? Schreiben Sie sich die Antworten auf. Dann stellen Sie sich die Frage neu, schreiben die neuen Antworten dazu und wiederholen die Frage wieder. Dieses Procedere wiederholen Sie zehn Minuten lang. Dann lesen Sie sich alle Antworten gründlich durch. Sie werden irgendwann Ihr Leid mit neuen Augen sehen.

Weil Intuition von »intueri« (= betrachten, erwägen, anschauen, hinschauen) kommt und mehr einer unmittelbaren Eingebung als einem willentlichen Akt entspringt, hat es sich in solchen oder ähnlichen Situationen oft bewährt, diesen unmittelbaren Eingebungen zu folgen. Von einem früheren Lehrer bekam ich den Hinweis, diesen Eingebungen in einer frei schwebenden Aufmerksamkeit zu folgen. Lassen Sie sich genau in dieser frei schwebenden Aufmerksamkeit von der vorangegangenen Geschichte des Königs der Spartaner achtsam berühren, frei von Vorurteilen. Vielleicht gelingt es Ihnen, zu erkennen, welche Person aus der Geschichte Ihnen am nächsten ist und warum. Auf jeden Fall werden Sie an einen Punkt kommen, an dem Sie sich zwischen Angst und Sehnsucht entscheiden müssen. Wieder wird Sie eine innere Stimme fragen, ob Sie lieber den Spuren der Angst folgen wollen, bis Sie die Gründe dieser Angst gefunden haben, oder lieber dem Licht der Sehnsucht. Dieses Licht führt Sie zur Vision vom nächsten Schritt. Der nächste Schritt könnte jetzt eine neue Erkenntnis sein, ein »AHA, so hängt das zusammen«. Aus dieser neuen Einsicht wäre auch eine neue Aussicht möglich. Vielleicht können Sie jetzt schon die Frage beantworten, was aus dem »König der Spartaner« aus Ihrer Sicht als Nächstes werden will.

Wenn Sie das dritte Kapitel Ihres eigenen Buches schreiben wollen, dann können Sie jetzt Ihre eigene Paradiesgeschichte beschreiben. Sie können diese Geschichte rückschauend, also mit dem Wissen von jetzt, erzählen. Sie können sich aber auch, wie der König der Spartaner, als das werden wollende Kind erleben und aus dessen Sicht Ihr Leben beschreiben. Gibt es einen roten Faden?

KAPITEL 4

Wie das Glückskind zum Angstkind wird

ODER:

DIE VISION VOM DRITTEN SCHRITT

Lange ahnten Sie nichts von den Folgen des Verrats. Denn Ihr Leben war ja lange Zeit eine scheinbare Erfolgsgeschichte. Deshalb führt Sie Ihr weiser Führer noch einmal bewusst in eine Krise, die Ihnen neue Fragen, aber auch neue Antworten schenkt. Sie haben jetzt die große Chance, einen Konflikt zu lösen, der Ihrem wirklichen Glück im Wege stand. Wenn Sie jetzt lernen, sich bewusst für den rechten Weg zu entscheiden, sind Sie bereit für den nächsten Schritt.

Die alte Bekannte aus den Kindertagen

Sichtbar werden die Menschen nicht in ihrem Alltag, sondern in ihren großen Gefühlen. Weil Angst eines der mächtigsten Gefühle ist, werden Menschen in ihrer Angst deutlicher als in anderen Gefühlen sichtbar. Warum aber hat Angst diese Macht?

Könnte diese Angst etwas mit unserem Wesen selbst zu tun haben? Dann wäre sie ein wesentlicher Teil von uns. Aber wer gäbe ihr dann das Recht, sich wie ein Tyrann aufzuspielen? Die

Spuren führen zu unserer Kindheit. Die Lösung jedoch liegt in dem Menschen, der wir heute sind. Auch unsere Angst will erwachsen werden. Erwachsene Ängste können sogar zu Dienern unserer Visionen werden. Das aber scheint ein weiter Weg zu sein. Einmal mehr wurde mir das auf einer Veranstaltung bewusst, bei der es um die Visionen von einem glücklichen Leben ging.
Es war einer dieser traumhaften Sommertage, in einer der schönsten Landschaften in den Schweizer Alpen. Viele gescheite Leute waren zusammengekommen. Jeder brachte sich ein. Aber von Visionen sprach niemand, auch nicht vom Glück, sondern von Ängsten, Sorgen und Gefahren. Man beklagte sich darüber, dass das Leben und das Glück ein Leben lang bedroht seien. Man fragte sich, wer daran schuld wäre, wenn die Welt bald untergehen würde. Man brachte alles durcheinander, selbst die Begriffe. Einig war man sich dann, dass jeder Einzelne seinen Beitrag zu leisten habe, auf dass unsere Welt lebenswerter und schöner werde. Einig war man sich auch, dass der Weg wohl nur mitten durch unsere Angst geht. Applaus. Ende. Galadiner. Mir war dies als Ergebnis zu wenig und das Galadiner zu viel. Ich ging und setzte mich auf eine Bank hinter dem Tagungshotel und schaute dem Treiben hinter den Kulissen zu. Ein kleiner Junge half, so gut es ging, den Erwachsenen beim Tischeabräumen im Biergarten. Einer der Gäste gab ihm dafür ein Trinkgeld. Er rannte freudig zu seiner Mutter, um es ihr zu zeigen. Ich erinnerte mich an die Mutter, weil sie bei der Veranstaltung am Schluss direkt neben mir stand und besonders eifrig klatschte. Umso verwunderter war ich, als die Mutter den Jungen heftig ins Gesicht schlug und ihn anzischte, dass er ihr bei diesem Stress nicht noch auf die Nerven zu gehen bräuchte. Der Junge traute sich nicht zu weinen und räumte weiter die Tische ab. Still und verschämt, weil er trotzdem Tränen spürte. Auch Helden dürfen weinen, kleiner Junge, wenn sie statt Liebe Hiebe bekommen. Er konnte noch nicht wissen,

dass Liebe, die uns versagt wird, ein Leben lang abhängig machen kann.

»Wir brauchen oft ein paar Sekunden, um unsere Abhängigkeit zu spüren, und ein Leben lang, um uns von dieser Abhängigkeit zu befreien«, resümierte einmal ein alter Mann, an dessen Sterbebett ich gebeten wurde.

Abhängigkeiten sind von der Evolution gewollt, genauso wie das Scheitern und der Verrat. In bestimmten Lebensphasen sind sie sogar überlebensnotwendig. Denken Sie an die Nabelschnur, die Brust, die Schule, die Lehre – alles Schritte auf dem Weg zur Freiheit. Stellen Sie sich vor, Sie dürften ein Leben lang an der Nabelschnur bleiben oder es würde Ihnen der Versuch gelingen, sich an der Mutterbrust festzubeißen. Genauso brauchen wir die Angst. Die Aufgabe der Angst ist es aber nicht, uns zu ärgern, sondern uns zu fördern und zu fordern, damit wir unsere Vision erfüllen können. Weil Ängste immer die Reaktion auf eine Bedrohung unseres Lebens sind, hat große Angst also immer auch mit großer Bedrohung zu tun. Wann wir unser Leben bedroht fühlen, hat viel mit unseren kindlichen Erlebnissen zu tun. Wenn wir uns nun bewusst machen, was abhängige Lebewesen brauchen, dann kommen uns Worte wie Sicherheit, Fürsorge oder besser noch Liebe in den Sinn. Liebe gibt Sicherheit und Urvertrauen. Ich meine hier die bedingungslose Liebe, eine Liebe, die fließt, ohne dass Bedingungen damit verbunden sind. Kinder können so lieben, Erwachsene nicht immer. Ein Mangel an Liebe kann Kinder krank machen, auch wenn sie schon lange keine Kinder mehr sind.

Dabei denke ich an Andrea, eine junge Frau, hübsch, wohlhabend, verheiratet, ein Kind. Eine Karrierefrau ohne Angst vor dem Erfolg. Sie wollte den Erfolg und arbeitete hart, sehr hart dafür. Das Kind war problemlos in diesen intensiven, langen Arbeitstag integriert. Wo dies nicht möglich war, musste der Mann einspringen. Schließlich war er nicht so erfolgreich wie sie. Das große Geld verdiente sie. Er unterstützte sie zwar so gut es ging, aber mit dieser Arbeit stand er auf keinem Gehaltszettel.

Dann geschah das, was oft geschieht, wenn etwas aus dem Gleichgewicht kommt: Andrea wurde plötzlich krank. Sie musste operiert werden, brauchte eine lange Erholungszeit und konnte mehrere Monate lang keine Rechnungen stellen. Zwar hatte sie hohe Rücklagen, die locker für mehrere Jahre reichten, aber in ihrer Fantasie stand ihre Firma kurz vor der Pleite. Da kam eine alte Bekannte, plötzlich, unangemeldet und übermächtig. Sie fragte nicht lange, war einfach da und blieb. Diese alte Bekannte kam immer dann, wenn es eng wurde. Sie hieß Angst.

Andrea wollte diese Angst nicht länger bei sich haben. Es passte ihr gut, dass ich gerade einen Workshop zu diesem Thema hatte. Sie meldete sich an, jammerte über die Kosten und fragte, ob ich ihr das Wesentliche des Workshops nicht kostenlos und telefonisch mitteilen könne. Schließlich ging es ihr ja nicht um die Angst der anderen, sondern nur um ihre eigene Angst. Da dürfte man ja schnell fertig sein.

Nach langem Zögern meldete sie sich dann doch noch an, um sich kurz vor Beginn wieder abzumelden. Sie schob das fehlende Geld als Grund vor. Auf die Männer wäre bezüglich Geld eben kein Verlass. Außerdem bekäme sie Panikattacken, wenn sie jetzt über ihre Situation zu viel nachdenken würde.

Was wäre der nächste Schritt für diese Frau gewesen? Sie hätte zum Beispiel mutig und vertrauend durch die Angst hindurch auf die dahinterliegende Sehnsucht schauen können. Mit dieser Sehnsucht hätte sie einen Mangel erlösen können, der Einstellung und Verhalten prägte. Was war das für ein Mangel?

Wieder geht der Weg zur Antwort über das Verstehen. Verstehen beginnt oft mit der Paradiesgeschichte und einer damit verbundenen traumatischen Erfahrung. Mit den Erkenntnissen, die Sie mittlerweile durch das Bearbeiten Ihrer eigenen Schöpfungsgeschichte erhalten haben, werden Sie die Geschichte von

Andrea und die Vision von ihrem nächsten Schritt ganz anders erkennen können. Nehmen Sie diese Geschichte deshalb zugleich als Chance, Ihre eigenen Erkenntnisse zu vertiefen und zugleich noch sicherer zu werden.

Wie Verrat entsteht

Von Andreas Mutter wusste ich, dass dieses Leben schon mit einer sehr schwierigen Geburt begonnen hatte. Die Mutter hatte bereits zwei Mädchen verloren. Als sie erfahren hatte, dass sie wieder mit einem Mädchen schwanger war, war die Sorge groß, dass es dem dritten Mädchen auch nicht anders ergehen würde.

»Mädchen bringen mir einfach kein Glück.« Das war ihre innere Einstellung. Die Angst, dass sich das Schicksal auch ein drittes Mal wiederholen könnte, wurde mit jedem Tag größer. Nicht nur bei der Mutter, sondern über die Mutter auch beim werdenden Kind. Denn Kind und Mutter sind in dieser Lebensphase eins.

Weil aber auch die ängstlichste Mutter irgendwann entbinden muss, nahm das von Angst geprägte Schicksal seinen Lauf und Mutter und Kind bogen schon vor der Geburt von der Straße der Sehnsucht ab.

Dann kam das, was die Seele wollte: Der Mutterleib, dieser sichere Schutzraum, in dem für den Embryo ein Leben ohne große Gefahren von außen möglich war, war nicht mehr für sie da. Der Verlust der ersten Heimat war wie eine doppelte Angst – wie Vertreibung und Flucht in einem; schlimmer als die Paradiesvertreibung, bedrohlicher als die Engelsstürze, mit Gefühlen von Ausgeliefertsein und Hoffnungslosigkeit, wie man sie nur aus den großen Mythen kennt. Woher sollte dieses kleine Wesen wissen, dass diese Geburt einer inneren Zeit folgte und dass alles seine Ordnung hatte, wenn selbst die Mutter all das vergessen hatte? Die Angst färbte das Erleben. So begann die erste und wichtigste Reise dieses kleinen Lebewesens mit existenzbedrohlichen, unbekannten, unkontrollierbaren und unfassbaren Erlebnissen. Dem Säugling blieb dies alles genauso unbewusst wie der Mutter. Für beide begann ein langer Weg auf der Straße der Angst.

Neugeborene wollen sich in der ersten Phase ihres Lebens nicht mit Angst, sondern mit Urvertrauen stillen. Von der Angst haben sie schon genug. Sie sehnen sich danach, sich dem Leben hingeben zu können. Mit der Mutterbrust und der Nähe trinken sie das tiefe Lebensgefühl in sich hinein, dass sie geliebt und gewollt sind, so wie sie einfach sind. Ich bin wertvoll und wichtig, so wie ich bin, und ich bin aufgehoben in dieser geheimnisvollen Ordnung, was immer auch geschieht – so eine Einstellung entsteht primär in dieser Zeit oder auch nicht. Wenn stattdessen ein Gefühl entsteht, zu kurz gekommen zu sein, hilflos und wertlos einer Welt ausgeliefert, die die eigenen Bedürfnisse sowieso nicht erfüllen kann, dann gerät in dieser allerersten Zeit etwas in Unordnung. Mit fatalen Folgen für unseren großen Traum, wie wir noch erkennen werden. Solchen Menschen schenke ich gerne eine einfache Übung.

Visionsübung

Legen Sie Ihre Hand aufs Herz. Spüren Sie diesen wunderbaren Herzschlag, der Sie schon ein Leben lang Tag und Nacht begleitet.

Nun sagen Sie Ihrem Herzen einfach Danke. Sagen Sie ihm, wie wertvoll und wichtig dieses Herz für Sie ist. Wiederholen Sie diese Übung immer wieder.

Wir haben schon gelernt, dass wir unsere Welt so lange manipulieren, bis unsere eigene Wahrheit dabei herauskommt. Die Mutter erlebte die Geburt als eine von Angst besetzte, grenzenlose Ohnmacht. Ja, die Mutter war Teil dieser Ohnmacht und dieser Angst. Wo Angst herrscht, hat Liebe keinen Platz. Die Angst der Mutter war eine als Sorge und Vorurteil maskierte Liebe im Land der Bedrohung. Diese Maske vererbte sie der Tochter weiter. So entstand eine Zwangsgemeinschaft, bei der sich Mutter und Tochter die gleichen Masken teilten. Später gab die Mutter ihrer Tochter neben dem Vorurteil, dass Mädchen kein Glück bringen, unfreiwillig noch einen verhexten Zauberspruch mit auf den Weg: Wenn ich schon so gelitten habe wegen dir, dann musst du wenigstens beweisen, dass du mir Glück bringst, und etwas ganz Besonderes werden. Auf deinen Vater können wir uns nicht verlassen. Die Mutter hatte ihre Erfahrungen gemacht. Sie kannte keinen anderen Weg mehr als den Weg der Angst. Der aber führte nicht zum großen Traum, sondern zum großen Frust.

Eltern können ihren Kindern viel vererben. Manches davon wird unwichtig, anderes einfach vergessen. Aber eines wartet lange auf Erlösung: der Mangel oder genauer das Gefühl, irgendetwas blieb ungestillt. Vielleicht erinnern Sie sich noch: Dieser gefühlte Mangel hat oft etwas mit Vertrauen und Liebe zu tun. Mit einer Liebe, die nicht an Bedingungen geknüpft ist. Viele Mütter missbrauchen, oft unbewusst, die Sehnsucht ihrer Kinder nach Liebe. Dann fühlen sich die Kinder schuldig, wenn Liebe nicht fließt. Da sie den Mangel so gern beheben möchten, tun sie alles dafür, dass die Eltern endlich lieb sind, so lieb, dass aller Mangel gestillt ist. Eltern missbrauchen oft auch unbewusst diese Wiedergutmachungsfantasien. So übernehmen Kinder nicht nur Aufgaben, die zum Scheitern verurteilt sind, sondern auch Schuldgefühle von den Eltern. Aber auch aus derart missbrauchten Kindern werden Eltern und aus Opfern werden Täter – mit fatalen Folgen, wie wir später noch lesen werden.

Jetzt wissen Sie, woher Andreas Angst kam. Welche heimliche Sehnsucht könnte diese Angst erlösen?

Visionsübung

Sagen Sie einfach mehrmals das Wort Angst *ganz bewusst leise vor sich hin. Spüren Sie dabei in Ihren Körper hinein. Was macht dieses Wort mit Ihrem Körper? Wie atmen Sie?*
Machen Sie jetzt eine kleine Pause. Schauen Sie in dieser frei schwebenden Aufmerksamkeit Ihre Umgebung an, ohne sich auf einen Gegenstand festzulegen. Schauen Sie mehr in den Raum zwischen diesen Gegenständen. Spüren Sie, wie viel Platz zwischen diesen einzelnen Gegenständen ist und wie groß der Raum wird.
Dann sprechen Sie das Wort Sehnsucht *ebenfalls ganz bewusst leise vor sich hin. Spüren Sie wieder in Ihren Körper. Was macht dieses Wort mit Ihrem Körper? Wie atmen Sie jetzt?*
Überlassen Sie der Weisheit Ihres Körpers die Entscheidung, worauf Sie sich bei Ihrer weiteren Spurensuche konzentrieren.

Wie Kinder überfordert werden

Die Sehnsucht nach Liebe will sich zuerst in uns selbst erfüllen. Wenn Andrea lernt, zuerst sich selbst zu lieben, hat sie einen großartigen Schritt gemacht. Die Sehnsucht nach Nähe und Hingabe ist in Andreas Angst versteckt. Wie im Märchen von Pechmarie und Goldmarie will sich diese Angst verwandeln. Andrea schaffte diese Wandlung und erfüllte sich und ihrem inneren Kind damit einen großen Traum. Viele schaffen diese Wandlung nicht und verirren sich in ihren von der Angst besetzten Labyrinthen. Sie bleiben ängstliche Kinder, auch wenn sie sich Chef, Politiker oder Arzt nennen.
Aber Kinder können noch nicht so denken wie Erwachsene. Kinder übernehmen neben Schuldgefühlen und Wünschen auch unkritisch die Vorurteile der Erwachsenen. Ob Mädchen der Mutter Glück bringen oder nicht, ist der Schöpfung egal.

Die Schöpfung will, dass sich eine Vision von Leben erfüllt. Sie als Erwachsener, der verstehen will, warum etwas ist, wie es ist, sehen Geschichten wie die von Andrea mit anderen Augen. Von einer höheren Bewusstseinsebene aus schauen Sie sich diesen inneren Konflikt an. Aus dieser Distanz heraus wird Ihnen bewusst, dass jedes Neugeborene Teil eines größeren Schicksals ist. Ein Visionär wiederum sieht dieses Schicksal aus einer Perspektive, in der dieser Konflikt bereits gelöst ist. Die eigene Intuition kann uns in diese Perspektive führen.

So wie wir von einem Berg aus übersehen können, wohin und warum der Fluss unten im Tal seine weiten Schleifen und die engen Kurven zieht.

So gesehen, steckten hinter Andreas Existenzangst die unbewussten Erfahrungen eines Säuglings, der wiederum von den unbewussten Erfahrungen seiner Mutter geprägt war.

Damals war der Säugling überfordert, eine eigene Antwort auf die Frage zu finden »Was brauche *ich* jetzt wirklich?« Die Lösung wurde Andrea schicksalhaft aufgezwungen. Dies geschah in der zweiten lebenswichtigen Phase ihres kleinen Lebens. In dieser Phase hätte sie lernen sollen, dass sie ihre kleine Welt auch mitgestalten kann: Hey, mein Wille ist ja auch etwas wert. Hey, ich darf Nein sagen und werde trotzdem geliebt. Hey, ich sage Ja und es geschieht. Bei Andrea war das anders. Das »Ich muss« war genauso Teil ihres Lebens geworden wie die Angst, dass es ihr so gehen könnte wie den verstorbenen Schwestern. »Ich bin bedroht«, diese Einstellung hatte kein Gegengewicht im Urvertrauen. Und ihr Nein war nicht so stark wie das Nein der anderen. Deshalb war diese Angst so übermächtig.

Solche alten Einstellungen fördern ein Verhalten, das schnell in eine Opferrolle führt. Selbstvertrauen und die Grundüberzeugung, für sich selbst sorgen zu können, passen nicht zur Opferrolle. Zur Opferrolle passt viel besser der Spruch: »Lieber das bekannte Unglück als das unbekannte Glück.« Würde sich Andrea ihrer Sehnsucht anvertrauen, würde sie die Sehnsucht in

das unbekannte Glück entführen. Dort duftet es nach Urvertrauen, Selbstfürsorge, Eigenmacht. Andrea aber ging auf der Straße der Angst. Auch dort finden wir Hinweisschilder, auf denen es zur Macht geht. Diese Macht aber will alles kontrollieren, beherrschen und missbrauchen. Das macht unglücklich. Das Gefühl des Mangels bleibt. Die Angst auch.
Andrea empfand ihre Angstattacke als ein Scheitern. »So habe ich mir mein Leben nicht vorgestellt«, sagte sie mir damals verzweifelt. Allerdings wusste sie auch nicht mehr so genau, wie sie sich ihr Leben dann vorgestellt hatte. Darüber hatte sie noch nie so richtig nachgedacht. Sie gehörte zu den Menschen, die sich mehr auf das Verhindern von Misserfolgen konzentrieren als auf das Gelingen möglicher Erfolge.

Visionsübung

Wie haben Sie sich Ihr Leben vorgestellt? Versuchen Sie nach dem Motto »Es liegt alles an mir, aber es liegt nicht alles in meiner Hand« einmal zu fantasieren, wie Sie jetzt leben möchten.
So konkret wie möglich. Schreiben Sie sich diese Fantasien auf, legen Sie dieses Blatt Papier in einen Umschlag und lassen Sie es so lange liegen, bis Sie dieses Buch fertig gelesen haben. Danach lesen Sie die Zeilen wieder. Sie wissen dann nämlich schon viel mehr über die geheimnisvolle Kraft unserer Fantasien.

Eine andere Visionsgeschichte

Ängste und die damit verbundenen Konflikte haben also sehr oft eine lange Geschichte, auch wenn sie scheinbar aktuell sind. Meist sind es nur aktualisierte alte Geschichten, verwoben mit alten Traumata, die verhindern, dass Visionen blühen. Deshalb ist es sinnvoll, diese zu entzaubern.

Nicht umsonst stehen Traumata und Konflikte im Mittelpunkt jeder Therapeutenarbeit. Deshalb können wir dankbar und mit sicherem Gefühl auf die mannigfaltigen Erfahrungen dieser großartigen Menschen zurückgreifen. In den vielen Jahren meiner eigenen Selbsterfahrungen durfte ich den Segen dieser aufopferungsvollen Arbeit immer wieder hautnah miterleben. Meine Art, zu denken und zu arbeiten, wäre ohne die Arbeit dieser Menschen nicht möglich geworden. So konnte ich Landkarten nutzen und Einsichten gewinnen wie Abenteurer, die vorhandene Straßen nutzen, um dann eigene, neue Wege zu finden, auf denen andere wieder zu neuen Abenteurern werden.

Lassen Sie uns eine dieser Landkarten nutzen, um sicher und schnell unser Ziel zu erreichen.

Sie zeigt uns den Weg, der auf der Straße der Sehnsucht, vorbei an den großen Bergen der Vorurteile, mit den ewig vereisten Gipfeln, durch unendliche Wüsten von Abhängigkeiten führt. Im innersten Teil der größten Angstwälder, dort wo die Drachen in ihren Höhlen Konflikte schüren, dorthin führt uns unsere Sehnsucht. Genau dort lebt das Kind, das Sie einmal waren. Alles, was Sie auf Ihrer scheinbar gefährlichen Reise gesehen haben, sind Bilder, die dieses Kind geschaffen hat. Manche dieser inneren Bilder stammen von Kindern, die es schon lange nicht mehr gibt, weil sie schon Eltern, Großeltern oder Urgroßeltern geworden sind. Manche dieser inneren Bilder stammen von Ururahnen, von Menschenkindern, die schon seit vielen tausend Jahren gestorben sind.

So lange liegt die Geburt unserer Angstbilder teilweise zurück. Manche Ängste sind sogar älter als die Menschen, die wir jetzt Menschen nennen. Immer sind es Bilder von lebensbedrohender Kraft. Aber immer sind es Bilder, die in unserem Kopf entstehen. Diese Bilder haben immer etwas mit Trennungen zu tun.

Fachleute behaupten sogar, dass wir die Bilder unserer Geburt und die damit verbundene erste Trennung nie ganz überwinden. Die Existenzangst aus dieser Zeit bleibt uns, als Erinnerung oder als Trauma, ein Leben lang erhalten. Auch die Sehnsucht stammt aus dieser Zeit. Die Sehnsucht nach Sicherheit, Geborgenheit, Heimat und dieser Alleinheit sind in uns ebenso angelegt wie die Sehnsucht nach Neuem, Unbekanntem, nach Entgrenzen und Aufgehen in ein Großes, Ganzes, ganz Großes. Die Mutter aller dieser Ängste und Sehnsüchte ist die Sehnsucht nach Leben. Viele andere Ängste und Sehnsüchte sind Kinder dieser Ureltern.

Sie haben, seitdem Sie »das Licht der Welt« erblickten, in Ihrem Leben schon viele dieser Ängste und Sehnsüchte kennen gelernt, durchlitten und überstanden. Sie haben mit jedem dieser einzelnen großen Gefühle gerungen und so tapfer für Ihr Leben gekämpft, wie ein Mensch nur kämpfen kann. Manchmal haben Sie verloren. Oft, viel öfter gewannen Sie. Ab jetzt haben Sie die große Chance, dass diese Kämpfe immer unwichtiger für Sie werden. Vielleicht werden Sie sogar sagen: »Okay, Angst! Dich gibt es nach wie vor. Aber viel größer als du ist meine Sehnsucht nach Leben. Sie wächst mit dir. Sie ist immer ein Stück größer, mächtiger und wissender als du, meine Angst. Wachse ruhig, damit auch meine Sehnsucht wächst.« Irgendwann wird Ihre Angst so unwichtig wie die Frage nach Schuld und Unschuld.

Aber wir werden trotzdem nicht aufhören, uns gemeinsam diese Ängste anzuschauen. Wir werden uns schon deshalb gemeinsam diese Ängste anschauen, weil sie uns auf die Straßen unserer Sehnsüchte führen. Wir werden die vielen Masken dieser Ängste gemeinsam anschauen, weil sich hinter jeder Maske eine Sehnsucht versteckt. Und wir werden wirklich keine dieser Sehnsuchtsstraßen auslassen, weil sich am Ende jeder Sehnsuchtsstraße eine Vision erfüllt. Ihre Intuition wird dabei zusehends wacher, zusehends freier schauen lernen, damit Sie keine dieser Visionen übersehen.

Das Rad der Sehnsucht

Der Kinderarzt, der damals zu mir kam und sich nach einigen Beratungen entschloss, in einer eigenen Praxis seine Ideen zu verwirklichen, berichtete von einem Erlebnis, das ihn tief erschütterte und ihm zugleich eine große Sehnsucht erfüllte.

In vielen Meditationen kam immer wieder die Sehnsucht bei ihm hoch, die er als ein ozeanisches Gefühl beschrieb. Es zog ihn in eine Weite, von der er glaubte, sie schon einmal erlebt zu haben. Aber er konnte sich nicht mehr daran erinnern, wo das gewesen sein sollte. Als ich ihn auf einer inneren Bilderreise begleitete, war es ihm, als würde er in einem Weltall voller zarter Farben schwimmen. In diesem zarten Farbenmeer fühlte er sich aufgehoben. Aus diesem Farbenmeer heraus wollte sich etwas ganz Neues, Eigenartiges erfüllen. Je tiefer er in dieses Farbenmeer eintauchte, umso sinnvoller fühlte es sich für ihn an. Wir drehten am Rad seiner Sehnsucht und ließen uns von seiner größten Sehnsucht berühren. »Tiefer, tiefer, tiefer!«, rief er fast verzückt in unsere Stille. Ich bat ihn, langsam die Farben zuerst an den Füßen wieder kräftiger werden zu lassen, immer kräftiger, bis sie die Farbe von frischer Erde hatten. So konnte er wieder den Boden unter den Füßen spüren, sich aufstellen, verwurzeln und langsam die Augen öffnen. Er war wieder angekommen. Die Sehnsucht nach Verschmelzung mit all diesem Geheimnisvollen, was wir Leben nennen, aber hatte er mitgebracht wie das Geschenk eines Außerirdischen.

Im darauffolgenden Urlaub wollte er ans Meer. Er mietete sich ein Motorboot, um damit eine kleine Inseltour zu machen. An den Stränden dieser Inseln unternahm er kleine Tauchversuche mit Schnorchel und Taucherbrille. Früher, als Jugendlicher, war er ganz begeistert vom Schnorcheln an diesen Küsten gewesen. Auf einer seiner Inseltouren fiel plötzlich der Motor aus.

Irgendetwas schien sich in der Schiffsschraube verfangen zu haben. Er entschloss sich, mit Taucherbrille und Flossen ausgestattet, nach der Ursache zu forschen. Er ließ sich rückwärts ins Meer fallen. Neugierig blinzelte er, wie es wohl in dieser Unendlichkeit aussehen würde. Er erschrak. Nichts, nichts als Nichts. Nur Unendlichkeit, blaue, sich nach unten verdunkelnde Bläue. Über ihm ein Glitzern. Vor allem aber Stille. Unendlichkeit und Stille feierten Hochzeit. Er hörte sein Herz pochen. Oder war es das Herz des Ozeans? Es schien, als hörte er die Stille singen und singend ihm ein Geheimnis zuflüstern: Folge deiner Sehnsucht. Dieser Gesang wurde feiner und zugleich mächtiger. Die Bilder seines Lebens tauchten als Lichterketten auf. Es zog ihn nach unten und zugleich hinauf. Es trug ihn weg und trotzdem in sein Herz. Es tanzte und atmete in ihm ganz von selbst. Hatte er nicht bisher immer leichte Schwierigkeiten mit dem Ausatmen? War da nicht immer diese Angst vor der Weite gewesen, vor dieser grenzenlosen Weite? Jetzt war er eins mit dieser Weite. Jetzt konnte er einfach so ein- und ausatmen. Nein, jetzt atmete es, ohne seinen Verstand zu brauchen, ein und aus. Und die Pause! Wie selig und gnädig war diese Pause! In diesem Raum, diesem Zwischenraum, verlor sich die Angst im Nichts.

Als er sich zum Abschied bei ihr bedanken wollte für alles, was sie ihm Gutes getan hatte, war sie schon verschwunden. Er tauchte, fast widerwillig, auf. Dabei stieß er mit dem Kopf auf etwas Hartes. Es fühlte sich kurz so an, als würden Sterne vor seinem Kopf tanzen. Er war unter sein eigenes Boot geraten und wurde sanft nach oben getrieben. Oben brauchte er sehr lange, um alle Eindrücke zu sortieren. Wie selbstverständlich wechselte er die Benzintanks, startete und fuhr zum nächsten Hafen. Ein leerer Tank und seine Intuition hatten ihm ein einzigartiges Geschenk gemacht. Er durfte die Vision seiner Seele von Freiheit schauen.

Jetzt, nach so vielen Jahren, an der Oberfläche seines Lebens, hatte sich diese eine Vision mit ersten Bildern erfüllt. Jetzt war er bereit für den nächsten Schritt.

Visionsübung

Besorgen Sie sich einen Zeichenblock. So einen, wie Sie ihn in der Schule brauchten, dazu Farbstifte oder einen Farbkasten. Geben Sie Ihrer Seele jetzt die Gelegenheit, aus sich heraus zu malen. Keine Vorgaben, einfach malen lassen, was immer auch entstehen will. Dann betrachten Sie dieses Bild. Vielleicht hatten Sie Lust, mehrere Bilder zu malen. Was fällt Ihnen auf? An den Farben? An der Form? An der Bewegung? Wohin geht die Reise? Schreiben Sie es auf. Sie werden es noch brauchen. Wenn Sie aus irgendeinem Grund nicht malen möchten, dann hilft Ihnen sicher die nächste Übung. Erzwingen Sie nichts. Ihre Seele ist ein Kind der Freiheit.

Wenn der Traum zum Trauma wird

Manchmal ist der nächste Schritt eine neue Einsicht, manchmal eine neue Einstellung zur Angst, manchmal ein kräftiger Schwung des unbewussten Sehnsuchtsrades, das sich in sanftem Licht hinter den schrillen Farben unserer Ängste geduldig dreht. Der Kinderarzt hatte nicht nur gelernt, dass hinter jeder Angst eine Sehnsucht steckt, sondern auch hinter jedem bösen Gefühl ein gutes. Der Kinderarzt konnte seine Angst als einen Segen sehen. Sie hatte ihm schon so oft das Leben gerettet. Ohne diese Angst wäre er spurlos in der Tiefe des Meeres verschwunden. Aber auch die andere Seite der Angst, die Sehnsucht, konnte er erkennen. Weil er sich seiner Angst, allein verloren zu sein, stellte, konnte er auch das Geschenk der Angst annehmen: die Sehnsucht nach Liebe. Dadurch hatte die Angst ihre magische Kraft verloren.

Wenn wir bei unserer Geburt das erste Mal aus unserem großen Traum vom Einssein herausgerissen und von fremden Mächten in die neue Welt hineingeworfen werden, dann ist das ein

Schock, der sich in unser Gehirn eingräbt wie eine Baggerschaufel, die eine unberührte Landschaft aufgräbt, um eine Autobahn zu bauen. Wir fahren dann auf dieser Autobahn des Lebens und vergessen ganz, dass die Landschaft nicht nur aus dieser Autobahn besteht.
Wenn die Autobahn durch Berge und über große Schluchten führt, kann es sein, dass wir dadurch wieder an den Schock von damals geführt werden, mit der inneren Bitte, diesen Schock jetzt zu erlösen. Tunnelangst oder Höhenangst werden so zu Hinweisschildern auf dem inneren Befreiungsweg. Viele Menschen wählen aber eine andere Strategie. Sie verzichten lieber auf die Urlaubsfahrt oder gar die berufliche Karriere, statt das Trauma endgültig zu befreien. Zu groß ist die Erinnerung an die alten Überforderungen und den Schmerz von damals. Zu groß das Leid, das damit verbunden ist. Manchmal hören diese Menschen sogar die innere Stimme, aber der Mut ist noch so klein wie das Kind, das sie damals waren. Deshalb fühlen sich solche Menschen manchmal in der großen Angst auch so klein wie damals, als sie keine Antwort wussten.

Das Geschenk des Schicksals

Vielen Menschen geht es so wie Maria, die eines Tages mit aufgeregter Stimme bei mir anrief, weil sie nicht mehr weiterwusste. Schon beim ersten Gespräch erkannte ich: Maria war ein armer Mensch. Dort, wo der große Traum zu Hause ist, war ihr Trauma eingezogen. Es lebte schon seit kleinsten Kindertagen dort und Maria hatte sich so an diesen Gast gewöhnt, dass sie etwas Entscheidendes vergessen hatte: ihren großen Traum. Ihr Leben kam ihr deshalb immer öfter sinnlos und leer vor. Auch beruflich ging es nicht so voran, wie es ihrer Begabung und ihren Fähigkeiten entsprach. Weil das Schicksal auch für arme Menschen immer wieder liebevolle Geschenke hat, bekam auch Maria so ein Geschenk. Ein Angebot für eine Traumstelle, die genau ihren Vorstellungen entsprach. Nach langem Zögern wurde sie sich mit dem neuen Chef einig. In einem Nebensatz erfuhr sie, dass der neue Chef eine Begabung bei ihr besonders schätzte: ihre menschliche Kompetenz. Diese würde im neuen Job besonders wichtig sein, besonders im neu gebauten Werk. Deshalb wäre es gut, auch dort immer wieder Präsenz zu zeigen. Eine Aufgabe, die leicht einen erneuten Karrieresprung bedeuten könnte.

Maria wurde blass und still. Zwischen beiden Geschäftsstellen waren ein paar Autobahnkilometer und ein langer Tunnel. Vor diesem Tunnel hatte sie Angst. Deshalb war ihr das Land hinter dem Tunnel fremd geblieben, bedrohlich fremd. Maria hatte nicht nur Angst vor dem Tunnel, sondern auch Angst davor, mitten im Tunnel Angst zu bekommen. Sie könnte durch einen Stau in diesem dunklen, langen und engen Tunnel feststecken, ein Brand könnte ausbrechen oder ein Unfall könnte den Tunnel zum Einsturz bringen. Je mehr sie darüber nachdachte, umso schrecklicher wurden die Bilder. Sie fühlte sich eng und klein und fand keine Lösung. Alles in ihr war wie blockiert.

Visionsübung

Wenn auch Sie vor einem inneren Tunnel stehen, also einem Punkt, an dem Sie eine alte Angst zurückhält, dann versuchen Sie sich vorzustellen, was alles möglich würde, wenn diese Angst erlöst wäre.

Versuchen Sie, sich dieses innere Bild mit allen Sinnen auszumalen. Wenn hinter Ihrem Tunnel eine südliche Traumlandschaft aufsteigt und eine tiefe Sehnsucht Sie in ein fremdes südliches Land entführen möchte, dann schmecken Sie den Wein und schnuppern den Geruch des Südens, hören die Musik und lassen sich vom Meereswind berühren. Alle Sinnlichkeit findet sich dann in diesem Traumbild wieder. Wenn sich Ihre

Seele mit diesen inneren Bildern vollgetrunken hat, stellen Sie ihr die nächste Frage: Was wäre möglich, wenn ich mich diesem inneren Abenteuer hingeben könnte wie ein Vogel sich den Lüften, sich seiner Sehnsucht hingibt, was wäre dann möglich? Lassen Sie wiederum die Antwort in sich aufsteigen und malen Sie diese Antwort sinnlich aus. Es könnte sein, dass die Antwort etwas mit Freiheit zu tun hat. Fragen Sie dann weiter: Was wäre dann möglich, wenn ich mich so frei fühlen würde? Irgendwann hört dieses Fragespiel auf, weil die letzte Antwort so bedeutsam ist, dass alles darin enthalten ist, was ein Leben sinnvoll macht. Mit so einem inneren Bild, das ich Attraktor nenne, entscheiden Sie sich leichter, der Sehnsucht zu folgen.

Leider haben Menschen, die mit alten Überforderungen leben müssen, manchmal vergessen, wie kreativ sie sind. Würden sich Menschen wie Maria auf ihre Kreativität besinnen, dann könnten sie eine Lösung für ihre alten Ängste finden. Lösung meine ich hier im guten Sinn des Wortes: Sie würden sich von diesen Ängsten lösen. Angst aber frisst unsere Kreativität auf, wie ein Raubtier sein Opfer. Leider gibt es *die* Angst nicht, so wie es auch nicht nur *die* eine Ursache für alle Ängste gibt. Deshalb gibt es auch nicht *die* Sehnsucht. Bei Maria arbeiteten wir bewusst zuerst an ihrem Mangel an Selbstwertgefühl, das sich in der dritten Phase unseres Kinderlebens entwickeln soll. Oh, klasse, das bin ich. Ich bin so wertvoll, dass andere sogar mein Freund oder meine Freundin sein wollen. Oh, ich bin so wertvoll, dass mich eine Firma unbedingt haben will. Solche Oh-Erfahrungen brauchen wir nicht nur als Kinder. Wir sehnen uns in dieser Phase danach, unseren Platz in der Gemeinschaft zu finden. Maria erinnerte sich in den Gesprächen wieder daran, was sie trotz dieser Angst schon alles geschafft hatte. Dann folgte sie den Spuren ihrer Sehnsucht bis zu dem Punkt, von dem aus sie eine wunderbare Aussicht hatte. Sie konnte erkennen, was alles möglich

wäre, wenn sie mit dieser Angst Frieden geschlossen hätte. Diese Vision war so kraftvoll, dass sie sogar größer und kräftiger war als die alte Angst, es nicht zu schaffen. In den folgenden Terminen nutzten wir die Gelegenheit, auch an ihrer alten Einstellung zu arbeiten. Geholfen hat uns dabei die Arbeit mit den inneren Bildern, wie ich sie Ihnen beschrieben habe.
Mir fiel auf, dass Maria ihr letztes Bild voller Kraft und Lebensfreude malte. Die Farben zog es förmlich nach rechts oben, »dorthin, wo die Zukunft zu Hause ist«, erklärte sie mir den Bewegungsdrang ihrer Seele. Dort oben aber flog ein Vogel in sein geschütztes Nest. Ganz unten konnte man die Autobahn erkennen. Ein Auto fuhr soeben aus einem Tunnel in Richtung Süden.
Immer wieder erlebe ich, dass es vielen Menschen wie Maria geht. Deshalb bin ich überzeugt: Wer sich seiner Sehnsucht anvertraut, hat in solchen Situationen mindestens einen zuverlässigen Helfer: die Intuition, die Sie bereits kennen und auch nutzen lernten. Mit ihr zusammen können Sie sich auch eine Route aussuchen, die auf Nebenstraßen zu einem Ziel führt, das im Dienst Ihres großen Traumes steht. Auf diesen anderen, neuen Straßen kämen Sie vielleicht nicht so schnell, aber genussvoller an Ihr Ziel. Sie würden dann vielleicht auch sagen, dass Sie sich die Reise nicht so vorgestellt haben. Aber in dieser Aussage wären so viel Staunen und Dankbarkeit, dass jeder Mut und Hoffnung daraus schöpfen könnte. Ihr Trauma wäre dann eine Narbe, die Sie an einen großen Sieg erinnert.

Die Kraft der inneren Vorstellungen

Erinnern Sie sich noch, welche Vorstellungen Sie damals von Ihrem Leben hatten? Damals, als Kind, vielleicht in einer Zeit, als Sie noch nicht schreiben, aber dafür noch wirklich groß träumen konnten, wussten Sie noch um das Geheimnis und die

Kraft der Vorstellungen. Das war die Zeit, in der Sie auch noch überzeugt waren, dass Sie sich jeden Ihrer Wünsche ganz einfach erfüllen können. Sie fühlten sich damals so mächtig, weil Sie die Kunst des Zauberns beherrschten. Der große Karton wurde zum Rennauto, der Stuhl zur Startrampe für die Weltraumrakete und das Bett zum Riesenflugzeug.
Genauso überzeugt waren Sie davon, dass Ihr Leben so verlaufen würde, wie Sie es sich erträumen. »So stelle ich mir mein Leben vor!«, hörten Sie diese innere Stimme. Sie waren unbewusst neugierig und voller Vorfreude, wie sich das wohl anfühlen würde, so ein Leben. Sie träumten noch vor dem plötzlichen Erwachen, dass Sie diese innere Neugierde und Vorfreude vielleicht an unbekannte Grenzen bringen würden ... Schmerz und Leid würden Ihnen sicher nicht erspart bleiben, aber Sie würden die wunderbare Erfahrung machen, dass und wie Schmerzen vergehen und Wunden ganz von selbst heilen können.
Sie würden immer mutiger und lebendiger werden und zu einem eigensinnigen, autonomen Wesen reifen. All Ihre Erfahrungen mit Grenzen und Grenzverletzungen hatten Sie bisher immer mutiger und selbstbewusster werden lassen. Sie waren also eindeutig auf der Straße der Sehnsucht. Deshalb konnten Sie hinter den Wünschen der Eltern noch klar Ihre eigenen Ideen und Visionen erkennen. Vielleicht nicht als Beruf verkleidet. Erwachsene wollen aus jeder Idee immer gleich einen Beruf machen. Nein, Ihre Ideen waren damals noch nicht in das Korsett eines Berufsbildes eingezwängt. Irgendwann hätten Sie sich und das, was werden will, immer bewusster vielleicht auch als Beruf vorgestellt. Aber damals war das noch nicht wichtig. Freude und Lust am Leben, das war das Wichtigste. Und wie Sie sich freuten!
Nicht jeder hat das Glück oder Unglück, sich so zu entfalten. Bei vielen kommt es ganz anders. Tunnelangst und Höhenangst zeugen davon.
»So habe ich mir das Leben nicht vorgestellt«, antwortete es aus

vielen Menschenmündern. Wenn sie an schicksalhafte Grenzen kamen, blieben Verletzungen zurück, die ewig schmerzten oder bluteten. Das Verharren im Schmerz endete im Grübeln nach Ursache und Schuld. Das Verstehen wurde zum Zwang, zum »Verstehen-Müssen« und das Suchen zur zwanghaften Suche, zur Sucht. Ein Verzeihen und Integrieren von Erfahrungen oder Konflikten ist so nicht möglich. Und doch wäre es der nächste Schritt nach dem Verstehen gewesen.

Die Schöne mit den Kinderaugen

Ich denke da an Klara. Eine Frau, deren Schönheit der einer seltenen Blume glich. Ihre Augen waren groß wie Kinderaugen. Medienleute nannten sie deshalb oft »die Schöne mit den Kinderaugen«. Ihre Lippen waren sinnlich weich. Für einen Mann waren diese Lippen schon eine Einladung. Alles an ihr war eine Einladung und zugleich ein verschlossenes Tor. Klara war nie allein. Wohin sie auch ging, was immer sie unternahm, stets war ihre Mutter dabei. Diese Mutter bewachte ihre Tochter wie ein Adler seine Brut. Männern blieb nur das, was Männern in solchen Fällen bleibt. Sehen, Staunen, Bewundern. Spüren Sie das Schwärmen der Männer, das sich in meiner Beschreibung widerspiegelt.

Klara war sanftmütig, zart und sehr verständnisvoll. Vor allem, wenn es um ihre Mutter ging. Alles ließ sie mit sich geschehen. Ob sie litt und wie sie litt, konnte niemand sehen. Das sollte auch niemand sehen. Vielleicht würde sich dieser »Jemand« sonst von ihr abwenden, noch ehe er sich ihr zugewendet hatte. Dies passte nicht zu ihr. Denn Klara brauchte alle Liebe. Besonders aber brauchte Klara die Liebe ihrer Mutter. Klara konnte sich nicht von ihr trennen.

Einmal wurde sie von Mutter getrennt. Damals, als Klara gerade geboren war. Mutter war damals sehr, sehr krank. Mutter

erzählte Klara immer wieder, wie sie sich um Klara sorgte. Klara war damals fast so klein und leicht wie Däumelinchen. Da holte die Mutter das kleine Klärchen trotz Krankheit zu sich. Und siehe, Klara überlebte. So was vergisst man nicht. Vor allem, wenn man ein Leben lang von Mutter daran erinnert wird.
Klara hatte sich zu einem meiner Workshops in einem dieser Traumhotels angemeldet. Das Traumhotel war ganz in der Nähe von Klaras Elternhaus. Deshalb wohnte sie nicht im Hotel wie die anderen Teilnehmer, sondern zu Hause. Zu Hause konnte sie auch noch auf ihre Mutter aufpassen. Mutter ging es nicht mehr so gut. In letzter Zeit ging es ihr immer schlechter, vor allem, wenn sie wusste, dass Klara nicht zu Hause war. Mutter wollte zwar nicht zur Last werden, aber Klara sollte schon wissen, dass es ihr alleine gar nicht gut ging. Wenn etwas passieren würde, Klara wäre ihres Lebens nicht mehr froh geworden. Davon war die Mutter überzeugt und mit dieser Überzeugung hielt sie »nicht hinterm Berg«, wie sie sich ausdrückte. So konnten die Männer traurigen Herzens mit ansehen, wie Klaras Schönheit den Zenit überschritt und leichte Trauer die Augen wie ein zarter grauer Schleier bedeckte.
Klara kam also in den Workshop-Raum. Die Männer schauten so, wie Klara es gewohnt war. Klara war nicht allein. Sie hatte ihre Mutter mitgebracht.
Im Workshop sollte es um die Heilkraft des Verzeihens gehen. Die Mutter fand den Titel ausgezeichnet. Viele erwachsene Kinder hätten hier Nachholbedarf. Aber ein Mutterherz ist groß und großherzig. Den ersten Schritt müssten aber immer die Kinder tun. Das hätte sie von Therapeuten gelernt. Sie hätte viel für diese Erkenntnis bezahlt. Die Tochter saß schweigend und schuldbewusst daneben.
Irgendwann sollte jeder Teilnehmer eine Geschichte erfinden, und im verschlossenen Umschlag in die Mitte des Stuhlkreises legen. Eine Geschichte, bei der es um sein Thema ging. Jeder zog dann einen dieser Umschläge, um den Brief stellvertretend

für den Schreiber vorzulesen. Der Schreiber selbst konnte dadurch unerkannt bleiben.
Rudolf, ein Mann im besten Alter, der eine ähnliche Geschichte wie Klara hatte, begann als Erster, zog einen der Umschläge und begann, die erste Geschichte vorzulesen.
Die Geschichte handelte von einem Mann, der vom Tod abgeholt werden sollte. Der junge Mann war darauf nicht vorbereitet und bat weinend, noch bleiben zu dürfen. Er wäre doch nicht gewohnt, so lange von seiner Mutter getrennt zu sein. Das wunderte den Tod, war doch der Mann schon lange erwachsen. »Unter einer Bedingung lasse ich dich noch eine Weile leben«, antwortete nachdenklich der Tod. »Wenn du lernst, dass Leben nur glückt, wenn wir uns trennen können. Aber wisse ab jetzt, dass ich dich jederzeit holen kann. Unsicher bleiben nur der Tag und die Stunde.«
Der Mann konnte die Geschichte nicht zu Ende lesen, denn er weinte immer lauter und herzzerreißender. War es doch genau seine Geschichte.
Aber noch jemand begann zu weinen. Zuerst verschämt, dann immer befreiender. Es war Klaras Mutter. Sie schaute ihre Tochter mit tränenfeuchten Augen an, nahm Klaras Hand, streichelte sie zart und liebevoll, so, als ob es um einen Abschied für immer ginge. Dann streichelte sie noch einmal den Kopf, wie damals, als sie das soeben geborene Kind weggeben musste, ohne zu wissen, ob sie es jemals wieder streicheln dürfte. Sie war ja todkrank. »Ich habe mir so sehr eine Tochter gewünscht, eine, die so schön und begehrt wäre wie ich, als ich jung war. Aber du solltest nicht so ausgenutzt werden wie ich. Ich wollte doch nur dein Bestes. Dabei habe ich das Gegenteil erreicht. Bitte verzeih mir!« Das Schweigen eines großen Wunders erfüllte den Raum. Dann antwortete leise und mit zittriger Stimme die Tochter: »Wir geben alle unser Bestes, Mutter.«
Vom nahen Kirchturm schlug es zwölf Uhr. Dann war es still um uns herum.

Später, als der Workshop fast zu Ende war, fragte mich Klaras Mutter, ob ich mit ihr eine Reise zu ihrem verlorenen Traum machen würde, bevor der Tod zu ihr kommt. Denn sie wollte vorher noch leben lernen und loslassen. »Ich habe so viel Angst davor«, schob sie nach. »Seit vielen Jahren dreht sich mein ganzes Leben nur darum, was ich ohne meine Tochter machen würde. Ich grübelte und grübelte und fand trotzdem keine Antwort, nur Angst. Aber ich habe ja von Ihnen gelernt: An der Größe meiner Angst erkenne ich die Größe meiner Sehnsucht nach Leben.« – »Vielleicht war es das Grübeln, das Sie hinderte, die Antwort Ihrer Seele zu hören«, gab ich zu bedenken.

Manchmal empfinden wir es als Gnade, Menschen begleiten zu dürfen, manchmal werden wir dabei sogar Zeuge von Wundern. Ein Pflaster auf die Wunde des Verletzten zu kleben ist manchmal heilsam. Den Menschen zu ermuntern, das alte, unnütze Pflaster zu entfernen, um frische Luft heranzulassen, kann manchmal ebenso heilsam sein. In einem verzweifelten und angsterfüllten Herzen ein Licht der Hoffnung und der Sehnsucht anzuzünden und die Wandlung erleben zu dürfen, das ist Gnade. Ängste, die sich unter alten Pflastern befinden, sind ansteckend und haben aber noch eine heimtückische Eigenart. Ich nenne diese Eigenart: Inflation. Inflationierende Ängste sind wie Krebsgeschwüre. Sie überwuchern alles Leben. Solche inflationierenden Ängste waren das, wovor die schöne Klara irgendwann mehr Angst hatte als vor der faktischen Trennung. Alles Denken kreiste irgendwann nur noch um diese Ängste und die Angst vor diesen Ängsten. Sie wurde zur versteckten Grüblerin, die sich immer nur fragte, woher diese Ängste kommen könnten und wer daran schuld sein könnte. Klara wurde abhängig von Menschen, die sie schnell und heimlich trösteten, und später von der Flasche. Trinken dämpfte kurzfristig das Grübeln. Lange war das ihr Geheimnis und es wäre auch ihr Geheimnis geblieben, wenn der kleine graue Schleier um die Augen noch wegzuschminken gewesen wäre.

Das Grübelmonster

Grübeln ist eine Falle, die uns nicht befreit, sondern immer unfreier macht. Hinter vielen Grüblern verbirgt sich ein Trauma, das zu einer Einstellung führte, die jetzt das Leben mehr behindert, statt es zu unterstützen. »Mutter hat mir das Leben geschenkt. Dafür muss ich ihr ewig dankbar sein.« Wie dankbar ich gerade bin oder wie undankbar, das bestimmt meine Mutter. Später ändern sich die Namen dieser Ersatzmütter. Sie nennen sich dann Freundin, Chefin oder öffentliche Meinung. »Leben aus zweiter Hand« nennt man so ein Lebenskonzept, das uns zu Verrätern des großen Traumes macht. Weil unsere Seele mit so einem Leben höchst unzufrieden ist, pflanzt sie in uns Fragen nach dem Sinn. Das kann doch nicht alles gewesen sein? Da will doch noch mehr Leben ins Leben. Wir probieren aus, ohne zu wissen, was und warum, und grübeln, was wohl die anderen dazu sagen werden. Grübler sind wie Gärtner, die glauben, das Wachstum des Apfelbaumes zu beschleunigen, indem sie sich immer wieder die Wurzeln anschauen. Die Vision vom nächsten Schritt eines Grüblers ist dabei so einfach. Die Sehnsucht zeigt den Weg dorthin.

Visionsübung

Machen Sie sich Ihre bisherige Einstellung bewusst. Vielleicht hat sie damit zu tun, dass Sie irgendwann glaubten, alleine verloren zu sein? Ihre bisherige Einstellung, als Folge dieser Erfahrung, war irgendwann eine geniale Überlebensstrategie. Dafür gebührt dem Menschen, der Sie einmal waren, Dank und Anerkennung. Jetzt lassen Sie Ihre Sehnsucht eine neue Einstellung formulieren. Eine Einstellung, die heilsam für Sie ist. Für Klara wäre das zum Beispiel: »Mein Leben gehört mir!« Was wäre mit dieser neuen Einstellung möglich? Lassen Sie Ihre Sehnsucht träumen. Den schönsten Traum des Lebens.

Die letzte Liebesnacht

Der »König von Sparta« hatte sich wieder einmal angesagt. Mehrmals musste er seinen Termin aus wichtigen Gründen verschieben. Dann klappte es. Von meinem Fenster aus konnte ich sehen, wie er sich langsam und steif aus dem großen Auto herausquälte. Dann versuchte er Haltung anzunehmen, um kurz darauf ganz in sich zusammenzufallen. Mit herunterhängendem Kopf, nach vorn gezogenen Schultern und schleppenden Schritten ging er den schmalen Weg zu meiner Haustür. Für ihn schienen die ersten Krokusse nicht zu blühen. Die Vorfrühlingssonne erwärmte die Erde für bereits zart spitzendes Tulpen- und Narzissengrün, aber nicht für ihn. Der Duft des nahenden und schon lange erwarteten Frühlings blieb im Filter seiner dunklen Gedanken jedoch hängen. Stürmisches Klingeln sollte anzeigen, wie wichtig und dringlich dieser Besucher war. Ich ging auf sein Spiel ein und begrüßte ihn wie einen König. Wie er so vor mir stand, sah er allerdings aus wie ein König ohne Land. Ohne mich anzusehen, fing er mit dem Erzählen an, fragte mich, ohne meine Antwort abzuwarten, ob ich seinen Fernsehfilm gesehen hätte. Ich hatte ihn nicht gesehen, allerdings erzählte mir ein Bekannter, dass dieser Film eine hohe Einschaltquote erreicht hatte. Von vielen anderen Klienten aus der TV-Welt wusste ich mittlerweile, wie wichtig diesen Menschen die Quote war. Seine Quote war durchaus beachtlich. Er hatte also allen Grund, sich zu freuen. Das sagte ich ihm auch. Entrüstet wies er diese Einschätzung ab. »Wie viele Einwohner hat dieses Land?«, fragte er mich mit theatralischem Unterton. Es kam ihm nicht auf meine Antwort an, denn er fuhr gleich fort: »Jetzt bekommen Sie eine Ahnung davon, wie viele Menschen mich nicht lieben!« Aber dies war, so schlimm es ist, nicht der eigentliche Grund seiner Verzweiflung. Das sollte ich jetzt erfahren. Fürwahr eine tragische Geschichte.

Nach dem Tod seiner Mutter hatte er eine Frau kennen gelernt.

Sie war wie ein Geschenk des Himmels für ihn. Weil nur Engel vom Himmel auf die Erde kommen, musste sie ein Engel gewesen sein. So sah er es auch. Bis es langsam geschah. Zwischen ihm und dieser Frau spielte sich nach und nach eine Rollenverteilung ab, wie er es in seiner ersten Beziehung, der mit seiner Mutter, gelernt hatte. Er befriedigte ihre Sehnsucht und sie stellte ihn zufrieden. Mehr brauchte es nicht. Natürlich gab es irgendwann Krisen, aber wo gibt es die nicht? Natürlich gab es ihrerseits immer wieder Undankbarkeiten. Aber er war es ja gewohnt, zu verzeihen. Natürlich hatte er manchmal die ewig langen Diskussionen satt. Welchem Mann ginge es nicht ähnlich? Irgendwann klappte dann nichts mehr, auch nicht mehr im Bett. Lediglich durch eine gewisse Routine im Alltag ließen sich manche Verpflichtungen, die sie eingegangen waren, noch bewältigen.

Eines Tages kam dann die Wende. Sie schien wieder vernünftig geworden zu sein. Sie holte ihn ins Bett, zog ihn aus und erfüllte ihm alle Wünsche, so wie er es sonst noch nicht einmal gegen Bezahlung gewohnt war. Es war wie Tausendundeine Nacht der Liebesspiele. So kam es ihm jedenfalls vor. So sollte es bleiben. So wollte er zusammenleben. Als sie fertig war mit all ihren Verführungen und er sich selig schlafen legen wollte, da zog sie sich an, verabschiedete sich, um für immer fortzugehen. »Mein Abschiedsgeschenk!«, hörte er sie noch flüstern, bevor sie verschwand.

Visionsübung

Haben Sie Lust zu einem kleinen Spaziergang? Gehen Sie einfach mal allein in den Park oder in die nahe Natur.

Nehmen Sie sich ein paar wesentliche kleine Fragen mit. Eine Frage könnte sein: Wie ist das in meiner Beziehung? Nach welchem geheimen Muster läuft meine Beziehung ab? Was will besser werden?

Sie brauchen nichts aufzuschreiben. Besser ist es, Sie schauen beim Nachdenken in den freien Raum zwischen den Bäumen oder in den Raum zwischen den Häusern, über den Häusern und dann wieder in sich hinein.
Frei schwebend schauen. Dann gehen Sie langsam wieder heim und schauen sich im Spiegel an.

Wenn der Konflikt geboren wird

»Alles hat seinen Preis.« Sie kennen diesen alten Spruch. Auch jede Neugeburt hat ihren Preis.
Der König der Spartaner hatte dies und noch etwas anderes Entscheidendes vergessen, nämlich, dass man auch im schönsten Schlaraffenland nicht immer nur essen und trinken kann. Irgendwann braucht man auch Zeit für das Verdauen. Stellen Sie sich vor, Sie leben auf einer einsamen Insel mit einem Menschen zusammen. Sie beide dösen so vor sich hin und brauchen nicht einmal zu den Mahlzeiten aufzustehen, denn die Früchte wachsen Ihnen in den Mund. Ein guter Geist würde dafür sorgen, dass alles läuft, so wie Sie es sich vorstellen. Er würde Ihnen als guter Geist natürlich auch alle Wünsche von den Augen ablesen. Sie hätten also nichts zu tun, als eben nichts zu tun. Nur Essen, Spielen und Nichtstun wären erlaubt. Der Preis für all diesen Luxus wäre einzig und allein, dass Sie den guten Geist nicht erzürnen und auch keine Fragen stellen. Vor allem keine Fragen nach dem Sinn. Was sollte es auch für Fragen geben? Ihre wichtigsten Bedürfnisse wären ja erfüllt.
In einer entscheidenden Phase Ihrer Kindheit war Pause angesagt. Kein Aktionismus, keine neuen großen Herausforderungen. Nur das, was ist, genießen, anschauen, sichten und Ruhe geben. Innehalten, Standort bestimmen, sich besinnen, abklären, um dann das Entscheidende, Wesentliche zu wagen.

Aber diese Pause sollte nicht lebenslang sein. Sonst versäumen selbst große Kinder ihre Visionen.
Es gibt Menschen, die nahmen diese Erholungspause nicht so, wie es gut für sie gewesen wäre. Zu früh und zu schnell wurden sie vom Leben zu entscheidenden Fragen gedrängt. Das war für diese Kinder dann so, als hätten sie sich nach einer anstrengenden Etappe ohne große Pause gleich zur nächsten Station der Lebensreise aufgemacht.
Solche Erfahrungen prägen früh, oft zu früh und führen auf die Angststraße. Die Angst, etwas zu versäumen, treibt diese Menschen auf der Angststraße weiter, schneller, höher, größer. Wer diese Straße irgendwann verlassen will, muss wieder lernen, sein rechtes Maß zu finden, statt fortlaufend zu viel, zu schnell und zu übertrieben zu leben. Das rechte Maß zu finden haben solche Menschen aber nie gelernt. So entstehen lebenslange Konflikte, die immer in Fragen, statt in Antworten enden. Soll ich loslassen oder besser festhalten? Soll ich bleiben oder lieber gehen? Die Angst vor dem Scheitern lässt keinen der Partner die richtigen Antworten geben. So lange, bis es einfach nicht mehr so wie bisher weitergehen kann. Sehr oft finden sich in Beziehungen mehrere Partner mit der gleichen Konfliktwunde und der gleichen Angst vor dem Scheitern.
Zurück bleiben dann dieses Ungenügen und eine immer blutende Wunde. Erkennen Sie bitte in diesem Ungenügen den Humus für Ihre Sehnsüchte. Die Sehnsucht nach Ruhe, nach Rückzug und die große Sehnsucht, sich endlich auf das Wesentliche konzentrieren zu können, finden sich hier als Samenkorn. Sehnsüchte, das wissen wir ja mittlerweile, sind die Wegweiser zu den Visionen. Menschen, die in festen Beziehungen leben, suchen sich im anderen oft auch einen Führer, der sie an dieses Ungenügen führt. Diese Partner sind keine bequemen Partner. In Ehekrisen erlebe ich es oft, dass ein Partner durch seine Entscheidungen den anderen sogar zwingt, auf seine eigenen Wunden und dieses Ungenügen zu schauen.

Für den »König der Spartaner« war das seine eigene Frau, diese vermeintlich grausame Verräterin. Für viele Menschen ändert sich die Einschätzung zum vermeintlichen Verrat allerdings mit der Zeit. Sehr oft höre ich dann genau von diesen Menschen, dass Verräterinnen und Verräter ihrem Leben eine lebenswichtige Veränderung gaben. Eine Veränderung, die zu mehr Sinn und Lebensfreude führte.
Aber auch die Verräter und Verräterinnen haben ihre Geschichte. So auch die Frau des Königs. Sie werden tief berührt sein über die Geschichte dieser Frau. Ich verspreche Ihnen, dass ich nicht vergesse, Ihnen diese Geschichte noch zu erzählen.

Das Ende der Welt ist auch der Beginn einer neuen Welt

Gehen wir davon aus, dass bei Ihnen – trotz oder wegen des vermutlichen Verrats – irgendwann wieder alles in geordnete Bahnen kam. Gehen wir davon aus, dass Sie sich nach jedem Ende einer Beziehung, nach jedem Wechsel eines Arbeitsplatzes, nach jedem Verrat wieder neu stillen konnten, am Überfluss des Neuen und Fremden, sodass kein Mangel an Sicherheit und Lebensfreude mehr herrschte.
Da bemerkten Sie eines Tages, dass Sie doch wieder in altes Fahrwasser kamen, dass sich alte Probleme wiederholten, auch wenn Täter und Opfer andere Namen trugen. Es war zwar alles anders, und doch kam Ihnen vieles bekannt vor.
Wieder brach eine Welt zusammen. Wieder gab es eine Enttäuschung. Sollten Sie sich wieder getäuscht haben?
Welchen Sinn hatte dann alles? Und dann die Frage aller Fragen: Welche Bedeutung habe ich dann in dieser riesigen Leere und Fremde einer sinnlosen Welt?
Mit diesen Fragen war Ihr Schicksal endgültig besiegelt. Die Rückkehr auf die Straße der Angst war unumgänglich. Sie

selbst waren der Verräter. Aber ohne diesen Verrat wären Sie auch verloren gewesen. Dieser scheinbar unlösbare Konflikt ist trotzdem nur ein scheinbarer Konflikt. Aber um dies zu erkennen, benötigen Sie ein neues Bewusstsein. Ein Bewusstsein, das erkennt, dass Ihr schicksalhafter Auftrag Entwicklung heißt. Wer immer nur ein Samenkorn bleiben will, kann sich nicht entwickeln. Sie waren wieder einmal hilflos und verlassen feindlichen Mächten ausgeliefert, so wie damals, und gerade deshalb waren Sie in Ihrer richtigen Ordnung.
Diese Ordnung hatte, rückschauend, noch mehrere dieser Überraschungen bereit. Jede dieser Überraschungen mit einer anderen Aufgabe, jede mit einer neuen Chance, den Angstweg oder den Schicksalsweg zu verlassen. So lernten Sie nicht nur Urvertrauen, Selbstvertrauen und Vertrauen in andere Menschen. Sie lernten auch Hingabe, Macht, Wertschätzung und Konzentration. Das Wichtigste davon lernten Sie in den ersten Lebensjahren. Alles diente dem Werden Ihres großen Traums.
Auch Ihre Verirrungen auf den Straßen der Angst, Ihre Schuldgefühle und Zwänge, Ihre Abhängigkeitsspiele und Entfremdungen, sogar Ihr Verzetteln und Überfordern dienten dem großen Traum, weil es auch auf der Straße der Angst zu gewissen Zeiten in die richtige Richtung geht. Nie gab es und nie gibt es ein »zu spät« für einen Richtungswechsel. Immer lässt uns die Seele Zeit, versäumtes Lernen nachzuholen. Wir nennen das »Leben«.

Das große Bild

Je mehr ich mit Menschen an deren großem Traum vom Leben arbeite, umso bewusster wird mir allerdings, dass die Bilder unserer ersten Lebenszeit so prägend sind, dass sie uns schicksalhaft ein Leben lang begleiten können. Sie vermischen sich mit den prägenden und schicksalhaften Bildern unserer Fami-

lie, unserer Sippe und unserer Menschheitsgeschichte. Als Mythen und Religionen begegnen sie uns zu unterschiedlichen Zeiten, geben einen Teil ihrer Geheimnisse preis, um uns an das Wesentliche zu erinnern, und verschwinden wiederum im Urgrund der Seele, bis sie erneut gebraucht werden.
Auf unserer Visionsreise werden wir sie immer öfter als wichtige Helfer schätzen lernen. Sie werden uns in ihren unterschiedlichen Masken immer dann begegnen, wenn wir für sie bereit sind. So wie sich alle Lehrer finden lassen, wenn der Schüler bereit dazu ist. Es gehört auch in diese Zufallsgeschichte, dass Sie gerade dieses Buch zufällig jetzt lesen. Vielleicht sind Sie gerade jetzt bereit dazu. Wenn nicht, werden Sie es liegen lassen, bis Sie dazu bereit sind. »Der Zufall ist unser Glück. Es gibt kein größeres Glück als einen glücklichen Zufall, der uns ein Leben lang begleitet«, las ich in einem alten Poesieheft. Heute bin ich überzeugt, dass wir Glück nicht festhalten können, sondern nur im Augenblick genießen. Ich bin auch überzeugt, dass unser scheinbares Scheitern nichts anderes ist als die nächste Entwicklungsstufe auf dem Weg zum großen Traum. Scheitern als ein glücklicher Zufall, der uns wieder zurück auf die Straße der Sehnsucht bringt? Weil Sie bei all Ihren Erfahrungen mit Trennungen und Verlusten ein Glückskind geblieben sind, wissen Sie sicher, dass vieles in Ihrem Leben ein glücklicher Zufall war.
Wer das weiß, bei dem mischt sich in jeden Abschiedsschmerz leise und zaghaft einmal mehr die Vorfreude, auch wenn sie noch Masken trägt. Tragen Sie diese Masken heute noch in Ihrem Gesicht, dann könnte jetzt ein glücklicher Zufall wollen, das Ihnen eine dieser Masken abfällt und hinter dem Neid die Freude sichtbar wird, als ein Mitfreuen über das, was möglich ist, wenn wir auf der Straße der Sehnsucht in Richtung Visionen vorwärtsschreiten.
Von diesen Masken brauchen Sie immer weniger. Denn hinter den Masken aus Angst, Unsicherheit, Schmerz und Wut verste-

cken sich wunderbare Schwestern der Sehnsucht. Es gehört zu Ihren dankbarsten Aufgaben, diese Schwestern hinter den Masken zu erkennen und als treue Begleiter auf dem Weg zum großen Traum zu nutzen.
Viele Menschen weigern sich allerdings, diese Aufgabe anzunehmen, und bezahlen dafür lieber mit lebenslangen Ängsten, Depressionen und Schuldgefühlen.
Die Geburt der Psychoanalyse, so hören wir es von vielen Wissenschaftlern, fiel nicht umsonst in das Zeitalter der Depressionen. Menschen mit Depressionen haben noch keine Antwort auf ihre dringlichsten Fragen gefunden. Sie möchten verstehen, suchen nach Verständnis und bestehen zugleich darauf, dass sie sowieso niemand versteht. Sie halten an ihren alten Schmerzen fest, ja bestehen sogar auf ihren Verletzungen, um Schuldgefühle wachzuhalten. Wie ein Schiffbrüchiger, dem irgendwann der Rettungsring das Leben rettete, krallen sie sich daran fest, auch wenn das Wasser nur noch knietief ist.
Die neue Einstellung könnte sich vielleicht doch nicht bewähren. Was dann? Solchen Menschen können Sie leicht erklären, dass eine alte Einstellung nicht wie ein altes Kleid gewechselt wird. Ich möchte hier gerne das Bild des Gärtners anführen, der neben den alten, absterbenden Baum einen neuen pflanzt. Irgendwann wird neben dem alten Baum ein wunderbarer neuer Baum stehen. Vielleicht wollen Sie sich aus Nostalgie noch hin und wieder an den alten Baumstamm lehnen. Die Zukunft aber gehört dem neuen Baum.

Visionsübung

Träumen Sie einfach mal ... Machen Sie es sich so schön wie möglich. Was fehlt Ihnen noch zu Ihrem Glück? Sie dürfen sich alles wünschen, was Ihr Glück komplett machen würde. Ist das wirklich schon alles? Wünschen Sie sich noch viel, viel mehr! Wenn Sie jetzt alle Wünsche anschauen, welcher dieser vielen

Wünsche ist der allerschönste, der, den Sie nicht mehr hergeben möchten? Der allerallerschönste Wunsch? Schreiben Sie sich diesen Wunsch auf. Wir werden ihn gleich brauchen.
Wünsche sind wie die Bilder eines Reiseprospektes. Sie machen uns Lust auf die Reise und helfen uns, uns bewusst für eine Reise zu entscheiden. Sie machen uns aber auch traurig, wenn wir uns aus Angst gegen diese Reise entscheiden.
Fragen Sie die Angst nach den Gründen, werden Sie schnell auf Vorurteile stoßen, die mit alten Geschichten zu tun haben. Schreiben Sie diese Vorurteile auch auf (zum Beispiel bei Flugangst: Das Flugzeug könnte abstürzen und ich bin dem Piloten ausgeliefert).
Würdigen Sie die Angst, denn sie weist uns darauf hin, dass sich auf unserer Straße des Erfolges einige zu flickende Schlaglöcher befinden.

Wenn Sie das vierte Kapitel Ihres eigenen Buches schreiben wollen, könnten Sie zum Beispiel über Ihre Ängste schreiben. Sie könnten davon berichten, wie Sie schon als Kind Angstwege verließen und stattdessen der Neugierde folgten. Sie könnten über Ihr Scheitern schreiben und was dadurch Wunderbares möglich wurde. Sie könnten sich erinnern, welche großen negativen Gefühle Ihnen begegneten und wie Sie diese Gefühle entzauberten und in große Schwestern der Sehnsucht verwandelten. Sie könnten nicht zuletzt über Ihre Erfahrungen mit den Visionsübungen berichten und Ihrem spannenden Kapitel damit noch einen krönenden Höhepunkt verleihen.

KAPITEL 5

Angst macht erfinderisch

ODER:

DIE VISION VOM VIERTEN SCHRITT

Wenn Sie sich bewusst entschieden haben, dem Weg der Sehnsucht zu folgen, werden Sie reich belohnt. Sie werden in ein Geheimnis eingeweiht, das Ihnen hilft, Ängste, Sorgen und Probleme in heilsame Kräfte zu verwandeln. Die Frage »Was will jetzt werden?« erlöst nicht nur Ihre Opferrolle. Auch die vielen Masken und Vorbilder werden als Verführer entlarvt. Jetzt endlich erkennen Sie auch die Visionsfallen, die, als Wegweiser getarnt, zum Angstweg führen.

Der Unterschied ist das Bewusstsein

»Jeder gibt sein Bestes, egal, wo er gerade ist.« Der Pilot zog den Hubschrauber in eine steile Rechtskurve, damit ich die Gruppe der Bergwanderer besser erkennen konnte. Ich vertraute diesem Hubschrauberpiloten. In den Zeiten der Beratung waren wir uns so nahegekommen, dass ich seine Einladung zum Mitfliegen gerne annahm. Damals hatte er große Angst vor dem Fliegen. Zeitweise war diese Angst so groß, dass er schon Nächte vorher nicht schlafen konnte. Er freute sich dann, wenn ein Flug ausfiel oder ein Termin verschoben wurde. Das war wie eine Galgenfrist. »Was wäre möglich, wenn Sie fliegen könnten?«, fragte ich ihn, als wir uns damals zur ersten Beratung trafen. »Dann könnte ich die ganze Welt von oben sehen. Ich hätte einen besseren Überblick – so wie zu der Zeit, als ich noch ein kleiner Junge war. Da versteckte ich mich oben auf dem Schrank und schaute zu, wie Mama und meine große Schwester arbeiteten. In Gedanken flog ich schon damals um die ganze Welt. Der Schrank war meine Landebahn und mein Startplatz zugleich. Ich war nicht von Mutter getrennt und trotzdem mein eigener Herr. Das war ein tolles Gefühl, alles unter Kontrolle zu haben. Damals stellte ich mir vor, später, wenn ich groß bin, die ganze Welt nur noch von oben anzusehen. Da hast du deine Ruhe und bist dein eigener Herr.« – »Aber dazu müssten Sie sich fliegen trauen, auch mitfliegen.«, merkte ich an. »Wenn ich selbst fliege, habe ich ja alles unter Kontrolle.« Ich sah ihm lange in die Augen und fragte nach: »Was wäre möglich, wenn Sie einem anderen Piloten so vertrauen könnten, wie Ihnen Ihr Mitflieger jetzt vertraut?« Kurzes Stocken. »Dann wäre ich in der ganzen Welt zu Hause!« Bewegende Bilder kamen sogleich in ihm hoch. Bilder aus der ganzen Welt, Gerüche von entfernten Basaren, Gesänge der seltensten Vögel, alle Sinne feierten ein Freudenfest.

Das also war die Vorgeschichte einer Sehnsucht, die sich jetzt immer mehr auszuleben begann. Als Nächstes wollte er seinen Berufspilotenschein machen, aber vorher wollte er noch mitfliegen lernen. Eines nach dem anderen. Das war neu für einen, der sonst alles sofort und auf einmal wollte.

»Ja, ja, wir geben alle unser Bestes«, wiederholte ich seine Eingangsworte, während mir seine Geschichte durch den Kopf ging. Ich nahm das angebotene Fernglas und suchte die Gegend unter mir nach den Wanderern ab. Einer war der Gruppe weit voraus, ein anderer versuchte eine Aufholjagd. Weiter hinten hatte sich einer scheinbar übernommen und musste eine Rast einlegen. Eine Frau kümmerte sich um ihn. Dann kam eine Gruppe, die ganz eng zusammenblieb. Deutlich konnte ich Kinder erkennen. Sie rannten der Gruppe immer ein Stück voraus, balgten und tobten. Einige kletterten kurz den Felsen hoch, um die anderen zu erschrecken. Wieder andere versteckten sich und kamen mit wilden Bewegungen aus ihren Verstecken. Einer lief dieser Gruppe immer nur so weit voraus, dass noch Blickkontakt möglich war. Dann kam ein längerer Abstand. Erst bei genauerem Hinsehen erkannte ich weiter unten, unter einem Baum verschiedene Menschen, die um eine am Boden liegende Person versammelt waren. Auf den ersten Blick hätte ich sie für Rastende gehalten. Aber irgendetwas schien mit dem Liegenden nicht in Ordnung zu sein. Erleichtert bemerkte ich, wie er langsam wieder versuchte aufzustehen. Ganz am Ende der Gruppe liefen noch zwei Männer, die ihre Kinder auf den Schultern trugen. Jetzt konnte ich die Hütte erkennen, von wo aus ich am nächsten Morgen zu meiner Tour aufbrechen wollte. »Ich höre Sie schon sagen, dass die Angst jedem dieser Menschen da unten eine Lernaufgabe mitgab. Dem einen, der immer ganz vorne vorausläuft, genauso wie denen, die ganz hinten laufen, dem Verletzten genauso wie den Helfern. Den da unten kenne ich. Der hat seit Jahren Angst, sich selbstständig zu machen. Lieber schimpft er ein Leben lang über die Abhängigkeit. Was wäre möglich, wenn du selbstständig wärst, fragte ich ihn einmal. Da strahlten seine Augen. Aber gleich war das Strahlen weg. Denn er zählte mir tausend Gründe auf, warum das gar nicht geht. Die Angst vor dem Scheitern ...«, unterbrach er sich selbst. Dachte er soeben an sich selbst? »Du darfst die Sehnsucht hinter der Angst nicht übersehen, schon bist du bei der Sehnsucht und bei der Vision«, erinnerte ich ihn. Der Mann hat tolle Ideen, aber große Angst. Er durfte nie etwas ausprobieren. Immer musste es was ganz besonders Tolles sein. Ich kenne ihn schon seit Kindertagen. Selbst seine Sandburg musste die größte, schönste und perfekteste sein.

»Ja, der Mangel am spielerischen Ausprobieren, Aufbauen,

Zerstören, um wieder Neues auszuprobieren, der hinterlässt wirklich viele Zwänge«, bestätigte ich seine Überlegungen. »Aber wie sagst du immer: Vertrauen wir dem Rat unserer unbewussten Sehnsüchte, damit die vielen Angstkinder ihren rechten Weg finden.« Hatte ich das wirklich gesagt?

Der Preis der Sehnsucht

Ich kannte diese Strecke von einer früheren Wanderung. Damals ging ich auch in einer Gruppe. Wir schwatzten viel. Von der Landschaft und ihren Überraschungen bekam ich damals wenig mit. Deshalb wollte ich diese einmalige Bergtour einmal alleine gehen. Ich prägte mir die Landschaft genau ein. Wenn ich an dem weiten Tal ankommen will, dann muss ich bereit sein, eine starke, lange Steigung zu gehen. Zum nächsten Tal führt ein Weg ein Stück durch einen Bergbach. Ich wusste vom letzten Mal, wie sich dieses kalte Wasser anfühlte und wie gut es war, da unten etwas zu rasten. Der Weg würde der gleiche sein wie damals. Aber ich würde mit einer anderen Übersicht und vor allem mit einem anderen Bewusstsein diese Wege gehen. Ich würde alles geben, aber auch alles nehmen, was mir die Landschaft geben will. Ich würde den Sinn der schmalen, steilen Wege erkennen und mit meinen Kräften anders haushalten. Ich würde vielleicht manches spielerischer und lockerer angehen als vorher. Ja, diese andere Übersicht und das neue Bewusstsein würden aus dieser Wanderung etwas Neues machen.

Vielleicht wird auch Sie so ein Bild an Ihren bisherigen Lebensweg erinnern. Daran, wie Sie als Kind manche Schwierigkeiten spielerisch meisterten. Daran, wie viel Kraft Sie vergeudeten. Daran, wie Sie stürzten, sich verletzten oder verletzt wurden, daran, wie Sie scheiterten, aufstanden und wie dieses Scheitern, diese Verletzung, diese Erfahrung Ihr Leben beeinflussten.

Immer wieder flossen diese Erlebnisse in Ihr Leben ein. »Pass auf!«, hören Sie den Schrei der Mutter. »Du passt nie auf!«, hören Sie heute noch den Vorwurf des Vaters. »Nimm dir ein Beispiel an deinem Nachbarn«, kam der Rat des Lehrers. »Der ist kein Vorbild für dich!« Viele Schlaglöcher prägen seitdem Ihre Sehnsuchtsstraßen. Seitdem hat auch die Sehnsucht eine Sehnsucht: Sie möchte mit Ihnen erwachsen werden. Sie sind bereits erfolgreich dabei, die Sehnsucht Ihrer Sehnsucht zu erfüllen.
Ob Sie ein einsamer Wolf oder ein Rudelgänger sind, ein Bär oder ein stolzer Schwan, alles ist das Ergebnis Ihrer ersten Erfolgserlebnisse auf der Straße der Sehnsucht. Stets gaben Sie Ihr Bestes – wie alle, die ein Stück Lebensweg bereits gegangen sind. Vom ersten Atemzug an gaben Sie alles und so ist es noch heute. Auch wenn Sie oder andere das manchmal ganz anders sehen sollten. Alles, was bisher war, ist das Beste, was Sie bisher geben konnten. Die Frage ist nur, ob das, was für Sie bisher das *Beste* war, immer noch das *Beste* ist.

Der Bär und sein Bärchen

Jugendfreundschaften sind bekanntlich etwas ganz Kostbares. Sie sind wie der erste Kuss oder die Kirschen in Nachbars Garten. Was der Verstand dazu sagt, hat genauso wenig Bedeutung wie die Meinung der Eltern. Ein geheimnisvolles Herzlicht leuchtet die Begegnungen wie Mondschein aus. Erwachsene können nur noch schwer solche Freundschaften schließen.
Ich hatte so einen Jugendfreund. Mit ihm erlebte ich Abenteuer, die nur durch ihn möglich waren. Unsere Fantasiewelten verschmolzen zu einer riesigen Traumfabrik. Dieser Traumfabrik war es egal, ob es Wirklichkeiten gibt. Wirklichkeit ist das, was wirkt. Wenn wir den letzten Dinosaurier gefangen hatten, dann war das so. Dann musste er bewacht und gefüttert werden. Wenn wir auf einem alten Autoreifen das Meer be-

zwingen wollten, dann war der Sieg schon eingebaut. Vielleicht antworten Sie mir, dass dies wichtig in der Phase unseres Lebens ist, in der wir spielerisch die Welt nach unseren Vorstellungen erfinden wollen, in der wir neue Grenzen erfahren und doch einen sicheren Platz einnehmen wollen, um gut für die folgende Phase gerüstet zu sein. Sie hätten sicher Recht. Damals fehlte mir jedoch die Übersicht. Aber dafür gab es in unseren Kinderherzen noch Freude in Hülle und Fülle.

Mit Freunden ist alles möglich, wenn es solche Freunde sind wie mein Bär. Bär war wirklich ein Bär. So groß und so stark wie der größte Bär, den es auf der ganzen Welt gibt. Und ich war so schlau wie der schlaueste Fuchs auf der ganzen Welt.

Das sagte Bär und der musste es wissen. Einmal hatte ich eine Bärenfalle gebaut, in die alle bösen Bären fallen sollten. Ich vergaß nur, meinem Freund Bär davon zu erzählen. Deshalb fiel er hinein und ich nicht. »Du Schlaubär«, schimpfte er, meinte dann aber, kleiner Fuchs würde besser zu mir passen. Um ein großer Fuchs zu werden, müsste noch einiges geschehen.

Bär war ein begnadeter Musiker geworden. Ein kreatives Kraftpaket. Bär legte eine Traumkarriere hin. Aber Geld hatte er nie. Irgendwann zog er mit Bärchen zusammen. Bärchen war eine Jugendfreundin. Sie wollte nicht immer nur Jugendfreundin sein, sondern irgendwann Mutter und Hausfrau. Den Kindern sollte es allerdings besser gehen als ihr. Deshalb entschloss sich Bär, Millionär zu werden. Was Bär sich vornahm, das schaffte er. Er fing ganz klein an. Irgendwann war er eine wichtige Figur in der Musikszene, dann in der Medienbranche. Irgendwann war Bär ganz oben. Er galt schon immer als der Kreativste und Fantasievollste der ganzen Szene. Jetzt war er auch der Erfolgreichste. »Alles ist möglich und das Gegenteil sowieso«, das war immer noch sein Standardspruch. Manchmal fand ich auf Plakaten Sprüche wieder, die wir damals in der Bärenfalle erfunden hatten. Die Bärenfalle war irgendwann unser Versteck geworden und dann unser Traumland. Im Flugzeug las ich zufällig in der Zeitung, dass er den größten Deal aller Zeiten plante. Das passte zu Bär. Auf dem Foto sah ich ihn auf der Bilanzpressekonferenz, vor einer riesigen Leinwand, auf der nur er zu sehen war. Er sah so klein aus gegen dieses riesige Bild, das von ihm auf die Leinwand projiziert war. Mein Blick wanderte wieder nach unten. Aus dieser Höhe schaut die Welt ganz anders aus, dachte ich mir. Unter mir breitete sich die Landschaft aus wie die Landschaft unserer Modelleisenbahn. Ob Bär noch mit der Eisenbahn spielt? Ob er für Bärchen noch diese herzergreifenden Liebeslieder singt? Ob er noch Zeit zum Träumen hat? Ob er sich noch an mich erinnert?

Wenn Sie auf dem Weg Ihrer Sehnsucht schon ein gutes Stück gegangen sind, geht es Ihnen wie Kindern, die schon gut laufen lernten. Die Wege erscheinen Ihnen kürzer. Auch die Wege von der Sehnsucht zur Erfüllung.

Das Geschenk des Himmels

Wir haben bis jetzt bewusst noch nichts von der Kraft der Fantasie erfahren. Dabei ist die Fantasie ein Geschenk des Himmels. Sie kennt weder Zeit noch Raum und lässt uns augenblicklich die Welt immer wieder neu erfinden. Ich begann über den Bergen eine Welt zu erfinden, in der Bär trotz seiner Bilanzpressekonferenzen und Termine noch glücklich ist. Es wollte mir nicht gelingen. Zu gut kannte ich die Welt der Geschäfte und Geschäftigkeiten.

Dann tröstete ich mich in meiner Fantasie damit, dass Bär von der Schöpfung mit so vielen Geschenken ausgestattet wurde, dass er trotz vielleicht verlorener Millionen nie wirklich mit leeren Händen dastehen würde. Er würde schon keinen Mangel haben, und wenn, dann hatte er schon immer Fantasie genug, diesen Mangel zu beheben.

Mit dem Konto und der Karriere wachsen aber leider Kreativität

und Fantasie nicht automatisch mit. Meist läuft die Entwicklung genau umgekehrt. Sie spüren, dass auf unserem Weg nach oben etwas zu kurz kommt, und schauen in eine Richtung, die mit dem Schein mehr zu tun hat als mit dem Sein.
Bärs Eltern hatten wenig Zeit für ihn. Leistung und Anerkennung, Geld und Karriere waren wichtige Werte. Wenn Bär keinen Freund zum Spielen hatte, war es langweilig, sogar einsam. Bär musste dann vor der Tür warten, bis Mutter oder Vater von der Arbeit zurückkamen. Deshalb waren Freunde überlebenswichtig für ihn. Solange im Mangel noch Hoffnung mitschwingt wie an Weihnachten kurz vor dem Geschenkeverteilen, so lange kämpfen Kinder, damit sich der Mangel in Fülle wandelt. Wenn die Hoffnung aber im Abfluss verschwindet, wie das Wasser draußen nach einem Gewitterregen, wird unser Herz zur Wüste. Dann wandelt sich die Sehnsucht in Angst.
Wie aber können diese Menschen die Mangel-, Hoffnungslosigkeits- und Frustspirale erlösen? »Nie mehr so ohnmächtig sein«, flüstert es aus der Straße der Angst. Die Flucht in die Größe, die Macht und das Geld werden zu einer Suche ohne Ende. Ich kenne viele erfolgssüchtige Machtmenschen. Sie leiden alle an einem Mangel an Lebensfreude und Liebe. Sie wissen nicht mehr, wer sie wirklich sind, und werden deshalb nur als Image gesehen. Images aber sind unmenschlich, nicht greifbar und machen einsam. Krankheit übersetzen einige Sprachen nicht umsonst mit »nicht mehr wissen, wer ich bin«. Wer nicht mehr weiß, wer er wirklich ist, der fantasiert sich ein großartiges Image. So wird das Himmelsgeschenk Fantasie zum Sklaven der Angst scheinbar Mächtiger und Erfolgreicher. Die Sehnsucht wartet derweil tief im Keller auf ihre Freiheit. Oben ersetzt die Angst unmerklich das Wort »Vision« durch »Ziele«. Ziele aber machen eng und enger, wenn sie dem Tyrannen dienen statt dem König.

Vor der Befreiung

Eines Tages, da geschah es. Die Fische in meinem Teich schwammen aufgeregt. Ein Gewitter zog auf. Die ersten Regentropfen platschten auf die heißen Pflastersteine. Es wurde so dunkel, dass ich das Licht einschalten musste, um arbeiten zu können. Drohend grollte der Donner schon vom nahen Berg herüber. Da klingelte das Telefon. Bär war es. Seine Stimme klang gehetzt. Er wäre zufällig morgen einmal geschäftlich in der Gegend. Ob wir uns treffen könnten, so wie damals. »So wie damals in der Bärenfalle?«, fragte ich etwas provozierend. Bär hatte die Bärenfalle vergessen. Am nächsten Morgen stellte ich fest, dass Bär noch mehr vergessen hatte. Seine Musik, seine Kreativität, seinen Freiheitsdrang, sein Anderssein und vor allem: seinen großen Traum. Bär wirkte gehetzt, sein Handy klingelte unentwegt, seine Augen tanzten wie die eines in einem engen Käfig eingesperrten, wilden Bären. Er fragte mich, wie es mir geht, um zugleich auf seiner edlen Designeruhr nach der Zeit zu schauen. Mir fiel auf, dass alles an ihm »designed« war. Selbst seine Bärensprache. Draußen wartete sein schwarzer Ferrari, den er mir unbedingt zeigen wollte. Außerdem sollte ich mich mal nach einem Haus für ihn und Bärchen umschauen. Sie wollten wieder so wie früher leben. Sagte es und verschwand.
In diesem Moment brach das Gewitter mit voller Wucht über unsere Stadt herein. Der schwarze Ferrari verschwand in einem Wolkenbruch aus Wasser und Erinnerungen. Warum verraten Menschen das Wertvollste und Wichtigste, was sie haben: ihre inneren Kinder? Warum merken die Betroffenen selbst als Letzte, dass sie schon auf der Verliererstraße sind? Warum bemerken wir unseren Mangel immer erst dann, wenn der Preis verdammt hoch wird? Warum brauchen wir erst immer diesen Frust, diesen tiefen Fall? Mit jedem Blitz, mit jedem Donnerschlag fielen mir andere Antworten ein. Eine dieser Antworten kenne ich heute noch: Wir müssen auf der Angststraße durch

das Tal der Tränen, damit wir wach werden und uns freiwillig, bewusst und selbstverantwortlich für unseren Sehnsuchtsweg entscheiden können. Warum konnte das Schicksal bei Bär keine Ausnahme machen?
Ein paar Monate später rief er wieder an. »Ich bin ein Notfall!«, begann er diesmal. Was war geschehen?

Wie der Bär die Höhle findet

Die Insignien des Erfolgs hatten ihre Bedeutung verloren. Goldencards, VIP-Karten, Designer-Labels, Auto, Orden- und Ehrenzeichen passten nicht mehr zur Aura des Menschen, der mir gerade gegenübersaß. Der Bär hatte den Preis jedes Tanzbären bezahlt. So weitertanzen ging nicht mehr, auch wenn er es versuchte. Es hatte seinen Sinn verloren. »Das passiert, wenn man immer nur sein Bestes geben will«, begann er. Dann schilderte er mir, wie er seine erste Angstattacke bekam. Damals konnte er die Vorzeichen noch nicht deuten. Vielleicht wollte er es auch nicht. Denn schließlich hatte er sein Ziel ja erreicht. Er hatte durch den letzten Deal so viele Millionen auf dem Konto, wie er es sich in seinen kühnsten Träumen nicht vorgestellt hatte. Mit seiner neuen Freiheit hätte er nun weiterschuften können. Nicht ganz. Denn es war Bestandteil des Millionendeals, dass er den Laden noch einmal hochpuscht, damit die Kasse für alle noch einmal kräftig klingeln kann. Da begann der Körper zu streiken. Oder war es die Seele? Irgendetwas funktionierte nicht mehr so, wie er es gewohnt war. Plötzlich wusste er überhaupt nicht mehr, was noch funktionierte. Der Arzt nannte das Ganze Siegerdepression. Aber das verstand Bär nun überhaupt nicht, denn er sah sich als Loser.
Er erzählte seine Geschichte so, als ob er von einem Film erzählen würde, den er gerade gelangweilt verließ. Er hatte selbst den Kontakt zu seinem großen Schmerz verloren. Er war her-

ausgefallen aus dem fein gewebten Sicherheitsnetz, das uns Menschen alle miteinander verbindet. Und doch war dieser Tag ein Glückstag für Bär.

An den Wendepunkten unseres scheinbar erfolgreichen Weges glauben wir oft, wir wären einen falschen Weg gegangen. Aber wir gehen nie einen falschen Weg. Das *Wie* und das *Warum* stimmen vielleicht nicht mehr. Aber wenn wir wie der große Held Parzival in der Krise die richtigen Fragen stellen, dann beginnt jetzt ein wirklicher Befreiungsweg. Mache ich es, um bewundert, beklatscht, bemitleidet oder geliebt zu werden? Was mache ich mit dem Leben, das mir jetzt noch möglich ist? Wem soll es dienen? Verwundert und verschämt schauen erfolgsgewohnte Menschen in Zeiten des Scheiterns, wenn sie solche Worte hören.

»Dieses Schicksal ist von deiner Seele vielleicht so gewollt«, versuchte ich meinen Freund Bär zu trösten. Wissend, dass er dieses Wort in der Vorratskammer seiner Seele ablegen würde wie einen Schinken, den man noch lagern muss. Jetzt wollte er traurig sein. So traurig, wie ich ihn bisher nicht einmal in den traurigsten Augenblicken unserer Kindheit erlebt hatte. Damals, als er mit guten Noten von der Schule kam und auf ein lobendes Wort der Eltern gewartet hatte. Aber es gab kein Lob, nur die Aufforderung, noch besser zu werden. Gut sein, das war nichts Besonderes; der Beste sein war Pflicht und Schuldigkeit. Sich einzureden, versagt zu haben, war die vorgeschobene Erklärung dafür, nicht geliebt zu werden. So einfach entstehen Schuldgefühle. Wenn wir uns schon nicht mehr groß und mächtig fühlen, dann brauchen wir wenigstens Schuldgefühle, die uns größer als unser Schicksal erscheinen lassen. Aber wir sind nicht an allem selbst schuld. Das Schicksal will sehr oft, dass vieles so kommt, wie es dann kommt.

Ich sah den kleinen Bären wieder vor mir stehen, schuldig, alleingelassen und ungeliebt. Ich war dankbar, dass ich, mit dem klaren Blick des Coachs, in diesem Augenblick schon die erste

Phase seiner Befreiung erkennen konnte. Denn in Phasen der Wandlung haben wir die Chance, den Mangel der Kindheit noch einmal bewusst in Fülle zu wandeln. Als Coach können Sie so eine Wandlung heilsam begleiten. Jetzt war für Bär die Zeit gekommen, die wesentlichen Träume zu erfüllen. Leben statt überleben, hieß jetzt die Überschrift. Wer in dieser Phase seine wirklichen Bedürfnisse erkennen und befriedigen lernt, der kann getrost den nächsten Schritt zur Erfüllung wagen. Oft beginnt dieser Versuch mit einer traurigen Rückschau. »Du hast mich genommen, wie ich war. Auch wenn ich traurig und einsam war«, brummelte der Bär vor sich hin. Dann überraschte er mich: »Du warst immer mein Vorbild!« Noch nie konnte ich das so sehen. Er, dieser große Held, dieser starke Bär, er brauchte mich als Vorbild. Staunen kam in mir hoch und Kopfschütteln. »Du hattest das, was mir immer fehlte. Einen wie dich habe ich immer gebraucht. Auch später, als wir uns aus den Augen verloren hatten, warst du immer da, auch wenn du verkleidet warst, in einem anderen Körper stecktest, sich dein Name geändert hatte. Es war diese Seelenqualität, nach der ich mich sehnte. Das weiß ich jetzt erst, seit meiner Krise.« Die Traurigkeit des kleinen Bären erfasste mich und mischte sich mit der Dankbarkeit, die in mir hochkam, zu einer lebendigen Quelle. All das machte mich sehr nachdenklich. »Du hattest immer die besten Ideen. Du warst ein Ideenfeuerwerk«, flüsterte ich ihm tröstend in sein einsames Herz. Der kleine Bär weinte leise und antwortete: »Du hast dafür gesorgt, dass ich vor lauter Ideenproduzieren das Spielen nicht vergaß. Gäbe es nicht Menschen wie dich, würde die Welt nur aus Ideen bestehen.« Dann erzählte er mir, dass er immer wieder einen wie mich brauchte, der auf dem Teppich blieb. Immer wieder wurde daraus Freundschaft. Vielleicht hing die jetzige Krise sogar damit zusammen, dass ihm im Zenit seines Erfolges die Freunde verloren gingen und nur die übrig blieben, die immer etwas von ihm wollten. Mein Blick folgte seinen Blicken. Wir sahen den großen schlanken Baum draußen, der bedrohlich vom Wind hin und her bewegt wurde. »Wenn so ein Baum nur in die Höhe wächst, werden irgendwann die Wurzeln überfordert. Das ist der Tod für jeden Baum«, versuchte ich ihm seine Situation zu erklären. »Ja, dann hat der Baum das gleiche Problem wie ein Mensch ...«, er stockte. Ich nutzte die Stille und fuhr fort: »Wie ein Mensch, dessen Zellen zu wuchern beginnen, ohne an die Folgen zu denken.« – »Das nennt man dann Krebsgeschwür. Die Anarchie der Zellen.« An seiner Antwort merkte ich, dass er verstand.

Babylon lässt grüßen

Die Geschichte vom großen Bären ist die Geschichte vieler erfolgsorientierter Menschen. Immer geht es um Macht oder Liebe. Um Festhalten oder Loslassen, um Entzweiung oder Hingabe, kurz: um eine Entscheidung auf Leben und Tod. Wie viele Menschen diese Entscheidung vor sich herschieben, erkennen wir daran, dass viele Erfolgsmenschen unter Ängsten, Depressionen und Zwängen leiden. Das Leiden der Egomanen ist aber immer mehr auch das Leiden aller Menschen. Große Bärenschicksale wird es so lange geben, wie es Menschen gibt, die nur an den eigenen, kurzfristigen Erfolg denken. In den vielen Jahren, in denen ich erfolgreiche Menschen berate, erkenne ich viele Gemeinsamkeiten bei aller Unterschiedlichkeit. Auch diese Gemeinsamkeit ist schicksalhaft in uns angelegt. Wie fühlt sich ein Mensch, der nur als Funktionsträger gesehen wird, als Politiker, Boss, Priester oder Arzt? Es gibt viele Mythen, die dieses Lebensgefühl beschreiben, aber auch unseren nächsten Entwicklungsschritt. Wie diesen mythischen Helden geht es uns in dieser Phase unseres Lebens noch heute. Wir ahnen etwas von unserer Großartigkeit. Aber diese Großartigkeit möchte entwickelt, gefördert, geliebt und begleitet werden. Es gibt aber nur eine Möglichkeit, seine eigene Großartigkeit und Einmaligkeit zu eigenem und gemeinsamem Wohl sichtbar zu machen und zu leben: Das ist unsere Vision. Gehetzten und vom Machtwahn besetzten Menschen fällt dieser freie Blick auf die eigene wirkliche Großartigkeit und Einmaligkeit besonders schwer. Menschen im Egowahn möchten nie wieder so klein sein, dass sie einen Schutzengel brauchen, und tauschen diesen Schutzengel lieber gegen Armeen oder Bankkonten ein. Statt in Wachheit üben sie sich in Kontrolle. Sie quälen sich lieber, statt sich selbst das zu geben, was sie wirklich brauchen: bedingungslose Liebe. Gebraucht, aber nicht missbraucht. Sinnvoll eingebunden in eine größere Ordnung, statt als scheinbar Mächtiger ausgegrenzt – das wäre die Richtung für den nächsten Schritt auf dem Weg der Sehnsucht. Der Weg vom Geliebt-werden-Müssen zum Liebenkönnen ist genauso weit wie der Weg vom Kopf zum Herz und der kann durchaus der längste unserer Wege sein. Also warum soll ich als erfolgsverwöhnter Mensch lange Wege gehen, wo es doch Autobahnen gibt? Warum sollen Flüsse mäandern, wo man sie doch begradigen kann? Erfolgreichen geht es oft wie Kindern, die gut krabbeln können und plötzlich auf zwei Füßen laufen sollen. Sie fallen, tun sich weh, sollen trotzdem weiter Laufen lernen, werden ängstlich, bräuchten Zuspruch, bekommen stattdessen die Ungeduld der Eltern zu spüren, vielleicht rutscht dann auch die Hand mal aus. Dabei hätte es doch nur das Verstehen gebraucht – und Liebe. Die Bedingung, die sich in unseren Wunsch, geliebt zu werden, einschleicht wie der Frost in das unbeheizte Haus, öffnet dem Verrat Tür und Tor. Die Überlebensangst beginnt uns zu regieren. Denn wer nicht geliebt wird, wie er ist, wer nicht scheitern darf, wird nur bedingt geliebt. Wer nur bedingt geliebt wird, muss vorher Bedingungen erfüllen. Das Monopolyspiel beginnt.

Zuerst missbrauchen wir uns und unseren Schatz. Dann missbrauchen wir die anderen und deren Schätze – genauso, wie wir es gelernt haben.

Dieses Spiel scheint altbekannt zu sein. Sonst könnten wir nicht Sokrates zitieren. Es gibt zwei Tragödien, ließ er seine Schüler wissen. Die eine Tragödie beginnt damit, dass wir unser Ziel erreichen. Die andere Tragödie beginnt damit, dass wir unser Ziel nicht erreichen. Die erste Tragödie, fand er, wäre die schlimmere.

Visonsübung

Malen Sie sich auf ein großes Blatt Papier eine Zielscheibe. Besorgen Sie sich in einem Spielzeugladen eine kleine Armbrust oder Wurfpfeile. Kleben Sie die Zielscheibe jetzt vorsichtig an die Wand. Was ist jetzt Ihre Vision? Schreiben Sie diese Vision auf. Dann versuchen Sie es mit dem Schießen. Sie haben drei Versuche. Was ist geschehen? Sie konnten nur verlieren. Trafen Sie gleich ins Schwarze, hatten Sie bei den folgenden Versuchen ein Problem, sich zu übertreffen. Die folgenden Versuche waren also ein Scheitern. Trafen Sie erst später ins Schwarze, waren Sie vorher nicht gut genug. Was will bei diesem Spiel erlöst werden?

Zielen Sie jetzt. Sie haben drei Versuche. Erinnern Sie sich ganz bewusst an Sokrates und seine Tragödien. Stellen Sie sich noch einmal ganz bewusst vor die Zielscheibe. Was ist jetzt Ihre Vision? Wenn es Ihre Vision ist, ein guter Schütze zu werden, dann ist jeder Versuch ein Fortschritt, egal, wohin Sie treffen. Das Ziel ordnet sich der Vision unter. Auf dem Weg der Erfüllung trafen Sie dann auch mal, ein anderes Mal glückte das Loslassen oder die Haltung.

Versuchen Sie weiter, ein guter Schütze zu werden. Scheitern hat dann eine andere Qualität. Die Angst vor dem Scheitern verliert an Kraft.

Menschen, die wie Bär ihren bisherigen Weg noch einmal infrage stellen, um eine andere Übersicht oder Einsicht zu bekommen, merken sehr schnell, dass diese neue Einsicht auch alte Kräfte befreit. Diese Kräfte, verbunden mit einer neuen Weisheit, brauchen Sie jetzt für den nächsten Teil Ihrer Reise, der Sie zu einem neuen Bewusstsein führt. Sie werden schnell erkennen, dass alles, was Sie bisher machten, schon ein gutes Bewusstseinstraining war.

Visionsgeschichte

Aus dem Fernen Osten brachte mir ein Bekannter eine kleine Geschichte mit. In der Stadt herrschte Aufregung. Es hatte sich herumgesprochen, dass ein großer Heiliger kostenlos Früchte verkaufte. Aufgeregt ging der erfolgreiche Kaufmann zu dem Stand, um sich einzudecken und dann die Früchte teuer zu verkaufen. Der Heilige schaute ihm tief ins Herz und sagte dann zu dem erfolgreichen Kaufmann: »Tut mir leid, ich verschenke keine Früchte. Ich verschenke nur Samen.«

Reisevorbereitung für die bewusste Heldenreise

Was machen Menschen, die an die Ursachen ihrer Angst kamen? Was machen Menschen mit ihrer frei gewordenen Kraft, wenn sie die Hindernisse ihrer Heilung erkannt haben und von alter Angst befreit sind? Wer sich diese Frage stellt, muss zuerst bei sich selbst die Antwort suchen. Aus eigener Erfahrung weiß ich, wie viel Kraft von der Angst und von negativen Gedanken gebunden wird. Deshalb ist es vordringliche Aufgabe aller Menschen, ihre alte Kraft wiederzuerlangen. Als Gärtnersohn erlebte ich oft, dass ein Baum, der vom zehrenden Efeu befreit ist, neu zu leben beginnt. Ich erlebte aber auch, dass junge Bäume einen Halt brauchen. Deshalb stützten wir die Bäume mit einem festen Holzpfahl und banden sie mit dicken Schnüren fest. Auch wenn junge Bäume nach einem Sturm oder Unwetter wieder Halt brauchten, stützten wir sie kurzfristig auf die gleiche Weise. Irgendwann waren diese Stützen überflüssig, meist sogar für das Wachsen hinderlich. Dann befreiten wir die Bäume von ihrer scheinbaren Abhängigkeit. Wie ist das bei Menschen?

Ich halte immer wieder Vorträge in Verbindung mit meinen Buchpräsentationen. Dort begegne ich Menschen, die durch das harte Leben stark wurden wie ein Baum, der gelernt hat, den rauesten Winden zu widerstehen. Ich sehe Menschen, die von der vielen körperlichen Arbeit oder von schweren Schicksalsschlägen gezeichnet sind und gerade dadurch die Ausstrahlung und Schönheit eines heiligen Menschen bekamen. Ich begegne aber auch anderen Menschen. Ich erinnere mich an eine gut gekleidete Dame, mit leidenden Augen und einer sehr gebeugten Körperhaltung. »Ich habe alle Hoffnung verloren, weil das Leben so ungerecht ist«, begann sie. Dann zählte sie viele Beispiele auf von Menschen, denen es besser ging als ihr. Sie war seit vielen Jahren geschieden und hasste ihren Exmann noch immer. Ihre Kinder waren lange aus dem Haus, keines dieser Kinder sorgte für sie, diese einsame Mutter. Die Nachbarn konnten sich alles leisten, sie musste schauen, wie sie mit ihrer Sozialhilfe zurechtkam. Dazuverdienen ging auch nicht, das würde sich nicht rentieren. Bei ihren langen Ausführungen schaute sie fortlaufend auf den Boden und merkte nicht, wie manche Zuhörer immer gelangweilter reagierten. Die Frau war der Buchhändlerin schon aus ähnlichen Auftritten bekannt. Deshalb bat sie darum, zur Sache zu kommen. Das war das Signal zum Rundumschlag. Keiner versteht sie. Es hat sowieso keinen Sinn mehr zu leben. Einige der Anwesenden solidarisierten sich mit der armen Frau. Es wurde heftig über die, denen es besser geht, geschimpft. »Wenn ich schon kein Glück in meinem Leben habe, dann sollen die Glücklichen wenigstens zahlen«, schloss die Frau sehr aufgebracht ihren Beitrag. Nachdem sich die Gemüter beruhigt hatten, kamen wir zu sehr überraschenden Erkenntnissen.

Es war nicht das Glück, das die so genannten Glücklichen von den so genannten Unglücklichen trennte. Es war vielmehr die Hoffnung oder, genauer, die gefühlte Hoffnungslosigkeit. Hoffnungslosigkeit oder Resignation finden wir unabhängig von äußeren Erfolgen oder äußeren Misserfolgen. Viele meiner so genannten erfolgreichen Kunden sind ebenso tief frustriert wie die Dame auf meinem Vortrag. Nur dass sie sich ihren Frust teurer bezahlen lassen. Ich nenne solche Menschen Mangelmenschen. Meist sind Mangelmenschen sogar besonders erfolgreiche Menschen. Solange Mangelmenschen noch hoffen können, dass sich der gefühlte Mangel in Fülle wandelt, kämpfen sie bis zur Selbstaufgabe. Wenn die Hoffnung schwindet, gewinnt der Frust. Mit dem Frust tauchen dann die Gespenster der bösen Gefühle aus den Schattenreichen auf. Sie haben Namen wie Hass, Neid, Gier, Rache oder Sucht. Mangelmenschen sind so lange Mangelmenschen, bis sie die richtigen Fragen stellen. Diese Fragen haben oft damit zu tun, dass wir auch unsere Einstellungen infrage stellen.

Visionsübung

Schauen Sie in einer klaren Nacht zum Himmel. Sie sehen viele Sterne. So reich könnte Ihr Leben sein. Schauen Sie dann mit einem Fernrohr zum Himmel. Sie sehen zwar einen Stern größer, dafür aber verzichten Sie auf alle anderen Sterne.

Das ist die Situation der Mangelmenschen: Sie erleben nur einen kleinen Ausschnitt ihrer Möglichkeiten. Deshalb nenne ich sie in der Businesswelt die Leanmanager. Sie sind nur auf Zielerreichung konditioniert. Diese Ziele sind Wunschziele, die eine Sicherheit vortäuschen sollen, die es in Wahrheit nicht gibt. Leanmanager aber sehnen sich wie die meisten Mangelmenschen nach einer anderen Sicherheit. Nach einer Sicherheit, die aus der Tiefe des Herzens kommt. Wer sich nur einem Ziel verschreibt, vergisst oft, dass Ziele einer Vision dienen sollen und nicht umgekehrt. Sonst verlieren Ziele ihren Sinn. Ziele ohne Sinn kennen nur Verlierer. Wenn Sie mit den scheinbaren Helden unserer neuen Zeit arbeiten, dann wird Ihnen schnell klar, dass sich solche Heldenreisen nicht allzu sehr von den Heldenreisen vergangener Jahrtausende unterscheiden. Dort war es der Schatz von Troja, heute ist es die Abfindung oder die Entwicklung des Börsenkurses. Das Goldene Vlies oder der Heilige Gral wird erst später gesucht und noch später gefunden. Das Goldene Vlies oder der Heilige Gral, das ist für mich die Vision des Helden.

Als Berater werde ich oft mit »Visionen« meiner Klienten konfrontiert. »Wir wollen die Marktführerschaft haben. Die steht uns zu«, sagte kürzlich einer meiner erfolgreichen Kunden. »Dafür arbeiten wir hart.« – »Was wäre dann möglich?«, fragte ich. »Mehr Profit und mehr Marktmacht.« – »Und was wäre dann möglich?« – »Dann könnten wir noch mehr wachsen.« – »Und was wäre dann möglich?« – »Noch mehr Profit und Marktmacht!« – »Und wenn Sie alle Macht hätten und den Profit selbst bestimmen könnten, was wäre dann möglich?« – »Dann würden wir andere Märkte aufrollen!« – »Und dann?« – »Dann würde das Spiel von vorne beginnen!« – »Sie könnten auch versuchen, sich und Ihren Erfolg neu zu erfinden«, gab ich zu bedenken.

Der Wiederholungszwang ist ein sichtbarer Beweis für fehlende Visionen. Zugleich ist er das Ergebnis einer unerlösten Angst. Unerlöste Ängste sind unsere treuesten Begleiter. Sie bleiben uns bis zum letzten Atemzug erhalten und vererben sich als Schicksale unbewusst weiter.

Deshalb ist es sinnvoll, sich unsere Überlebensstrategien bewusst zu machen, selbst wenn wir ihnen irgendwann einmal unser Überleben verdankten. Sie gehen uns als Erfahrung nicht verloren, sondern werden bestenfalls um eine neue, vielleicht zeitgemäße Strategie erweitert. Eine der Überlebensstrategien ist die maskierte Opferrolle. Die Maske ist dabei das besondere Problem, aber auch eine besonders große Chance.

Die maskierte Opferrolle

Pauline hatte eine schlimme Kindheit. Das ließ sie mich sofort wissen. Deshalb hätte sie auch einmal viel Glück verdient. Sie nannte einen reichen Mann ihr Eigen und so behandelte sie ihn auch. Weil sie wusste, wie schlimm es ist, arm zu sein, hatte sie ein offenes Herz für die Armen und Notleidenden dieser Welt, besonders in ihrer Nachbarschaft. Sie kümmerte sich um alle und alles und kannte sich so in den verschiedenen Familien bestens aus. Die eigene Verwandtschaft blieb von ihrer »guten Seele« natürlich auch nicht verschont. Allen Menschen sollte es so gut gehen wie ihr, das war ihr Ziel. Solange der Mann bereitwillig zahlte, war das okay. Wenn er nicht so wollte oder konnte, war er undankbar und egoistisch. Sie selbst war ja eine sparsame Frau. Aber sein Guthaben auf der Bank wurde trotzdem immer kleiner. So kamen die beiden zu mir. Sie als das arme unverstandene Opfer. Er als der Täter. Ich sollte den Retter spielen.

Sie kommen sehr schnell in die Rolle des Retters, wenn Sie nicht eine Position einnehmen, die Ihnen ermöglicht, Übersicht und Abstand zu behalten. Beides ist nötig, um ein guter Begleiter zu sein. Diese Position nenne ich den inneren Beobachter, in bestimmten Situationen nenne ich ihn auch den inneren Zeugen. Als ich mir also erlaubte, mich selbst und meine Rolle zu beobachten, bemerkte ich, dass ich kurz davor war, in der Retterfalle zu sitzen. Ich mochte beide. Ich wollte diese Beziehung retten. Retter aber werden schnell zu Feinden.

Ich dachte daran, wie ich einen Ertrinkenden an das rettende Ufer ziehen wollte und mich energisch von ihm befreien musste, um nicht selbst unterzugehen. Erst dann konnte ich wirklich helfen. Der Gerettete mochte mich zunächst gar nicht sehen, weil ich ihn immer an seinen Leichtsinn und seine Schwäche erinnerte, wie er mir später einmal erklärte.

Visionsübung

Wenn Sie auch mit einem Ehepaar befreundet sind, dem Sie gerne helfen möchten, oder nicht wissen, wie Sie sich entscheiden sollen, dann nehmen Sie sich zwei Stühle. Jeder Stuhl steht für eine Position. Setzen Sie sich dann nacheinander auf jeden der beiden Stühle und spüren Sie in die unterschiedlichen Positionen hinein. Danach nehmen Sie sich einen dritten Stuhl. Er ist der Stuhl des Beobachters. Aus dieser Übersicht heraus suchen Sie nach dem Verbindenden, Erlösenden.

Paulines Erlösung

Pauline hatte nie gelernt, für sich selbst zu sorgen. Wer zuerst an sich denkt, ist ein Egoist. Egoisten sind böse. Böse Menschen kommen in die Hölle. In der Hölle geschieht Grausames. Lieber wollte Pauline dorthin, wo auch Mama und Papa sind, und die waren im Himmel. Weil aber kein Mensch immer nur brav sein kann, vor allem nicht ein temperamentvolles Kind, wird mit Pauline oft geschimpft. Wenn man mit jemandem schimpfen muss, gehört er zu den Bösen. Der ist sehr böse und kommt mindestens ins Fegefeuer ... Aber es kam noch schlimmer. Weil auch Kinder eigene Bedürfnisse haben, dachte Pauline natürlich auch an sich. Deshalb wurde sie von den Eltern oft als Egoist beschimpft, vor allem aber, als es ihr besser ging als den anderen. Einerseits sollte jeder sehen, dass sie es ge-

schafft hatte, vor allem die weniger erfolgreichen Geschwister. Andererseits war das ja böse. Sie lernte auch, dass sich nicht jeder mit ihr freuen konnte, wenn sie ihr Ziel erreicht hatte. Deshalb hatte sie sich nach langem Grübeln eine andere Strategie überlegt. Sie tat so, als ginge es ihr auch schlecht. Sie wollte sich nicht mehr eingestehen, dass es ihr besser ging als vielen anderen. Sie jammerte jetzt einfach bei jeder sich bietenden Gelegenheit. Dadurch ging es ihr natürlich nicht besser. Dann glaubte sie, die Menschen, denen es schlechter ging, von ihrem Leid erlösen zu müssen. Sie rutschte in die Retterrolle. Aber auch das machte sie traurig, weil sie schnell merkte, dass man Dankbarkeit nicht einfordern kann. Vielleicht gab sie zu wenig? Sie versuchte es mit noch mehr Geben. Bald litt sie stärker als vorher. Nicht einmal ihr Mann verstand sie noch. Jetzt war sie wieder da, wo sie angefangen hatte: Das kleine, verlorene, unverstandene und ungeliebte Kind stand kurz davor, in die eigene Hölle abzutauchen, bis eine altbekannte Sehnsucht aufstieg. Ich hörte diese Sehnsucht ein altes Mantra singen und bat Pauline, mit mir zu meditieren. Meditieren ist eine gute erste Antwort, wenn Sie Gefahr laufen, sich zu verlieren oder zu verzetteln. Zugleich entspricht es der dahinterliegenden Sehnsucht nach Sammlung und Rückzug.
Pauline begann in sich selbst das hilfsbedürftige, kleine Kind zu finden, das zuerst gerettet werden wollte.

Visionsübung

Gehen Sie langsam und bewusst ein paar Schritte durch die Natur. Lassen Sie sich von der Natur berühren. Lauschen Sie der Antwort auf die Frage: Wo verzettele ich mich? Sie können sich auch fragen: Wo laufe ich vor mir davon?

Eine kurze Rast

Sie sind jetzt an einem Punkt, von dem aus Sie schon sehr viel übersehen können. Wie ein Bergwanderer schauen Sie auf das Tal und wundern sich darüber, welche Strecke Sie schon zurückgelegt haben. Zwar liegt noch ein spannendes, aufregendes Stück Weg vor Ihnen. Aber warum sollten Sie diesen Weg nicht auch so leicht und freudig schaffen wie den bisherigen? Sie schauen zufrieden zurück und stellen fest, dass Sie den schwierigsten Teil schon hinter sich haben. Ist Ihnen jetzt schon bewusst geworden, wie viel Lebenskraft durch falsche oder auch überholte Einstellungen gebunden war? Ist Ihnen bewusst geworden, wie Ihre allerersten Erfahrungen und die damit verbundenen Existenzängste Ihr Leben behindern, aber auch wie sie Ihr Schicksal mitbestimmen? Eines wissen Sie auf jeden Fall schon genau: Sie wissen, wie unerlöste Überforderungen, Mangel- und Frustgefühle Konflikte erzeugen und das Verhalten prägen. Sie haben erkannt, wie unser Katastrophengehirn das Leben unnötig einengt; aber auch, wozu es nützlich ist. Sie wissen, wie die Kraft Ihrer Visionen heißt und wie diese Kraft, Ihre Sehnsucht alles heilen kann. Auch mit Ihrem besten Freund, der Intuition, konnten Sie schon Wiedersehen feiern. Sie haben, nicht zuletzt, schon viel von dem mitbekommen, was ich Visioneering nenne. Sie wissen, wie Sie im Visioneering Konflikte aus einer inneren Weisheit heraus anschauen, aus einer Weisheit, die diesen Konflikt schon transformiert hat. An vielen Beispielen konnten Sie erkennen, wie Ihnen diese innere Weisheit die rechte Einsicht für einen guten nächsten Schritt zur Lösung aktueller Konflikte gibt. Wenn Sie eine weise Antwort auf Ihre innere Bedrohung haben, dann verlieren Angst- und Mangelgefühle viel von ihrer magischen Kraft und Ihre Vision taucht durch die Reste dieser Bedrohungen auf, wie die Sonne durch den sich auflösenden Nebel.

Sie haben auch die inneren Konflikte einiger Menschen kennen

gelernt, bei denen es darum ging, sich zwischen scheinbaren Zwängen des Alltags und den Bedürfnissen der Seele zu entscheiden. Aus einer transformierten Sicht gibt es diesen Konflikt nicht mehr. Dazu werden wir im nächsten Teil unserer Heldenreise berührende Beispiele kennen lernen.
Auf dem ersten Teil Ihrer Reise haben Sie nicht zuletzt viele Beispiele erlebt, wie Menschen durch die Schicksale der Kindheit immer weiter von ihrem Traum weggetrieben wurden, wie ein Schiff aus seinem Hafen. Dann lernten Sie sich neu zu orientieren und neu auszurichten. Dabei zeigte ich Ihnen bewährte Techniken und Werkzeuge. Wenn Sie feststellen, wie weit Sie von Ihrem inneren Hafen entfernt sind, kommen leicht Angst und Unsicherheit auf. Mit diesen Gefühlen gingen Sie wirklich heldenhaft und mutig um. Glückwunsch! Aber es winkt Ihnen auch eine großartige Belohnung, nämlich eine immer freiere und freudigere Heimreise. Mit Heimreise meine ich nicht das nahende Ende einer Reise, sondern den Beginn einer Rückreise ins Wesentliche, von der Entfremdung in die Selbstwerdung. Sie werden die Kraft der Visionen jetzt immer deutlicher spüren. Mangel wird immer mehr zum Fremdwort werden. Jetzt sind Sie bereit, das erste große Geheimnis zu lüften.

Visionsübung

Schreiben Sie alle negativen Erfahrungen Ihres Lebens auf die Seite eines Blattes. Notieren Sie auf der anderen Seite, was Sie aus diesen Erfahrungen gelernt haben.
Dies ist Ihr Erfahrungsschatz, mit dem Sie getrost den nächsten Teil Ihrer Reise angehen können.

Weiter so oder bewusst

Bereit sein für ein großes Abenteuer heißt nicht automatisch, dieses Abenteuer auch eingehen zu wollen. Erst recht heißt es nicht, dieses Abenteuer bewusst einzugehen. Wenn Sie es bewusst eingehen wollen, wird sich dieses Bewusstsein auf alles auswirken, auch auf die Vorbereitung. Plötzlich bekommt auch die Vergangenheit einen anderen Sinn. Sie erfahren dadurch sehr viel über sich, über Ihre Erfahrungsschätze, Ihre Ressourcen und Ihre Motive.
Kürzlich kam ein Geschäftsmann zu mir, der mir fortlaufend erzählte, was er nicht kann, was er alles falsch gemacht hätte und wie schlecht es um seine »emotionale Intelligenz« bestellt sei. Als Beispiele führte er an, dass er neidisch, zornig, wütend, eifersüchtig und noch vieles mehr wäre. »Was will aus so jemandem schon Gescheites werden?«, fragte er mich mit Trotz in der Stimme. Als ich mit ihm auf die Reise ging, stellten wir bald fest, dass all die scheinbar schlechten Gefühle wunderbare Ressourcen waren, die nur durch einen Zauberspruch von Blei in Gold verwandelt zu werden brauchten.
»Damit der Zauberspruch auch wirkt, braucht es allerdings wie bei allen alchemistischen Prozessen einen Ofen, ausgewählte Ingredienzien, die richtige Temperatur und die rechte Einstellung«, dämpfte ich seine Euphorie. »Gar nicht so viel«, schimpfte er, als er das von mir hörte. »Und was kostet das?« Er schaute mich resigniert an. »Vor allem Wertschätzung, eigene Wertschätzung und Geduld!« – »Okay, dann lass uns auf die Reise gehen«, antwortete er erleichtert und mit leichtem Seufzen. »Dann werden wir also zu Schatzsuchern.« Nach einigen gemeinsamen Terminen überraschte er mich mit seinem ersten Gedicht seit dreißig Jahren.

Nichts zu können,
nichts zu wissen

ist ein sanftes Ruhekissen.
Es zu wissen
und nichts tun,
lässt dich einfach nicht mehr ruh'n.
Das Was *zu wissen*
und das Wie
macht dich glücklich wie noch nie.

Ich ahnte, was in den vergangenen Wochen in ihm vorgegangen sein musste. Ich ahnte auch, dass sich seine Vision nicht aus den schmerzlichen, schicksalhaften Erfahrungen seiner Kindheit speist, sondern aus einer größeren, einzelne Schicksale überragenden Aufgabe. Wir werden auch darüber noch einiges erfahren. Um dieses Licht bei ihm zu entzünden, antwortete ich mit einem Mutmachgedicht:

Der Weg zur Seligkeit
ist nicht einmal so weit.
Vier Schritte geht es rein,
vier Schritte geht es raus,
und schon bist du zu Haus.

Aufbruch zu neuen Ufern

Ich gehe gern in den Gesichtern von Menschen auf Spurensuche und suche nach Schätzen, die noch in Gold verwandelt werden wollen. Manchmal kann ich in diesen Gesichtern schon die Umrisse einer einzigartigen Vision entdecken. Es bräuchte nur noch eine heilsame Einstellung, damit dieses großartige Bild aus den Nebeln heraus sichtbar wird. Der Zauberspruch könnte »Ich bin okay, so wie ich bin« heißen. Aber unerlöste Lebensgeschichten verhindern diese Zauberworte.
Einer meiner Klienten ist ein hervorragender Wissenschaftler.

In unserem ersten Gespräch erzählte er mir von seiner Vision, einen Hochleistungscomputer zu entwickeln, der die Genialität sämtlicher Menschen übertrifft. Außerdem sollte dieser Computer alle bei Menschen bekannten, durch Emotionen und Krankheiten ausgelösten Fehlsteuerungen ausschalten. Er errechnete nämlich astronomisch hohe Kostenfaktoren, bedingt durch diese Fehlsteuerungen. Allein am Beispiel seiner Frau konnte er nachweisen, dass diese systemisch bedingten Ausfälle leicht die finanzielle Größenordnung eines Eigenheimes überschritten. Seine Frau litt unter solchen »Schadensbilanzierungsrechnungen«, was er als zusätzliche Motivation verstand, diesen genialen Computer schnellstmöglich zu entwickeln. Eines Tages wurde dieser Mann krank. Niemand wusste, welche Krankheit das sein könnte. Sämtliche Diagnoseverfahren scheiterten. Der Mann konnte einfach nicht mehr schlafen. Hatte er anfangs noch getobt und über das Unvermögen der Ärzte geschimpft, bekam er zunehmend Angst vor dem Tod.

Vielleicht hatte die Menschheit seine Erfindung nicht verdient. Vielleicht wäre die Menschheit schon weiter, wenn nicht alle Genies so schnell und zu früh sterben müssten. Der Wissenschaftler zweifelte sogar zeitweise an der Weisheit der Schöpfung und schimpfte über deren Ressourcenverschwendung. Da kam eines Tages sein Sohn an das Krankenbett. Er hatte eine Geschichte aus der Schule mitgebracht. Er bat, dem kranken Vater die Geschichte vorlesen zu dürfen. Die Geschichte handelte von einem begnadeten Wissenschaftler, der seine Seele an den Teufel verkauft hatte. Der Teufel wollte ihm helfen, seine Erfindung in die Welt zu bringen. Dafür sollte er ihm seine Seele verkaufen. Der Mann willigte ein. Nach einiger Zeit wurde ihm klar, dass er das Wesentlichste im Tausch verloren hatte. Wer nur mit dem Kopf lebt, ist tatsächlich austauschbar. Der Verstand gibt uns auf unsere wesentlichsten Fragen keine Antwort.

In dieser Nacht bekam er solches Fieber, dass seine Frau die ganze Nacht bei ihm wachte. Sie tröstete ihn, streichelte seine

Hände und gab ihm immer wieder zu trinken. Sie war einfach da. Irgendwann wachte er vom Fieber schweißgebadet auf. Er hatte geträumt, dass er auf einer Felsklippe stand. Es ging um Springen oder Nichtspringen. Oben war das ihm bekannte Land mit all seinen Bedrohungen. Unten war das unbekannte Meer. Er zögerte, wippte, zögerte. Da sah er den Kopf seiner Frau im Meer. Es sah so aus, als würde sie ertrinken. Da sprang er, ohne nachzudenken, und wachte auf. Er erzählte seiner Frau den Traum, um frei zu werden von diesen Bildern. »Warum bist du überhaupt gesprungen?«, fragte ihn seine Frau, als er ihr aufgeregt von dem Punkt berichtete, an dem es kein Zurück mehr gab und er dem Meer vollkommen ausgeliefert war. Er stutzte bei ihrer Frage. Dann tauchte ein Satz aus seiner tiefen Erinnerungskammer auf. Ein lange eingesperrter Satz, angekettet an viele traurige Bilder. »Seit ich weiß«, fing er stotternd und leise weinend an, »dass ich dich verlieren kann, ist mir bewusst, dass ich dich liebe!« Der kranke Wissenschaftler wurde durch seine Intuition an ein Gedicht geführt, das er als Junge seiner ersten großen Liebe schenkte. Er sah das Mädchen nie mehr. Sie starb bei einem Autounfall am folgenden Tag. »Lieben bringt nur Unglück«, hatte sich in sein Gehirn gebrannt. »Deswegen haben wir so lange eine reine Vernunftehe geführt?«, fragte sie vorsichtig nach.

Im Traum erinnerte ihn seine Seele an eine Sehnsucht, die ein Leben lang auf Erlösung wartete, und daran, dass ein scheinbarer Rückschritt oft schon der erste Fortschritt ist.

Auf dem Weg des bewussten Werdens füllt ein unfassbarer Wille, den ich schöpferischer Geist nenne, alle unsere halb gefüllten Mangelgefäße aus unserer Kindheit, zu allererst das Glas mit der Liebe. Lieben dürfen, endlich sich wieder hingeben dürfen an die Liebe, das war die Sehnsucht des Kindes, seit es diese Trennung von der ersten großen Liebe, seiner Mutter, erfahren hatte. Das Schicksal wiederholte sich. Die Narbe riss beim jungen Mann wieder zur blutenden Wunde auf. Jetzt aber konnte er mithilfe dieses Traums erkennen, dass seine eigene Frau wieder zum Symbol für eine Liebe geworden war, die alles Weibliche genauso einschloss wie alles Schöpferische und alles Mütterliche. Das Unbewusste machte diesen ersten Schritt über die Klippe für ihn möglich. Irgendwann geht es darum, die Liebe neu zu wagen. Irgendwann geht es darum, radikale Entscheidungen zu treffen. Macht oder Liebe. Narzissmus oder Hingabe. Mütter sind den Vätern hier oft einen Schritt voraus. Es geht nicht um Aufgabe, sondern um einen Zugewinn, nicht nur für die Männer.

Visionsübung

Schreiben Sie alle negativen Gefühle auf, die Ihnen einfallen. Dann verwandeln Sie Blei zu Gold. Das geht einfacher, als Sie denken. Aus Neid wird dann eigener Ansporn. Aus Wut wird Lebensenergie usw.
Wenn Sie die Liste fertig haben, werden Sie feststellen, wie viel Bodenschätze Sie gehoben haben, die nur darauf warten, in Ihrem inneren Ofen zu Gold verwandelt zu werden.

Unglück ist oft der Humus für das unbekannte Glück

Irgendwann erlaubte ich einer geheimnisvollen Instanz in mir, anhand mir bekannter Gesichter einfach andere Lebensgeschichten zu erfinden; keine traurigen und schweren, wie ich sie erfuhr, wenn ich diese Menschen direkt danach fragte. Keine Lebensgeschichten voller verpasster Gelegenheiten, Enttäuschungen und schwerer Verluste, sondern Geschichten von einem Leben wie im Himmel der Visionen. Diese Geschichten folgten alle einer neuen Einstellung in mir, die wiederum Folge eines neuen Wissens war.

Irgendwann wusste ich, warum Einstellungen für uns so schicksalsprägend sind. Die Eindrücke, die auf uns einprasseln, sind so komplex, dass wir permanent überfordert wären und uns nicht mehr im Leben zurechtfinden würden. Sekündlich sind wir selbst beim Schlafen Tausenden von Reizen ausgeliefert. Deshalb schieben wir vor die Welt ein Netz, mit dem wir nur die Eindrücke einfangen, die in diesem Netz hängen bleiben. Uns geht es also wie einem Fischer, der in der Weite des Meeres fischen geht. Weil sein Netz eine bestimmte Maschengröße hat, fängt er nur Fische, die für dieses Netz geeignet sind. Das Netz nennen wir Einstellung. Also lassen wir mit einer anderen Einstellung automatisch auch andere Eindrücke in unser Bewusstsein. Andere Einstellungen haben, so gesehen, auch viel mit Glück oder Unglück zu tun.

Ich stellte mir weiter vor, dass das, was in unserem Leben geschieht, in einer guten Absicht geschieht. Alles, was geschieht, wäre dann Humus für ein unbekanntes Glück.

Das bekannte Unglück als Humus für ein unbekanntes Glück? Diese Einstellung gefiel mir so gut, dass ich sie nicht nur bei mir ausprobieren wollte.

Ich erinnerte mich an mein Bild vom Apfelkern. Hätte der Apfelkern das Bewusstsein eines Menschen, wie würde er bei allen Widrigkeiten seines Apfelkernlebens jammern und klagen.

Aus der Sicht des vollendeten Apfelbaumes würde sich das Klagen allerdings zuerst relativieren und dann in Dankbarkeit und Freude wandeln.

Dankbarkeit, Freude, Liebe und Glück, das sind Gefühle, die dem Visionär begegnen, wenn er das erste Mal seinen großen Traum am Horizont auftauchen sieht.

Wer seinen großen Traum vor Augen hat, der wird von ihm angezogen wie von einem Regenbogen. Jeder Regenbogen ist anders, fremd und doch in der größten Tiefe ganz bekannt, überwältigend und zugleich im höchsten Maße sinnstiftend.

Als ich damals mit dem Hubschrauber über die mir bekannte

Landschaft flog, hatte ich nicht nur eine andere Übersicht. Ich hatte auch eine andere Perspektive. Ich flog vom Wanderziel aus auf die Wanderer zu. Als wir dann wieder höher flogen, um eine bessere Übersicht zu bekommen, konnten wir alles übersehen: den Ausgangspunkt, den Weg, die Etappen, die Schwierigkeiten und vieles mehr. Diese Aussicht und zugleich Einsicht nenne ich bei meiner Arbeit unsere Metaebene. Wer zur rechten Zeit seinen großen Traum vor Augen hat, sieht ihn als dieses große, einmalige und einzigartige Panoramabild.

Der Drachen sind Sie selbst

Es kann sein, dass auch Sie diese Erfahrung machen wollen, aber noch etwas Zeit brauchen, um diese neue Einstellung zuzulassen. Immer wieder werden Ihnen in diesem Buch Menschen begegnen, denen es auch so erging. Einer dieser Menschen hatte mich damals besonders beeindruckt. Er hatte alles verloren, was ein Mensch nur verlieren kann, bis auf sein Leben. Er tat mir so leid, dass ich keine tröstenden Worte fand. Also hielt ich die Stille mit ihm aus. Das war der erste mögliche Schritt. Mehr konnte ich in diesem Augenblick nicht geben. Aus dieser Stille heraus wuchs ein Gefühl von Einverstandensein. »Jetzt habe ich keine Ausrede mehr«, sagte er plötzlich zu mir. »Jetzt kann ich einfach wieder neu anfangen.« Wie er es geschafft hat, weiß ich nicht. Was ich aber weiß, ist, dass er heute eine kleine Klinik betreibt. Ein Kunde zog den Klinikprospekt aus der Tasche und wollte wissen, ob ich diese Klinik kenne. Es war kein professionell aufgemachter Prospekt. Die Hochspannungsleitungen neben dem Haus waren nicht wegretuschiert und das Werbeschild eines nahe gelegenen Hotels verdeckte den wunderschön blühenden Magnolienbaum. Dazu die vielen Bilder mit ungeschminkten Menschen. Dann aber blieb mein Blick an einer Bildunterschrift hängen. Was ich las, passte zu diesem Mann: »Wir können oft die Dinge nicht ändern, wohl aber unsere Einstellung zu den Dingen.« Dieser Satz war sein Erfolgsgeheimnis. Als ich ihn anrief, um ihm zu seinem Erfolg zu gratulieren, spürte ich eine innere Dankbarkeit. Diesen Satz empfand ich auch als ein großes Geschenk für mich. Als ich umständlich versuchte, einige anerkennende Worte zu finden, begann er zu lachen. »Wissen Sie«, antwortete er bescheiden, »es liegt nicht alles an uns, aber es liegt alles in unserer Hand.« Wenn wir beginnen, unseren Blick auf das zu richten, was unser Herz begehrt, dann sind Sätze wie dieser ein wertvoller Schatz.

Die Schatzsuche

Stellen Sie sich vor, Sie sind der Besitzer eines solchen Schatzes. Dieser Schatz ist nicht irgendein Schatz. Dieser Schatz ist ein ganz besonderer Schatz. Es ist Ihre allergrößte Sehnsucht. Sie wissen, dass Sie damit Ihre ganze Welt neu erfinden können. Ganz einfach geht das. So einfach, dass Sie es zuerst gar nicht glauben können. Stellen Sie sich zum Beispiel vor, Sie hätten soeben erfahren, dass Sie den Hauptpreis in einem Glücksspiel gewonnen haben. Nicht in irgendeinem Glücksspiel, sondern in dem Glücksspiel, bei dem es um den größten jemals ausgeschütteten Geldgewinn geht und dazu noch um einen Sonderpreis, der nur dem Gewinner verraten wird. Genaueres würden Sie ein paar Tage später erfahren. Was würde geschehen?
Zuerst ein leises Kommando – irgendwo in Ihrem Kopf. In kürzester Zeit würde Ihr Gehirn Bilder produzieren, die sich zu einem wahren Bildersturm ausweiten.
Wenn Sie jetzt Lust haben, dieses Experiment weiter mitzumachen, dann werden Sie irgendwann feststellen, dass die Bilder auch einer anderen, geheimnisvollen, inneren Stimme gehorchen können, die Sie eigentlich schon verabschiedet hatten.

Das ist Ihre Angst. Sie hat sich als Bedenkenträger verkleidet. Für welche dieser Stimmen wollen Sie sich entscheiden? Ich gebe Ihnen gern noch eine kleine Hilfe: Als Kind ließ ich mir für mein Leben gerne Märchen vorlesen; vor allem, wenn Oma sie vorlas. Ein Märchen gefiel mir immer besonders gut: Rumpelstilzchen. »Ach, wie gut, dass niemand weiß, dass ich Rumpelstilzchen heiß.« So tanzte ich manchmal durch Omas Wohnzimmer und rief immer wieder diesen Satz. Manchmal sind Geheimnisse ein Segen. Vor allem für den, der darum weiß. Für den, der die falsche Antwort gibt, können sie zum Fluch werden. Wenn Sie die Stimme Ihrer inneren Bilder beim richtigen Namen nennen, dann erlösen Sie den Fluch. Wenn Sie die Stimme immer noch »Angst« nennen, dann ist jetzt eine gute Gelegenheit, ihr einen anderen Namen zu geben, sonst tanzt sie wie Rumpelstilzchen um das Feuer und freut sich darüber, dass Sie das Zauberwort vergessen haben.

Wenn Sie das fünfte Kapitel Ihres eigenen Buches schreiben wollen, dann könnten Sie zuerst Ihre eigene Erfolgsgeschichte schreiben. Sie könnten vom Verlieren und Wiederfinden schreiben, vom scheinbaren Scheitern, das in Wirklichkeit ein Geschenk des Schicksals war. Sie könnten von Ihren Vorbildern aus Kindertagen berichten und wie sich diese von heutigen Vorbildern unterscheiden. Sie könnten von Menschenschicksalen berichten, die sich in Opferrollen verfingen, aber auch von Helfern und Rettern, von Täuschungen und Enttäuschungen und nicht zuletzt von Ihnen, dem großen Gewinner.

KAPITEL 6

Wenn Engel ihre Unschuld verlieren

ODER:

DIE VISION VOM FÜNFTEN SCHRITT

Auch wenn alles so aussieht, als ob die Welt um Sie herum untergehen würde, sind das nur die Kulissen einer Scheinwelt, die Sie nicht mehr brauchen. Denn jetzt geht es nicht mehr um Überleben. Jetzt geht es um Leben. Der Weg der Sehnsucht führt Sie in eine neue Krise. Wollen Sie weiter abhängig bleiben oder wollen Sie auf dem Weg der Sehnsucht in das Land, in dem Visionen blühen? Von dieser Antwort hängt es ab, ob der nächste Schritt ein nächster Fortschritt wird.

Der Mönch mit dem Presslufthammer

»Wenn du träumst, dass du träumst, bist du kurz vor dem Erwachen«, sagte der Mann zu mir und schaute mir lange und fest in die Augen. Eigentlich wollte ich nichts anderes, als einen Grabstein bei ihm kaufen. Jetzt stand ich in der Werkstatt einem weisen Menschen gegenüber. Seine roten Haare waren zu unendlich vielen kleinen Zöpfen geflochten. Sein Gesicht hart und kantig. Die Hände von dreißig Jahren harter Arbeit am Stein gezeichnet, die Kleidung staubig und fleckig. Mein

Maßanzug und die auf Hochglanz polierten Schuhe passten so gar nicht in diese staubige Umgebung. Ich stieg über die auf dem Boden aufgereihten Steine direkt auf einen lebensgroßen Buddha zu. »Granit«, sagte er, meine Frage vorausahnend. Ein Presslufthammer lehnte an dem fast fertigen Kunstwerk. »Ausgerechnet Granit suchen Sie sich für so einen weichen Buddha aus?« Mit meiner Frage schien ich ihn zum Nachdenken gezwungen zu haben, denn er schwieg lange. »Wenn Sie mit dem Granit kämpfen, dann haben Sie schon verloren. Die erste Hälfte meines Bildhauerlebens kämpfte ich mit den Steinen. Deshalb wurden nur Grabsteine daraus. Dann wurden wir Freunde. Meine Steine und ich.« Zärtlich streichelte er seinen Granitbuddha wie einen zahmen Löwen. »Ich lausche dem Stein so lange, bis er mir sein Geheimnis verrät. Manche Steine haben mich lange warten lassen. Heute weiß ich, dass ich es war, der so lange brauchte, bis er reif für das Geheimnis war. Das Geheimnis war nie ein Geheimnis. Es liegt offen und bereit da wie eine Liebende. Du bist es, der so lange braucht, bis er das Bild im Stein sieht. Einen Monat kniete ich meditierend vor diesem Granit. Dann wandelte sich mein Wille in Demut und Stille. Dann kamen von irgendwoher leichte, leise Mantragesänge. Sie erfüllten den Raum, verwandelten ihn in einen Tempel. Die Steine begannen zu beten und im Gebet zu tanzen. Die Sonnenstrahlen verabschiedeten sich. Sie wurden nicht mehr gebraucht. Die Steine leuchteten auch ohne Sonne. Die Vision des Steins und meine Sehnsucht waren verschmolzen. Ich war bereit für den Stein. Der Granit hatte seinen großen, geheimnisvollen Traum in Millionen von Jahren geträumt. Jetzt durfte er sichtbar werden und ich durfte Werkzeug und Zeuge zugleich sein. Meine ganze Energie floss ein, meine dreißig Jahre Erfahrung am Stein – Irrwege, Scheitern, Neubeginn, Zerbrechen und wieder Aufstehen.« Lächelnd wie ein frisch Verliebter streichelte er das schwere Gerät. »Alles gebe ich in diesen Presslufthammer. Im ersten Ansetzen höre ich dann seine Sehnsucht singen. Ich möchte fliegen, wie eine Feder im Wind.« – »Ja«, sag ich dann »ich versteh dich doch. Aber hab noch ein bisschen Geduld. Presslufthammer und Meißel beginnen mit ihrem Liebesspiel.« Minuten der Stille, dann ein verträumtes Erwarten.

»Ich sehe ihn schon unter meinem Kirschbaum sitzen, diesen Buddha. Ich gehe an ihm vorbei, stolz und mit starkem Rückgrat, dreh mich nach ihm um und frage ihn: ›War da was?‹ Er aber lächelt leise.«

Ich blieb noch lange in der Werkstatt, dann stieg ich in meinen dunkel glänzenden Porsche und fuhr heim. Die Nachtfahrt im dichten Nebel symbolisierte meinen inneren Zustand.

Allen äußeren Erfolg hatte ich aufgegeben, dafür den Gang in die Unterwelt gewagt. Zwölf Jahre leidvoller Lehranalyse lagen hinter mir, fünfzehn Jahre ließ ich mich in die Geheimnisse der Traumdeutung einweihen. Ich hatte viele therapeutische Verfahren kennen gelernt und nichts ausgelassen, damit ich mir nicht vorzuwerfen brauchte, nicht alles versucht zu haben. Jetzt erfuhr ich, dass ein einfacher Granitstein schon weiter war als ich.

Der Fischer und seine Frau

In dieser Nacht träumte ich noch häufiger von Schmetterlingen als die Nächte vorher. Schmetterlingsträume, so hatte ich es gelernt, künden davon, dass eine wichtige Wandlung ansteht. Vielleicht würde ich auch in der wirklichen Welt mit Schmetterlingen konfrontiert. Das nennt sich Synchronizität und wird als Zeichen dafür gesehen, dass es jetzt wirklich an der Zeit ist zu erwachen. Vielleicht würden die Träume verraten, wo ich meine Schatztruhe finde. Leichter Spott schwang in meinen Gedanken mit.

Visionsübung

Wie geht es Ihnen, wenn Sie die obige Geschichte lesen? Welche Erinnerungen werden wach? Welche Erfahrungen? Wenn Sie die Seite noch einmal lesen, was schiebt sich beim nochmaligen Lesen jetzt in den Vordergrund? Was hatten Sie vergessen? Wovor haben Sie Respekt? Mit welchen inneren Glaubenssätzen werden Sie konfrontiert? Für einen meiner Klienten war dieser Bildhauer ein Heiliger, für einen anderen war er ein Spinner. Führen Sie ein inneres Selbstgespräch.

Die Vision war ein alter Bekannter

Bevor ich am nächsten Morgen erstmals ganz früh und ohne meine Schmetterlingsträume aufwachte, um meine Schatztruhe zu finden, erging es mir wie vielen Generationen von Schatzsuchern vor mir. Ich war ratlos. Ich stand vor einer inneren Straßenkreuzung und sollte mich entscheiden. Auf dem einen Wegweiser stand »Weiter so« und auf dem anderen Wegweiser »Großer Traum«. Der eine Weg war der Angstweg, der andere der Sehnsuchtsweg.

Zuerst wollte ich den breiten, gut ausgebauten Weg des »Weiter-so« gehen. Der sah so bekannt aus. Außerdem war er bequem. Ich konnte nicht verstehen, warum es Menschen gibt, die es sich mit ihrer Schatzsuche absichtlich schwer machen. Man braucht nur etwas Glück, dann läuft es doch. Aber manchmal ist es mit dem Glück so wie mit dem Wetter. Das Hoch kann man erst im Angesicht des Tiefs würdigen. Das Tief kommt manchmal einfach so und manchmal braucht es einen Anlass. Ein solcher Anlass war bei mir damals der plötzliche Tod meiner Mutter.

Meine Mitmenschen machten sich in der Zeit danach echte Sorgen um mich. Oft erhielt ich liebevolle Zuwendung oder gut gemeinte Ratschläge, die ich gar nicht wollte. Später wurden mir Vorwürfe gemacht und mit Konsequenzen gedroht. All das hörte ich in dieser Zeit wie ein Abwesender, bedankte mich äußerlich höflich und stöhnte innerlich umso mehr. Irgendwann fiel mir allerdings auf, dass ich im Kreis lief, und diese Kreise wurden immer enger. Wenn Sie auch jemanden kennen, der in einer Trauer hängen geblieben ist, dann raten Sie ihm, doch etwas auszuprobieren, das ich Zeugenarbeit nenne. Es geht darum, dass Sie mehr Abstand zu Ihrer tiefen Trauer und dem damit verbundenen Grübeln bekommen. Sie können das auch bei sich ausprobieren. Alles geht fast so, wie wir es schon beim Kissenspiel übten. Auch vom inneren Beobachter und dem inneren Zeugen erzählte ich Ihnen kurz. Nehmen Sie also jetzt zwei Stühle. Den einen Stuhl stellvertretend für Sie, den anderen für den inneren Zeugen. Der innere Zeuge ist eine wichtige Instanz wie im äußeren Leben. Er ist weder Richter noch Zuschauer. Er soll etwas bezeugen oder Zeugnis abgeben. Schildern Sie zuerst auf Ihrem Platz Ihr Problem, Ihren Konflikt oder die aktuelle Lebenssituation. Dann wechseln Sie auf den Platz des inneren Zeugen und schildern, was, wie und wovon geredet worden ist. Denken Sie daran, dass Sie nicht nur den Hörsinn und Sehsinn, sondern noch andere Sinne haben. Wiederholen Sie das Spiel. Lassen Sie sich als Zeuge auch die Gedanken, Überzeugungen und Generalisierungen geduldig erzählen. »Ich habe nie Glück« wäre so eine Generalisierung. Nehmen Sie Ihre Zeugenwahrnehmungen zu Protokoll. Lesen Sie das Geschriebene einige Zeit später sozusagen als Zeuge des Zeugen.

Visionsübung

Das, was Sie an sich ausprobierten, könnten Sie jetzt im Gespräch mit Bekannten oder Freunden nachvollziehen. Seien Sie Zeuge. Wie und was höre ich, sehe ich? Welche Gerüche, Bilder,

Klänge, innere Selbstgespräche nehme ich wahr? Wo reagiere ich überempfindlich, wo habe ich Defizite? Wo und wie solidarisiere ich mich, wo und wie distanziere ich mich? Wiederholen Sie diese Arbeit immer wieder bei Menschen, die Sie mögen, und bei Menschen, die Sie ablehnen.

Meine Aufmerksamkeit konzentrierte sich auf die Plätze meiner Kindheit. Die Erinnerungen an jene Zeit nahmen mehr und mehr ein Eigenleben an, das nichts mit den Fakten der äußeren Welt zu tun hatte. Ich fühlte mich verraten, ausgeliefert, voller ohnmächtiger Wut. Ich erschien mir als das Opfer einer großen ungerechten Macht.
Mit kindlicher Befangenheit fragte ich mich angesichts all meiner düsteren Gedanken: »Warum? Was bleibt vom Leben, wenn doch alles vergeht?« Ein paar Knochen und schwarze Erde, das wusste ich von meinem Vater. Schließlich war mein Vater Friedhofsgärtner von Beruf.
Ich sah das Haus, in dem ich meine Kindheit verbracht hatte, in dieser Zeit mit anderen Augen. Es grenzte verdammt nah an die Mauern, die den Friedhof umgrenzten. Alles war auf den ersten Blick unverändert und doch war alles anders.
Aber was ist das Bleibende in all dem Wandel? Antworten auf solche Fragen zu finden, das war und ist eine Kunst. Deshalb zog es mich ja auch schon in meiner Jugend zu den Menschen, die auf solche Fragen sinnvolle Antworten gaben. Zu Leuten wie diesem Bildhauer. Zu den Künstlern, die Unsterbliches schaffen, die frei über ihre Zeit verfügen und ein buntes Leben führen konnten. Fast wäre ich einer von ihnen geworden. Leider war von diesen kreativen Versuchen meiner Jugendzeit nichts erhalten geblieben. Kein Bild, kein Gedicht, kein Lied. Alles war verloren gegangen wie die Zeit, war irgendwann einfach verschwunden.

Exkurs

Eine Reise zu Ihren Wurzeln ist eine Zeitreise mit überraschenden Erkenntnissen. Besuchen Sie einmal Ihr Geburtshaus bewusst mit den Augen des inneren Zeugen, wann immer Gelegenheit dazu ist. Was ist von der Kinderzeit noch geblieben und was hat sich verändert?

Solche Überlegungen waren es, die mich in dieser Zeit immer wieder zum Haus meiner Kindheit und Jugend führten.

Jetzt in der Erinnerung kommt es mir so vor, als hätte ich trotz dieser grüblerischen Gedanken irgendwann mal aufgeblickt und beim Umsehen entdeckt, dass unser ehemaliges Haus leer stand. Ich merkte, dass die Haustür offen war, und ging hinein.

Meine Eltern hinterließen beim Auszug den Nachmietern einige Möbelstücke, darunter einen Kleiderschrank. Dieser Kleiderschrank stand in der sonst leeren Wohnung an seiner alten Stelle. Neugierig ging ich hin und öffnete die Türen. Der Schrank war leer, bis auf einen Karton auf dem Schrankboden. Ich erkannte den Karton sofort. Er gehörte einmal unserer Familie. Ich öffnete ihn. Obenauf lag ein von mir beschrifteter brauner Briefumschlag. Mein Herz schlug aufgeregt. Ich ahnte, dass ich hier einen Schatz gefunden hatte. So war es auch. Als ich die großen, zusammengehefteten Seiten durchblätterte, war die Freude groß. Es war das Exposé eines Musicals, das ich als Jugendlicher geschrieben hatte. Dankbar und aufgeregt nahm ich den Karton mit nach Hause. Dankbar auch, weil ich unentdeckt blieb.

Zu Hause machte ich mich sofort an die Lektüre. Ich zog mich in den ruhigsten Winkel zurück, den ich finden konnte, und las.

Da war Jonathan, der Held, der sich nach Ruhm und Geld sehnt.

Doch am Gipfel des Ruhmes gibt es für ihn ein böses Erwachen. Er fühlt sich innerlich ausgebrannt und sinnlos. Es fehlt ihm die Kraft, dieser inneren Verwüstung etwas entgegenzusetzen. Erst als er ganz tief in der Krise steckt und Todesangst von ihm Besitz ergreift, findet er seinen Traum wieder.

Visionsübung

Welche Gefühle steigen in Ihnen auf, wenn Sie an Ihre Jugend denken? Versuchen Sie diesen Gefühlen nachzuspüren und sie auszuhalten. Geben Sie allen aufkeimenden Gefühlen Raum, versuchen Sie zwischen diesen verschiedenen Gefühlen hin- und herzuschwingen wie das Pendel einer Uhr. Wo spüren Sie in Ihrem Körper welches Gefühl? Gibt es ein aufsteigendes gutes Gefühl, das mit einem besonders kraftvollen Bild verbunden ist? Mit einem Bild, das Sie inspiriert oder motiviert?

Gefühle von Freude, aber auch Trauer stiegen in mir auf. Freude, dass mein Held das Geheimnis des Lebens wiederfinden würde. Trauer über den langen Weg durch die Wüste. Mir war auch klar, dass ich damals meinen ganzen Lebensweg bis zur großen Vision meines Lebens, als Musical verkleidet, niedergeschrieben hatte. Alles ergab plötzlich wieder einen Sinn. Auch meine vermeintlichen Schicksalsschläge und Umwege.
Ich war nie einen falschen Weg gegangen. Alles gehörte zu meinem Weg. Nur dadurch konnte ich all die notwendigen Erfahrungen machen. Was ich damals intuitiv aufgeschrieben hatte, erkannte ich in der Rückschau glasklar als meinen Weg. Die Krisen meines Lebens waren Freiräume der Wandlung, in denen nicht nur das Fortschreiten, sondern auch das Scheitern und das Zögern, die Angst und die Wut eine Aufgabe zu erfüllen hatten.
Dieses Exposé war für mich in diesem Augenblick wie der Blick

vom Gipfel auf eine weite Lebenslandschaft unter mir. Der Fluss darin brauchte all diese Windungen, Stürze, Ausuferungen und Verengungen, um seinen Lebensgang zu erfüllen: um eins zu werden mit dem weiten Meer. Von dieser Warte aus war alles ein dauerndes Stirb-und-werde, das ich manchmal zu behindern versuchte und manchmal forcierte. Ich war wieder bei meiner Sehnsucht, aber diese Sehnsucht war jetzt wie ein Fluss, der mich zum Meer führt.

Seit dieser Erkenntnis fand ich zu einer Gelassenheit und zu einer neuen Aufgabe, die allen dient, nicht nur mir. Durch dieses Erlebnis wurde bei mir aber auch eine Ahnung zur Gewissheit: Dass jeder von uns den Bauplan seiner Lebensvision in sich trägt und dass jeder jederzeit seine Angst in Sehnsucht transformieren kann.

Viele Beispiele aus der Natur fielen mir damals ein – die Zwiebel, der Apfelkern, das Saatkorn. Alles trägt einen Bauplan des Lebens in sich und alles »sieht« von diesem Plan nur das, was als Nächstes werden will. So war es auch beim Menschen. Es ging nur darum, fündig zu werden im Blick auf sich selbst. Jeder Einzelne brauchte im Grunde nur das zu erkennen lernen, was in ihm als Nächstes werden will. Selbst wenn uns die Seele mehr schauen lässt, würde unsere Einsicht meist nicht weiter reichen als bis zum nächsten Schritt. Das hatte ich am eigenen Leib erlebt. Sich dies bewusst zu machen, vielleicht sogar dazu beizutragen, weiter und tiefer schauen zu lernen – sollte darin vielleicht meine neue Aufgabe bestehen? Diese Frage konnte ich mir noch nicht beantworten. Denn zunächst stand meine eigene Entwicklung an. Ich hatte dabei die besten Chancen, vom Lebensverweigerer zum Lebenskünstler zu werden.

Mehr und mehr wurde ich zum bejahenden Mitgestalter bei der Erfüllung meines Seelentraums. Ängste bekamen jetzt eine andere Bedeutung. Natürlich gab es Rückschläge, aber es gab immer auch zur rechten Zeit die Hoffnung, die mich ermutigte, den Ängsten zu begegnen. Ich durfte scheitern, ich durfte versagen. Manchmal führte die Überwindung der einen Angst über das Nachgeben und ein anderes Mal über Widerstand oder das Aushalten, je nachdem, was gerade zu lernen war. Wie hatte ich all das so lange vergessen können? Auch darauf gab es eine Antwort. Ich hatte aufgehört, die richtigen Fragen zu stellen, und dadurch die versteckten Muster übersehen, die mich hinderten, die Vision meines Lebens zu verwirklichen. Seither bemühe ich mich, wieder die richtigen Fragen zu stellen, Fragen, die meine innere Entwicklung betreffen. Zum Beispiel in einer Minute der Besinnung: »Wofür könnte das Erlebte Humus sein?« Oder: »Was will jetzt werden?« Oder: »Was kann ich mit meinem Schaffensdrang jetzt Erfreuliches bewirken?« Ich erkannte immer wieder, dass ich oft selbst mein größter Feind war, wenn es darum ging, meine Vision radikal, kreativ und bewusst zu verwirklichen.

Visionsübung

Wo im Körper würden Sie Ihre Schatzkiste gerne aufbewahren? Was ist der sicherste Ort in Ihrem Körper? Wie könnten Sie diesen Ort am besten beschützen? Probieren Sie einmal aus, wer und was Ihnen helfen könnte, dass dieser Ort so sicher wie irgend möglich wird; er soll ein sicherer Rückzugsort für Sie und Ihre Gefühle werden. Manche siedeln diesen inneren Ort im Bauch an, manche im Herzen, manche sogar im großen Zeh. Probieren Sie es aus, bevor Sie sich festlegen. Gehen Sie mal von Ihrem Ort aus in eine Begegnung mit anderen Menschen und wieder in Ihren inneren Ort zurück. Gehen Sie von dort aus wieder nach außen und bleiben Sie gleichzeitig ganz bei sich. Spüren Sie, wie Sie dadurch auch selbstsicherer werden. Spüren Sie auch, wie diese größere Selbstsicherheit auf andere wirkt.

Wenn Hans im Glück Maria küsst

»Ich bin die Geliebte eines verheirateten Mannes. Ich bin die Geliebte eines Mannes, der zugleich Vater von fünf Kindern ist. Vorher war ich die Geliebte eines Mannes, der weniger Kinder hatte. Ist doch schon ein Fortschritt, oder?«, begann sich die Dame zu outen. »Mein Schicksal ist es, die heimliche Geliebte von verheirateten Männern zu sein. Ich ziehe verheiratete Männer an wie das Licht die Motten. Wissen Sie, was das für ein Leben ist?« – »Sie kennen auch das Schicksal der Motten?«, fragte ich zurück. Die attraktive Dame ging nicht darauf ein. Wie so oft in den zurückliegenden Gesprächen wollte sie lieber in ihrer alten Opferrolle bleiben. Es genügte ihr, zu jammern, sich in Schuldgefühlen zu suhlen und nichts verändern zu müssen. Mir genügte das nicht. Genauer gesagt, einem Teil in ihr und einem Teil in mir genügte das nicht mehr.

Sie kennen ganz sicher auch diesen Teil in sich, der das Jammern der besten Freundin oder das Selbstmitleid eines Kollegen nicht mehr ertragen kann. Aber was tun? Sie haben im vorherigen Kapitel viel über die Kunst des Wahrnehmens erfahren. Sie haben auch erfahren, dass es einen Unterschied gibt zwischen wahrnehmen und etwas als wahr anzunehmen. Sie haben gelernt, wie leicht es ist, sich selbst zu belügen, und wie schwer, unsere eigenen Lügen zu entlarven. Fast so schwer ist es, die Lebenslügen von anderen Menschen zu erkennen und als Humus für das, was als Nächstes werden will, zu nutzen.

Wir belügen uns und andere Menschen nur so lange, bis wir bessere Lebensstrategien haben. Die Dame, die mir gegenübersaß, war für mich wie eine Raupe, die sich immer mehr verpuppt, weil sie vergessen hat, was ihr nächster Schritt auf dem Weg zum Schmetterling ist. Es gehörte zu ihrem Spiel, dass sie sich dann wieder wie ein Schmetterling gab, zwischen verschiedenen Futterpflanzen hin und her torkelte, um sich sofort wieder als eine arme Raupe darzustellen. Mit Raupen und Schmetterlingen verband sie noch eine andere Gemeinsamkeit. Sie erfinden sich immer wieder neu.

Es ist eine Kunst, sich immer wieder neu zu erfinden. Wenn wir dabei allerdings unser wirkliches Leben versäumen, zahlen wir für dieses Verwirrspiel einen viel zu hohen Preis.

Die Dame saß mir also gegenüber und ich durfte Zeuge dieser Verwandlungskunst werden. Zuerst versuchte sie, aus ihrer Opferrolle heraus meine Honorarvorstellungen zu drücken, dann lockte sie mit ihren hervorragenden Beziehungen in der High Society, dann kam das Machtspiel. Sie erklärte mir ausführlich, wie einflussreich ihre Position in dem Konzern wäre, in dem sie, kraft ihrer Beziehungen, eine der bedeutendsten Rollen innehatte. Sie erinnerte mich daran, dass einer meiner prominenten und einflussreichen Kunden auch zu ihrem intimen Bekanntenkreis gehöre. Zum Schluss holte sie noch das Schnurrkätzchen aus der Requisitenkammer, um dann endgültig zum Wesentlichen zu kommen, wie sie es nannte. Das Spiel interessierte sie nicht mehr.

Nach und nach erfuhr ich, dass nach ihrer eigenen Überzeugung ihre steile Karriere sehr eng mit der Rolle der Geliebten zusammenhing. Im Kielwasser erfolgreicher Chefs wäre sie nach oben gespült worden. »Kann denn Liebe Sünde sein?«, fragte sie mich provozierend, nachdem sie mit den ausführlichen Schilderungen ihrer »dualen Strategie« – so nannte sie ihre Karriereplanung – am Ende war.

»Am Ende« war sie auch im wirklichen Sinn des Wortes. Denn hinter der Maske von Selbstbewusstsein und Erfolg verbarg sich ein Mensch, dem mein tiefes Mitgefühl galt. Menschen mit großen Verletzungen sind oft auch gute Schauspieler. Solche Menschen erkennen Sie zum Beispiel daran, dass sie immer gut drauf sind oder immer alles im Griff zu haben scheinen. Aber auch Menschen mit einem übergroßen Freiheitsdrang oder mit einer ungewöhnlichen Bescheidenheit gehören oft dazu. »Heute so, morgen so« ist einer der auffälligsten Wesenszüge dieser Maskenmenschen.

Frau Hans im Glück

Unsere Dame hatte viel von einem solchen Maskenmenschen. Umso weniger zeigte sie von sich selbst. Wie können Sie einen Menschen erkennen, der sich selbst nicht mehr kennt? Was könnte die Sehnsucht eines Maskenmenschen sein und was seine Vision vom nächsten Schritt?
Die Dame saß jetzt da, wie ein kleines Kind vor dem Zahnarzt. Die Schmerzen waren nicht mehr so schlimm. Die Angst vor der Angst war dafür viel größer. Der Hals war leicht gerötet. Der flache Atem blieb im Brustbereich hängen. Wenn Sie Menschen in solcher innerer Einsamkeit erleben, schlage ich oft eine Übung vor, die ich auch der attraktiven Dame weitergeben wollte. Vielleicht begegnen auch Ihnen manchmal Menschen, die für diese Übung dankbar sind.

Visionsübung

Nehmen Sie zuerst wahr, wie der eigene oder der Atem des Menschen gegenüber wirklich ist. Ist es primär ein Einatmen? Ist es mehr ein Einsaugen? Ist es ein kurzes flaches oder ein langes tiefes Luftholen?
Luftbekommen ist ein Geschenk. Stellen Sie sich deshalb vor, dass Sie auch etwas zurückgeben möchten. Geben Sie den Atem, den Sie nicht mehr brauchen, dankbar zurück. Machen Sie aus diesem Geben und Nehmen ein Spiel. Spüren Sie, wie gut dieses Geben-und-Nehmen-Spiel Geist, Körper und Seele bekommt. Probieren Sie einmal aus, wie es Ihnen geht, wenn Sie tiefer einatmen und länger ausatmen.
Es kann sein, dass Bilder aus längst vergangenen Zeiten hoch-

kommen. Schauen Sie diese Bilder genau in dieser Einstellung an: Längst vergangene Bilder aus längst vergangenen Zeiten. Wenn Sie diese Bilder stören, stellen Sie sich einen festen Tresor vor, zu dem nur Sie Zugang haben, und sperren Sie diese Bilder ein. Atmen Sie einfach weiter, tiefer ein und länger aus. Sie werden Dankbarkeit und Freude ernten.

Nach dieser Übung huschte eine Spur Dankbarkeit über das Gesicht der attraktiven Dame. Danke konnte sie noch nicht sagen. Ihr Herz schon. Es öffnete sich und frischer Wind konnte in die dunkle, unbelüftete innere Kammer, die fast einer Grabkammer glich.

»Sie schauen jetzt aus wie Hans im Glück«, fing sie plötzlich an. Bei wem sich Wahrnehmung so verändert, sieht oft im anderen eine Veränderung, die primär in ihm selbst stattfindet.

»Wahrscheinlich bin ich dankbar und glücklich, weil sich in Ihnen etwas geöffnet hat«, antwortete ich ihr.

Dann fragte ich sie, ob sie mir erzählen könnte, was ihr an dem Märchen »Hans im Glück« so wichtig wäre. Sie stockte. Sie wolle dies nicht, noch nicht erzählen. Dafür begann sie sogleich, das ganze Märchen zu erzählen. »Soweit ich mich erinnere, war Hans im Glück ein guter Mitarbeiter. Einer, der wirklich was draufhatte. Sein Chef war mit ihm so zufrieden, dass er ihm freiwillig eine fette Abfindung mitgab. Wo passiert das heute noch, dass Sie als Abschiedsgeschenk einen echten Goldklumpen mitbekommen. Noch dazu so groß wie ein Kopf. Bei den heutigen Goldpreisen ein Vermögen, das frei und unabhängig macht. Da ist es Ihnen egal, was die Leute sagen. Der Hans im Glück geht also los und macht eine Menge strategischer Fehler: Er tauscht das Gold gegen ein Pferd, das Pferd gegen eine Kuh, die Kuh gegen ein Schwein und lässt sich zum Schluss auch noch Angst einreden. Angst ist ein schlechter Ratgeber. Deshalb lässt er sich auch noch sein Schwein abschwatzen um einer blöden Gans willen. Kein Wunder, dass er dann in die Röhre schaut.« – »In den Brunnen, meinen Sie?«, fragte ich dazwischen. »So genau nehmen es die Märchen nicht. Hans im Glück verliert auch noch die Gans und die Steine, also alles, was für einen beruflichen Neubeginn nötig gewesen wäre. So kommt er zurück, wie er damals ging: mit leeren Händen, aber sieben Jahre älter. Was das für unsereinen bedeuten würde, brauche ich Ihnen nicht zu erklären.«

Wie im Märchen

»Wann haben Sie das Märchen das letzte Mal gelesen?«, wollte ich wissen. »Als Kind!«, kam es wie aus der Pistole geschossen. Dann erfuhr ich eine traurige Geschichte voller schmerzhafter Verluste, voller Enttäuschungen und voller schlimmer Wunden. Immer misstrauischer, immer vereinsamter und ängstlicher wurde dieses innere Kind. Dazwischen die großen Enttäuschungen in der Liebe, die schlimmen Erfahrungen im Beruf, die große Sehnsucht nach Geborgenheit und Halt, mit immer den gleichen Tragödien, den gleichen Folgen.
Dann irgendwann die entscheidende Affäre. Er war Chef in einer großen internationalen Firma und immer unterwegs. Er hatte wenig Freizeit, aber viel Geld zur Verfügung und war verheirateter Familienvater. Sollte sie sich lieber anlehnen an ein Rohr im Wind oder hilflos im Sturm des Lebens treiben? Sie entschied sich für das Rohr im Wind. Ab dann ging alles scheinbar ganz einfach, ganz schnell und vor allem immer nur in eine Richtung: nach oben ... Eine gute Position, Geld und viel unterwegs – mit ihm. Die Wochenenden zum Ausruhen und Wundenlecken. Die Geliebte eines erfolgreichen, verheirateten Geschäftsmannes zu sein hat schon viele Vorteile, vor allem für eine Frau, die nicht mehr so dumm wie damals sein wollte.

Was störten da schon die dreißig Jahre Altersunterschied? Älter wird jeder. Was störte es da, dass er nur Sex haben wollte? Sie wollte auch nie mehr so wie damals lieben. Wenn man nicht so viel Gefühl investiert, kann man leichter einen klaren Kopf bewahren und hat alles besser im Griff, auch sich selbst. Manchmal erzählte er ihr von seinen Träumen: noch einmal ganz neu anfangen. Mit ihr irgendwo auf der Welt. Manchmal machte ihr das Angst, manchmal freute sie sich darauf. Irgendwann gestand er ihr, dass durch Sie auch wieder Sex mit seiner Frau möglich geworden war. Sie wirke so inspirierend auf sein Eheleben. Sie musste gute Miene zum bösen Spiel machen. Dann erwischte sie sich, wie sie eifersüchtig auf eine neue Kollegin wurde, die in letzter Zeit auffallend oft mit ihm auf Geschäftsreise ging. Sie überlegte sogar, ob sie der Ehefrau alles erzählen solle. Da spürte sie das erste Mal so etwas wie Hass und Rache. Aber als die junge Kollegin die Probezeit nicht bestanden hatte, war alles wieder vergessen. Sie macht seine Schweinereien nicht so mit, die blöde Gans, dachte sie sich. Nie hätte sie so etwas laut gesagt. Stattdessen strengte sie sich auch im Bett wieder etwas mehr an und drehte auf ihre Weise am Forderungskarussell. Ein neues Machtspiel begann. Er gestand ihr, wie sehr er sie liebte und dass er mit ihr, seiner einzigen Geliebten, alt werden wollte. Sie ließ ihn im Ungewissen und spielte die Klaviatur ihrer Möglichkeiten immer virtuoser aus. Langsam fand sie Gefallen an dieser Rolle. Vor allem, als sie im Kielwasser seiner Karriere nach ganz oben gespült wurde, was dem Bankkonto und dem Marktwert ganz gut bekam. Sie genoss alle Vorteile und forderte sie auch ein.

Exkurs

Kennen Sie auch so einen Karrieremenschen, der im Schlepptau eine heimliche Geliebte hat? Oder haben Sie eine Vermutung? Dann fühlen Sie mal in den Karrieremenschen und in die Ge-

liebte hinein. Sie werden dabei einen anderen großen Schatz erleben: Ihre Fantasie. Werden Sie also erstmals zum Zeugen Ihrer Fantasie.

Die Stunde der Wahrheit

Dann war das mit dem Traum, irgendwo in einem Hotel, als er sie wieder einmal bat, für immer bei ihm zu bleiben. Sie wäre so eine starke Frau. Nicht seiner Ehefrau, nein, ihr hätte er so viel zu verdanken. Darüber wunderte sie sich schon, schwieg aber ...

Die Seele schwieg nicht. Nicht mehr. Je mehr die Geliebte diesen Traum zu unterdrücken versuchte, umso lauter meldete er sich. Zu diesem Zeitpunkt kam die Dame zu mir.

Nun hörte ich als Zeuge der Seele von deren Nöten. Sie erzählte von ihren Sorgen in ihrer Bildersprache. Die Geschichte war so einfach und verständlich, dass ich mich wunderte, warum sie von der Träumerin nicht verstanden wurde.

Unsere Geliebte ging also im Traum, ausgestattet mit dem Lohn ihrer harten jahrlangen Arbeit, durch eine prächtige Frühsommerlandschaft. Sie freute sich ihres Lebens und darüber, dass sie nicht mit leeren Händen nach Hause kam. Allerdings wunderte sie sich, warum sie so langsam lief. Das nervte mit der Zeit. Irgendwann drehte sie sich um und bemerkte den heimlichen Geliebten hinter sich. Schwer und angestrengt versuchte er, mit der Frau Schritt zu halten. Jetzt erst bemerkte sie, wie alt er war und dass er zwei schwere Steine mitschleppte. Zuerst wollte sie ihm beide Steine abnehmen, dann überlegte sie, ihm nur einen Stein abzunehmen. Schließlich fragte sie sich, ob es nicht besser für sie wäre, ihren Weg alleine zu gehen. Plötzlich kam es in ihr hoch, dass sie dann ganz allein nach Hause käme. Was würden die anderen sagen? Die Frage erschien ihr so dumm, dass sie an den einfältigen Hans im Glück denken

musste. Auch die Sache mit den Steinen erinnerte sie an diesen dummen Hans. In dem Moment wurde ihr bewusst, dass der heimliche Geliebte ebenfalls Hans hieß. War das Zufall oder eine geheimnisvolle Botschaft?
Die Frage war mir nicht so wichtig wie eine andere Frage, die ich ihrer Seele stellte. »Stell dir vor, du kommst ans Ziel deiner Träume. Stell dir vor, nur du dürftest entscheiden, was dieses Ziel so traumhaft schön macht.« – »Dann wäre ich mein eigener Chef in meiner eigenen Firma. Überhaupt wäre ich endlich mein eigener Herr. Ich hätte keine Angst mehr davor, alleine durchs Leben zu gehen. Ich wüsste dann, was ich wirklich kann. Der Erfolg wäre dann mein Erfolg. Ich dürfte mich und meinen Erfolg ohne schlechtes Gewissen zeigen.« – »Und wenn sich dieser Traum erfüllt hätte, was wäre dann möglich?« Langes Seufzen, tiefe Stille. »Nie hätte ich gedacht, wie groß die Wunden sind, die eine verratene Liebe reißt. Trotzdem würde ich es wieder wagen zu lieben! Wenn ich so tief träumen könnte, würde ich mich wieder trauen, mich neu zu verlieben, ohne Hintergedanken, ohne Rücksicht auf Morallügen, Zwänge, Scham und all den Kram. Liebe lässt sich sowieso nicht auf Dauer unterdrücken. Die Natur fragt nicht nach dem Trauschein, zur Liebe gehört auch Eifersucht und Hass. All das nehme ich in Kauf.« – »Und wenn das alles erfüllt ist, was ist noch größer als dieser Traum?« – » Ich brauche dieses Geheimnis noch, damit es noch etwas zu entdecken gibt! Dies zu entdecken, irgendwann und irgendwo, das ist mein größter Traum.« – »Für unseren Hans im Glück bedeutet dies, wieder ganz bei sich, in seiner eigenen Mitte und eigenen Kraft zu leben. Er nennt diesen Zustand: daheim, bei seiner Mutter angekommen sein.« Ich konnte in diesem Augenblick alle großen Gefühle der Menschen wie Trauer, Wut, Zorn und Hass in den Augen der ungewürdigten, heimlichen Geliebten spüren und noch mehr die vielen damit verbundenen Bilder.

Exkurs: Heiße Tipps bei heimlichen Affären

1. *Eine Affäre ist eine Superchance für die Beziehung. Sie zeigt, was Ihre Beziehung neu beleben könnte.*
2. *Auch in der eigenen Beziehung ist Abwechslung erlaubt. Fantasieren Sie ruhig einmal!*
3. *Üben Sie sich in Schadensbegrenzung nach dem Motto: Sage immer die Wahrheit, aber sage die Wahrheit nicht immer.*
4. *Jeder hat ein Recht auf Liebe.*

So ist es oft im Leben: Wenn eine Reiseetappe zu Ende geht, drängen sich die Bilder verdrängter Gefühle wie Geister noch einmal aus ihren Gefängnissen, beseelt von dem Wunsch, sich auflösen zu dürfen im Strom der Liebe. Wichtig ist dabei, frei schauen zu lernen, statt eines dieser schmerzerfüllten Gefühle festzuhalten. Denn wer den anderen hasst, kann auch sich selbst nicht mehr lieben.

Wirklich glücklich

Wenn Sie Märchen als große Visionsgeschichten lesen können, erkennen Sie leicht, dass sie in der Sprache der Träume und damit der Seele geschrieben sind. Sie lesen dann Märchen wie Hans im Glück, so wie sie gedacht sind: als die Heimreise eines Menschen zu seinem großen Geheimnis, zu seinem großen Traum.
Bis zu einem bestimmten Punkt des Lebens wollte er Erfolg, Anerkennung, Reichtum, eben alles, was auch wir mit Gold und Glanz verbinden. So groß wie der Kopf war dieser Goldklumpen, nichts anderes hatte er im Kopf, denn da war kein Platz mehr für Nutzloses und Zweckloses. Bis dieses leichte Ungenügen kam. Soll das alles, wirklich alles gewesen sein? So

fragt es in solchen Situationen in unserer Seele. Wir beginnen den Preis für das Erreichte, also für den scheinbaren Reichtum, zu erkennen und wollen noch einmal unsere Vitalität erleben, so, als ob es kein Altern gäbe. Trotzdem oder weil es uns überhaupt nicht bewusst ist, wollen wir es noch einmal wissen. Der Preis ist uns egal. Dafür steht das Pferd. Der alte Ackergaul will noch einmal Rennpferd sein. Die Kuh, die wir dann gegen diese Scheinjugend tauschen, steht für den Preis unserer Unvernunft und dafür, was wir brauchen, wenn wir wieder einmal überzogen haben. Wiederkäuend erzählen wir dann zum Leidwesen vieler mütterlicher Menschen, wie sehr wir doch Verständnis, Fürsorge und Ruhe brauchen. All das eben, wofür die Kuh im Traum so steht. Für die eine oder andere Schweinerei sind wir uns trotzdem nicht zu schade, auch wenn wir uns danach wie eine dumme Gans vorkommen. Der Brunnen steht in allen Märchen und Träumen für einen radikalen Wandel. Noch einmal durch einen neuen Geburtskanal, noch einmal das Unbekannte wagen, aber diesmal geht es nicht um größer, schneller oder beeindruckender. Diesmal geht es um Vertiefung und um Lebensqualität. Es geht darum, noch einmal alles oder nichts zu wagen. Alten, lieb gewordenen Ballast abzuwerfen, aufzugeben, um frei zu werden für das wirklich Neue. Wie glücklich war die heimliche Geliebte, als sie erfuhr, dass sie bisher keinen falschen Weg gegangen war.
Einige Monate später saßen beide bei mir. Es ging ihnen darum, einen langen, gemeinsamen Weg zu würdigen und sich in dieser inneren Haltung zugleich von diesem Weg zu verabschieden. Er hatte sich entschlossen, die Steine nicht mehr zu tragen. Sie hatte sich entschlossen, selbstständig zu werden. Außerdem wollte er wissen, welche Bedeutung diese Steine für ihn hätten. Sie wollte wissen, ob dies auch sie betreffen würde. Immerhin hatte sie gehört, dass der Träumer immer nur von sich träumen würde. Also wäre dies doch auch ihre Last. »Um wie viele heimliche Geliebte geht es in diesem Schicksalsspiel?«,

fragte ich, ohne einen der beiden direkt anzusehen. Betretenes Schweigen. Lügen ist meist leichter als Schweigen. Vor allem, wenn es nach Hause geht.

Visionsübung

Lesen Sie das Märchen von »Hans im Glück«. Schreiben Sie sich die Stelle auf, die Sie am meisten berührt. Seien Sie sehr genau. Was genau berührt Sie wirklich am meisten? Welche Angst und welche Sehnsucht sind darin versteckt? Zu welchem nächsten Schritt könnte Sie diese Sehnsucht führen? Welcher Fortschritt könnte darin verborgen sein? Welche neue Ehrlichkeit könnte damit verbunden sein? Welche Belohnung könnte auf Sie warten? Beantworten Sie diese Fragen nicht sofort. Üben Sie sich in Geduld. Die Antworten kommen, auch wenn Sie erst beim Weiterlesen in Ihnen aufsteigen.

Viele unserer so genannten Schicksalsschläge bekommen einen anderen Sinn, wenn wir sie als Teil eines Prozesses erkennen, der uns zum Wesentlichen hinführen will. Was am Anfang nur undeutlich erkennbar ist, verstärkt sich im Laufe des Prozesses. Dann gibt es diesen scheinbaren Unfall, durch den sich plötzlich alles ändert. Eine andere Einstellung, ein anderes Interesse, ein anderer Sinn. Wir sehen plötzlich alles »mit anderen Augen«. Dies ist das Geheimnis der Prozesshaftigkeit. Wie dieser Punkt alles verändert und wie Sie zum Mitgestalter werden können, dieses neue Geheimnis wollen wir als Nächstes lüften.

Wenn Sie das sechste Kapitel Ihres eigenen Buches schreiben wollen, dann schreiben Sie sich jetzt frei. Frei von Vorurteilen und frei von scheinbaren Abhängigkeiten. Schreiben Sie, wie Sie sich von Menschen abhängig machten und warum. Schreiben Sie aber auch, wie Sie sich von diesen Menschen befreiten. Schreiben Sie Ihre eigene »Hans-im-Glück«-Geschichte. Und dann träumen Sie Ihren eigenen Entwicklungsprozess weit über die Gegenwart hinaus.

KAPITEL 7

Am Scheideweg

ODER:

DIE VISION VOM SECHSTEN SCHRITT

Auf dem Weg der Sehnsucht können Sie jetzt wieder bewusst zu einem mitfühlenden Wesen werden. Dafür müssten Sie allerdings Ihr Selbstmitleid aufgeben. Wenn Sie sich richtig entscheiden, werden Sie gleichzeitig eine alte Wunde heilen. Sie müssen nicht mehr geliebt werden und werden stattdessen zu einem Helden der Herzen. Machen Sie sich jetzt bewusst, was es heißt, ein Held der Herzen zu sein.

Wenn Sie an der Erfüllung Ihres Lebenstraums immer bewusster und kreativer mitwirken wollen, sollten Sie von Zeit zu Zeit prüfen, ob Sie Ihren inneren Empfänger auf den richtigen Sender eingestellt haben. Sonst laufen Sie Gefahr, in die Visionsfalle zu tappen. Statt Ihrer eigenen Lebensvision erfüllen Sie sonst fremde Visionen. Das aber macht mit der Zeit unglücklich, oft sogar krank. Dann schlafen Sie traurig in Ihrem bekannten Unglück, statt Ihre eigenen Antworten zu hören.

So ein Schlaf muss nicht sein. Aber auch unnötig Leiden muss nicht sein, wie Sie gleich aus der Geschichte von Bär und seinem Bärchen erkennen werden.

Während meiner Tätigkeit als Coach habe ich es sehr oft, dass mir Menschen ihre Biografie erzählen und nicht wissen, dass sie mir damit zugleich eine Landkarte ausbreiten, auf der ihr Weg zum großen Traum eingezeichnet ist. Nicht selten liefern sie sogar den Bauplan für ihr Lebensglück gleich mit. Es ist eine Frage des Bewusstseins, ob Menschen aktive Mitgestalter oder Opfer ihres eigenen Entwicklungsprozesses sind. Was werden will, braucht uns nicht. Die Mystiker und Weisen unserer Zeit gehen davon aus, dass wir ins Zeitalter des Erwachens hineingeboren wurden. Sich selbst transzendieren zu können, das wird zur Schlüsselqualifikation. Dies beginnt mit einem bewussten Ja zum Selbstwerden. Jeder Schritt in diese Richtung ist zugleich eine Befreiung. Es sieht bis jetzt so aus, dass nur wir Menschen diese Freiheit bekommen haben. Wie aber können Menschen dieses Geschenk der freien Entscheidung zur Visionsfindung nutzen? Wie können Sie selbst Unbewusstes wieder bewusst machen und den verloren geglaubten Sinn Ihrer Seelenbilder enträtseln?

Sie gehören zu den glücklichen Menschen, die auf dem besten Weg sind, ihre großartige Vision wieder zu entdecken und vor allem zu leben. Schritt für Schritt sind Sie bisher Ihren Weg gegangen. Schritt für Schritt haben Sie Ihren Seelenauftrag erfüllt und sind somit dabei, ein echter Lebenskünstler zu werden. Schneller, als Sie es jemals für möglich hielten, werden Sie bei sich und auch bei den anderen immer wieder die gleiche Dramaturgie erkennen: Kaum haben Sie sich in einer Phase Ihres Lebens gemütlich eingerichtet, tauchen die ersten Fragen auf. Noch haben Sie keine Antwort. Dann wird der Konflikt immer drängender: Das Neue wagen oder am Altbekannten festhalten? Wer wird siegen? Die Angst oder die Sehnsucht? Auch in unseren Fallgeschichten werden Sie den roten Faden immer deutlicher erkennen, der Menschen nicht nur behindert, sondern auch direkt zum großen Traum führen kann. Sie erkennen jetzt schon deutlicher als je zuvor, dass es nicht darum geht, das Gegenteil zu tun, sondern das Richtige. Nur weil Menschen das Gegenteil tun, heißt das nicht automatisch, dass sie damit auch das Richtige tun. Lesen Sie die folgende Geschichte von Bär und seinem Bärchen einfach mal unter diesem Aspekt.

Wenn Bären träumen

Dies sollte heute ein ganz besonderer Tag werden. Ich sollte Bärchen wiedersehen. Ich kannte Bärs Frau noch aus gemeinsam verbrachten Jugendtagen. Damals hieß sie Eva. Aber so wollte sie nicht mehr heißen, weil sie nicht nur die Rippe eines Mannes sein wollte. Am Telefon konnte sie sich sofort an diese Geschichte erinnern. »Das ist alles schon so lange her«, und trotzdem oder vielleicht gerade deswegen war es aktuell. Es sei immer noch genau ihr Thema. »Vielleicht weil du jetzt keine Lust mehr hast, irgendeine zweite Geige zu spielen?«, fragte ich nach. Ohne es zu wollen, gab ich ihr mit diesem Satz den Startschuss für ein neues Leben. Jahrelang litt sie darunter, bei allen Empfängen, Partys und Einladungen nur als die Frau an seiner Seite wahrgenommen zu werden. Bestenfalls fühlte sie sich als Scheinwerfer, der Bär ins rechte Licht rückte. »Schön, Sie kennen zu lernen. Sie erlauben, dass ich Ihrem Mann eine Frage stelle.« Danach ging es nur um ihn. So wollte, so konnte sie nicht mehr weiterleben. »Wer war eigentlich Adams erste Frau?« Mit dieser Frage empfing sie mich gleich beim Wiedersehen. Ihre ganze Körperhaltung verriet die große Anspannung. Die Hände waren gespreizt, die Augen fordernd, der Atem schnell und stockend. »Das ist alles nur ein Mythos«, versuchte ich ihre Erwartungen zu dämpfen, aber auch Zeit zu gewinnen.

Was sollte, was konnte ich ihr jetzt schon von diesem gewaltigen Mythos erzählen. Interessierte es sie jetzt schon, dass diese Fragen zu unseren tiefsten Fragen führen, zu Fragen wie: Warum gibt es überhaupt etwas, statt einfach nichts? Warum gibt es mehr als eines? Warum braucht es dann Luzifer? Ich entschied mich, auf der Bildebene von Macht und Liebe zu bleiben. »Adams erste Frau hieß im Mythos Lilith. Sie wurde verstoßen, weil sie ihre Vision von Frausein leben wollte. Aber sie blieb ihrer Vision trotzdem treu. Da wurde die Strafe grausamer. Zum Schluss nannte man sie Luzifer. Aber das Leuchten

konnte ihr niemand nehmen. Noch heute trägt sie das Licht ihrer Vision in sich. Es scheint so, als wäre ihre Vision lebendiger denn je.« – »Und das ist gut so!«, rief Bärchen. »Ihr Männer werdet euch noch wundern.«
Bär wachte auf. Leicht abwesend, so, als ob es ihn überhaupt nicht gäbe, hatte er bis jetzt dagesessen. Jetzt lachte er das erste Mal wieder so, wie ich ihn damals aus unseren vielen Streitgesprächen kannte. Wenn ich dieses Mädchen einmal heiraten darf, dann werde ich eine starke Frau heiraten, sagte er damals. Diese starke Frau brauchte er jetzt mehr denn je: Lilith war wieder erwacht. Das konnten wir gleich erleben. »Hinter jedem starken Mann steckt eine starke Frau. Bärchen ist tot, es lebe Lilith!« Als Bär mir dann die Geschichte des gemeinsamen Lebenswegs erzählte, wuchs meine Achtung vor dieser und allen unerkannten Liliths unserer Zeit, aber auch meine Achtung vor der Wirkung, die dieser gewaltige Mythos gerade heute auf uns hat. Ich wollte diese Energie halten und ersparte mir tiefer gehende Erläuterungen. »Eva war eine Erfindung kleiner, ängstlicher Scheinmänner. Eva war der schlimmste Verrat an uns Frauen. Die Verräter waren Männer, die damit auch sich selbst und ihre Vision von Liebe verrieten.« – »Vielleicht brauchte die Vision der Liebe diese lange Zeit des Schlafes, so wie die Träume.« Träume, schon wieder so ein Stichwort, das Lilith in Unruhe versetzte. »Hast du ihm schon deinen Traum erzählt?«, fragte sie ihren Bären. Damit sollte eine Geschichte beginnen, die zu wunderbaren Visionen führte. Ich erfuhr, dass Bär immer wieder vom gleichen Traum schweißgebadet erwachte. In der Weite Sibiriens streifte er in eisiger Kälte und größter Not umher. Da zog ein Schneesturm auf, verdunkelte die Landschaft und nichts war mehr zu sehen. Während er den Traum erzählte, war er wieder tief in diese hoffnungslose Welt eingetaucht. »Was brauchst du in so einer Umgebung, um zu überleben?« Meine Frage erreichte ihn, als er mit geschlossenen Augen dasaß. »Ein Bärenfell.« Dann fragte ich ihn, ob er in

diesen Traum noch einmal eintauchen möchte, um seine Vision darin zu finden. »Genau dies war die Hoffnung, als ich dir den Traum erzählte«, antwortete er erleichtert. Dann bat ich ihn, zuerst die Augen geschlossen zu halten, bewusst zu atmen und seine Füße auf dem Boden zu spüren. Nun schlug ich ihm vor, dieses Bärenfell in den Traum hineinzuträumen. Vielleicht wolle er das Bärenfell auch als einen warmen, schützenden Mantel überziehen. Er wollte einen Mantel aus Bärenfell. Bald fühlte er sich selbst wie ein Bär.

Aus Bärensicht war Sibirien nicht mehr so grausam. Aber trotzdem noch nicht schön. Ich ließ ihn in seiner inneren Bilderwelt weiter auf Spurensuche gehen und schlug ihm vor, sich weiter an der Sonne zu orientieren. Er trottete und trottete dem Sonnenuntergang entgegen, immer kraftloser und einsamer. Der Schnee wurde immer tiefer und die bevorstehende Nacht immer bedrohender. »Wie könnte diese Bedrohung weniger werden?«, fragte ich in seine Welt hinein. »Das einzig Schöne ist die Farbenpracht des Sonnenuntergangs«, spöttelte Bär. »Das ist eine Farbe wie beim Schmied, bevor er auf das glühende Eisen schlägt.« Dies war ein wichtiges Zeichen für mich. Wusste ich doch, dass der Schmied das Eisen nur bei einer ganz bestimmten Farbe schmieden kann. »Albisch« nennt man diese Situation im Mythos, bei der es immer um schicksalhafte Wandlung geht. Ich bat Bär zu beobachten, was geschieht, wenn er jetzt die Regie seiner Sehnsucht überlässt. »Dann möchte ich ihr Kameramann sein.« – »Wenn du also der Kameramann im Dienste eines berühmten großartigen Regisseurs bist, wie geht dieser Film dann weiter?« – »Dann bleibe ich beim Anblick dieses Sonnenuntergangs.« – »Und was ist dann möglich?« – »Die Sonne geht nicht unter, die Sonne geht auf!«, rief Bär aufgeregt. Aus meiner Erfahrung mit Traum- und Imaginationsarbeit weiß ich, dass Sonnenaufgang im Traum immer auch ein Symbol für Neubeginn ist.

Ich bat Bär, immer noch bei der inneren Sonne zu bleiben und

dem Lauf der aufgehenden Sonne zu folgen. Die Sonne wurde bald zum Wegweiser. Der Schnee wurde weniger. Die Berge wurden höher, der Himmel blauer. Das erste Grün, die ersten Sträucher, die erste Blüten sprossen.
Ich begleitete diese innere Reise wie ein achtsamer Lotse. Bär fand sich vor einem alten Gemäuer. Er suchte die Tür, wurde fündig, aber die Tür ließ sich nicht öffnen. »Ich will aber rein!«, rief er trotzig. Da bemerkte er seine Frau. Sie ging wie selbstverständlich durch die Tür und verschwand, noch ehe er rufen konnte. Ich bat Bär, den Traumfilm zurückzudrehen. Noch einmal und noch einmal drehte er den Film zurück. »Achte auf die Tür!«, bat ich ihn. Ein Coach braucht manchmal viel Geduld und Demut, wenn er Menschen zu ihrer Lösung begleitet, auch wenn er schon lange weiß, dass sich Eingangstüren nach innen öffnen. Bär rüttelte, zerrte, riss an der Tür, bis es Nacht wurde. Ich bat ihn, den Film immer wieder zurückzudrehen. Als Kameramann könne er das doch. Ich fragte ihn, ob er noch etwas einfügen oder verändern möchte, um das Türgeheimnis zu lüften. »Ich brauch einen Zoom!«, rief er. Aber er sah trotzdem nichts Auffälliges. Dann bat ich ihn, sich eine Zeit vorzustellen, in der er schon innerhalb dieser Gemäuer ist. Das Problem mit der Tür hätte er dann ja schon gelöst. Das gefiel ihm, da müsste er nichts mehr machen und bräuchte auch keine Versagensfantasien mehr zu haben. Er sah sich plötzlich im Innenhof meditativ wandeln. Alles war so wie in einem uralten Kloster. Er war kein Bär mehr, sondern ein Mönch. Er ging in seine Klause. Diese erinnerte ihn allerdings mehr an ein Büro als an eine Mönchsklause. Supermodern eingerichtet, mit Computern, die mehr konnten als er. »Worum geht es in diesem Gebäude?«, wollte ich wissen. Er zögerte keinen Augenblick: »Um neues Bewusstsein. Alles, was ich bisher tat, geschieht jetzt in einem neuen Bewusstsein, mit einem neuen Motiv, mit einer neuen Ausrichtung. Das ist alles. Ich mach alles, was ich so tue, in einem neuen Bewusstsein. Meine ganzen Erfahrungen, alles,

was so da ist, dient vielleicht einer neuen Geschäftsidee, mehr nicht. Das Neue hat irgendwas mit Gesundheit und Bewusstsein zu tun. Das erkenne ich aus den vielen Prospekten, die da herumliegen. Wieder gut drauf sein, damit ich dazu beitragen kann, dass andere auch wieder gut drauf sind, darum geht es ab jetzt für mich und scheinbar auch für meine Frau. Ein paar sinnvolle Spuren hinterlassen. Aber das braucht noch.« – »Dann bist du ja keinen falschen Weg gegangen, denn du bist ja dort angekommen, wo es für dich jetzt stimmt. » Ich bat Bär, sich in seinem inneren Raum umzusehen. Er sah einen großen Wandkalender mit der Jahreszahl. »Oh, das dauert ja doch nicht mehr lange. Ich wollte eigentlich noch im Computer stöbern, aber das ist jetzt nicht so wichtig. Lieber schaue ich nach meiner Frau.« Ich schlug Bär vor, die Augen weiter geschlossen zu halten und mit dem Sehnsuchtsregisseur nach seiner Frau zu suchen. »Mach ich, okay. Jetzt gehe ich hinaus auf den Hof, zur Tür. Ich öffne die Tür ganz selbstverständlich, denke noch kurz daran, dass die Tür irgendwann mal nicht aufging, aber obwohl ich sie wie vorher zu mir ziehe, geht sie jetzt wie selbstverständlich auf.« Ich ließ seiner Verwunderung Raum und Zeit. Erst dann gab ich ihm den entscheidenden Hinweis: »Da gibt es einen kleinen Unterschied: Jetzt bist du innen, vorher warst du außen«, gab ich zu bedenken. Er begann zu verstehen. Wir einigten uns darauf, dass ich ihn langsam aus seinem Traum hinein in sein Tagbewusstsein führte.

Wenn Bilder sprechen

Es gibt viele Wege, die uns zu unseren inneren Seelenbildern führen. Einer davon ist die navigierte Imagination. So nenne ich eine Technik, die unserem unbewussten Sehnsuchtsdrehbuch folgt. Wichtig dabei sind die Richtung und die Ausrichtung auf die Transformation. Bei Bär wurde das Türproblem nur dadurch gelöst, dass ihn die Sehnsucht in die Position führte, in der er das Problem schon gelöst hatte. Dadurch wurde ein neuer Schritt möglich. Er verlor die Angst vor der ungewissen Zukunft. Mehr wollte er in dieser Phase aber auch nicht wissen. Mehr Bilder hätten ihn vielleicht sogar überflutet.

Menschen, die sich an einem Scheideweg befinden, können sich oft auch deshalb nicht entscheiden, weil Bilder aus der Vergangenheit die Entscheidung erschweren. Träume, wie die von Bär, deuten auf solche ungelösten Konflikte in der Vergangenheit hin. Das Neue wird zugleich als existenzbedrohend erlebt. Als er »über den Berg« war, konnte er schon das Symbol seiner nächsten Vision erkennen. Rückzug, um einen neuen Platz zu finden und mit neuen Gleichgesinnten, neue Aufgaben anzugehen und darin aufzugehen. Die Klostertür zeigte ihm zugleich seine Prüfungen. Es ging nicht darum, einfach so weiterzumachen wie bisher, sondern die Richtung radikal zu ändern.

Bevor die neue Aussicht zu genießen ist, geht es zuerst um Einkehr und Einsicht, um Konzentration, statt um Expansion. Es geht für ihn nicht darum, ein Einsiedler zu werden, sondern seinen Erfahrungs- und Wissensschatz neu zu nutzen. Seine Frau gibt ihm entscheidende Impulse, aber er nutzt zuerst das Wissen seiner Frau nicht. Die Frau ist zugleich Symbol für seine eigene weibliche Seite. Er weiß sogar schon, worum es bei ihm jetzt gehen wird. Um neues Bewusstsein und darum, wofür er seinen schöpferischen Geist einsetzt. Der große Wandkalender zeigt ihm, dass alles seine Zeit hat. Der Computer ist das Symbol des bisherigen Wissens, aber auch Symbol dafür, dass er zu allem kollektiven Wissen Zugang hat. Es geht ihm nicht verloren, es ist gespeichert. Wenn er in sich ruht, kann er auch wieder nach außen. Der nächste Schritt führt also zuerst nach innen.

Exkurs: Fantasie und Co.

Nehmen wir uns gemeinsam kurz Zeit für einige Begriffsklärungen:
Fantasie ist für mich die Kraft des menschlichen Geistes, die mithilfe unserer Kreativität unsere Vorstellungen erzeugen, bewahren und wiedergeben kann. Sie entspricht unseren äußeren Sinneswahrnehmungen.
Imagination ist in Abgrenzung dazu die Fähigkeit, Situationen, Lebewesen oder Gegenstände in die innere Gegenwart zu holen. Dazu benötigt man, anders als beim Erinnern, keine realen Grundlagen.
Eros ist für mich die kollektive Urkraft aller Schöpfung, also der schöpferische Geist, aus dem heraus sich alles schöpft.
Kreativität ist die individuelle schöpferische Kraft, die uns neue Sichtweisen, Einfälle und Lösungen finden lässt.

Wenn wir all das, was in einem Visionsprozess als innere Bilder aus unserer unbekannten Tiefe aufsteigt wie Quellwasser aus dem harten, scheinbar undurchdringlichen Fels, mit dem Wissen eines Neurobiologen zu deuten versuchen, würden wir andere Antworten bekommen, als wenn wir es als Quantenphysiker oder als Tiefenökologe, als Therapeut oder Mystiker betrachten würden.
Der Quantenphysiker würde uns vielleicht erklären, dass alles Erinnerungen sind. Erinnerungen an etwas bereits Vorhandenes. Der Tiefenökologe würde das oberste Streben nach Koexistenz in den Mittelpunkt seiner Erklärungen stellen. Der Mystiker würde auf das Verbindende zwischen dem Sichtbaren und Unsichtbarem zwischen Diesseits und Jenseits, zwischen Gut und Böse hinweisen, der Therapeut jedoch auf den Konflikt. Der Visionscoach aber schaut auf die dahinterliegende Transformation. Beim genaueren Hinschauen mer-

ken alle, dass sie sich letztendlich nach dem Gleichen ausrichten.
Mir wurde das einmal mehr bewusst, als ich meinen Blick auf die Neurobiologie richtete. Anlass war ein Kongress, bei dem über die Krankheiten unserer Seele gesprochen wurde. Auch um neue Antworten wurde gerungen.
Ich erfuhr, wie sehr innere Bilder unsere Wahrnehmung beeinflussen; wie Menschen zu Göttern werden können, also zu Erschaffern ihrer eigenen Wirklichkeit.
Ich erfuhr, dass diese Wirklichkeit vom Grad unseres Vertrauens oder Misstrauens beeinflusst wird und dass es deshalb darum gehen müsse, Vertrauen stiftende innere Bilder zu erzeugen. Es ging also einmal mehr um Bewusstsein und ein glückliches Leben. Darauf waren auch die Fragen ausgerichtet.
Dann könnten wir doch mit dem nötigen Wissen und Bewusstsein Glückspillen produzieren und damit helfen, das Leben immer bewusster zu einem Glückstrip zu machen.
Später kam von einem alten Psychiater die Antwort als Frage zurück, ob man denn an dem Allerweltsbeispiel Depression schon aufzeigen könnte, dass Serotoninmangel das Ergebnis oder die Ursache von Depressionen wäre. Fest stehe doch nur, dass Depressive zu wenig dieses Botenstoffes im Gehirn haben.
Schweigen in der Runde. Die letzte all der Antworten ging in die Richtung, dass es nur eine Frage der Zeit sei, bis noch viel mehr möglich wäre.
Ich musste später noch erfahren, dass wir Menschen uns damit eine entscheidende Antwort schuldig bleiben, die übrigens viel mit Bär zu tun hat.

Visionsübung

Versuchen Sie, aus Ihrem inneren Schutzraum heraus einige Fragen zu beantworten. Eine dieser Fragen könnte sein: Wann habe ich jemandem das letzte Mal einfach so, ohne Zwang-

und Zweckgedanken geholfen und warum? Wie ging es mir danach? Wann wurde mir das letzte Mal einfach so geholfen? Wie ging es mir danach? Wie ging es mir, wenn diese Hilfe versagt wurde?

Ein Auftrag aus der Tiefe unseres Herzens

Manche Veränderungen kündigen sich durch einen Namenswechsel an. Eva wollte ab jetzt nur noch Lilith heißen, aber damit sollte alles erst beginnen. Irgendwann erfuhr ich, dass Liliths Mutter schwer krank geworden war. So nutzte ich Liliths Besuch, um nach dem Befinden der Mutter zu fragen. Aus der schroffen Antwort erfuhr ich, dass beide schon länger nicht mehr miteinander redeten. Als Coach ist es Ihre Aufgabe, dem anderen seine freie Entscheidung zu lassen, auch wenn Sie das Unglück heraufziehen sehen wie ein Erdbeben, das seine Kraft aus lange aufgestauten Energien bezieht. Damals, als sich Lilith noch Eva, aber noch nicht Bärchen nannte, war sie im Streit von ihrer Mutter gegangen. Die Mutter war vom eigenen Schicksal so gefangen, dass sie ihrer kleinen Eva ein Leben wie ihres ersparen wollte. Eva sollte sich nie abhängig von Männern machen. Eva machte genau das Gegenteil.
Jeder von uns hat so eine kleine Eva in sich, die genau das Gegenteil macht. Aber Sie wissen ja, dies macht auch unfrei. Als Eva sich endgültig entschloss, das Bärchen von Bär zu werden, kam es zum Eklat. Eva warf damals ihrer Mutter vor, nur eifersüchtig und neidisch zu sein, weil sie keinen solchen Traummann bekommen hatte. Die Eva von damals, die danach von ihrem Mann immer Bärchen gerufen wurde, wollte ihre Mutter nie mehr sehen. Sie zog mit ihrem Bären in die neue Welt. Seitdem herrschte Funkstille.
Konflikte, die nie wirklich gelöst wurden, wirken wie Tsunamis. Die Mutter starb ohne das erhoffte klärende Gespräch.

Bärchen versank in Schuldgefühlen wie ein kleines Kind im Morast. Darin steckte sie noch, auch wenn sie mittlerweile schon Lilith hieß. Jetzt schien die Zeit reif, um das verstehen zu lernen. Auf diesem Humus wachsen die heilsamen Visionen.

Wir nutzten für die Visionsarbeit wieder eine bewährte Imaginationstechnik, die ich »Zeitreise« nenne. Sie lassen sich von Ihrer Seele in eine Zeit hineinführen, in der ein aktueller Konflikt schon gelöst ist. Von dieser Metaebene aus können Sie Antworten bekommen, die zu neuen Einsichten und Lösungen führen. Die Lösung war für Lilith möglich geworden, als sie erkennen konnte, dass die als Sorge maskierte Liebe der Mutter zu diesem Missverständnis führte. Es war ihr sogar möglich, auch Eva, dieses verliebte Mädchen von damals, zu würdigen. Die Tore zu Versöhnung und Frieden waren geöffnet. Der nächste Schritt wäre für unsere krisengeschüttelte Lilith nun der lange überfällige Besuch des Muttergrabes gewesen.

Lilith war dieser Besuch damals unmöglich. Zumindest zählte sie verschiedene Gründe auf, warum dieser Besuch nicht möglich war. Deshalb wählten wir eine einfache, aber sehr heilsame Technik, die ich Ihnen gerne verrate. Ich schlug Lillith vor, in ihrer Fantasie eine Seelenreise zum Muttergrab zu unternehmen. So eine Arbeit ist eine zugleich einfache, aber auch wirksame Intuitionsschulung.

Intuitionsübung

Nehmen Sie ein Blatt Papier und Schreibzeug. Stellen Sie sich jetzt vor, Sie würden mit Ihrer Seele an den Ort und die Zeit kommen, wo Klärungsbedarf besteht. Ein letzter versäumter Abschied vielleicht oder eine Aussprache, die so nicht mehr möglich ist. Lassen Sie jetzt Ihre Seele das Versäumte nachholen, indem Sie sich freischreiben. Schicken Sie Ihren Verstand solange in Urlaub. Lassen Sie es einfach aus sich herausfließen,

solange es fließen will. Dann lesen Sie es sich oder einem Menschen, zu dem Sie größtes Vertrauen haben, vor.
Danach verbrennen Sie die Zeilen und übergeben sie somit der großen Seele.

Lilith schickte mir ihren Seelenbrief einige Zeit später und bat mich, ihn zu lesen. Er war sorgfältig, wie von Kinderhand geschrieben. Mir fiel auf, dass bei einigen Buchstaben die Tinte verwischt war. Es könnten kleine Kindertränen gewesen sein. Ich öffnete und las:

Tränen um eine längst verflossene Liebe

Ich war dort. Von der kleinen Friedhofskapelle drangen Orgeltöne herüber. Ein inniges Lied. Mir kam plötzlich in den Sinn, Mutter würde mich durch diese Töne noch einmal berühren wollen. Vielleicht wollte sie mir noch einmal die Hand geben, noch einmal den versäumten Abschied nachholen, noch ein letztes Mal die im Dunkel versunkenen Erinnerungen an unser gemeinsames Leben mit Licht und Musik zum Strahlen bringen. Der Nebel war durchlässiger geworden. Bläulich weiß filterte er jetzt die Sonnenstrahlen. Hin und wieder schien sogar ein Stück blauer Himmel durch. Wie konnte ich jemals übersehen, dass im Licht deiner Augen reinste Liebe floss, wie konnte ich jemals vergessen, dass deine Angst um mich reinste Liebe war.
Ich kam beim Lesen ins Stocken, erinnerte mich an meinen eigenen inneren Beobachter und las aus dessen Position weiter.
»Das Sonnenlicht tänzelt in der klirrenden Kälte über dem frischen, mit Blumengebinden und Kränzen bedeckten Grab. Den aufgesteckten erfrorenen Schnittblumen werden auch die kräf-

tigsten Sonnenstrahlen nicht mehr zum Leben verhelfen können. Aber den vielen Pflanzen auf den Gräbern um mich herum, den Blumenzwiebeln unter der Erde und den zart erkennbaren Knospen an den Zweigen, denen können sie Hoffnung bringen.

Unter der Wiese, ein paar Schritte weiter, steckten viele Frühblüher-Zwiebeln. Das wusste ich aus den vorangegangenen Jahren: Bald würden Schneeglöckchen blühen, dann Winterlinge und darauf Krokusse und die ersten Tulpen. Diese Zwiebeln haben es leicht. Sie wissen, was aus ihnen werden will. Aber was will aus mir werden? Weiß ich das? Wie sagte mir ein Freund: Minuten an Gräbern von geliebten oder gehassten Menschen können zu Zeittoren werden, die uns in neue Erkenntnisräume führen. Wir brauchen nur die richtigen Fragen zu stellen.

Meine Fragen kommen immer noch von Selbstzweifeln zergrübelt bei dir an. Deine Antworten, liebe Mutterseele, kommen trotzdem, zwar leise und meist als Zufälle getarnt in mein Leben.«

Der Text schien hier zu Ende zu sein, da bemerkte ich, dass auf der Rückseite des Blattes in kleiner, krakeliger Schrift noch etwas dazugeschrieben worden war. Viel später erfuhr ich, welches Wunder sich hinter diesen Zeilen versteckte.

»Auch Tagträume sind Zufälle, wenn sie bewusst gemacht werden. Ich weiß nicht, wie lange die Frau schon hinter mir stand. Ich wurde auf sie aufmerksam, nachdem ich versucht hatte, noch eine Kranzschleife freizulegen. Die Frau nickte mir so freundlich zu, dass mir Tränen der Dankbarkeit aufstiegen. ›Die Mutter war's …‹, murmelte sie halb fragend und schwieg. Die Stille war zum Greifen. Dann hörte ich sie sagen: ›Wer einen anderen Menschen wirklich liebt, lässt ihn den eigenen Weg finden.‹ Nach längerem Schweigen fuhr sie fort: ›Mütter schauen tiefer, und oft sehen sie früher und klarer, was aus Kindern werden will.‹ Da bemerkte ich, dass die Frau Ähnlichkeit mit

einer Frau hatte, die bereits von dieser Welt gegangen war. Mit meiner verstorbenen Mutter. Oder war das alles nur ein heilsamer Tagtraum gewesen, in dem mir meine, als Mutter verkleidete Seele geantwortet hatte?
Ich beschloss, dem Zufall vertrauen zu lernen, auch wenn dieses Vertrauen noch wie eine Blumenzwiebel verborgen in mir ruhte. Meine Gedanken drehten sich um die Liebe. Wenn Liebe den Blick auf unser Wesen freigibt – wie das Sonnenlicht den Blick auf unsere Welt –, könnte dann nicht die Liebe zu mir selbst den Blick auf meinen tiefsten Wesenskern, auf mein Geheimnis freigeben und vielleicht sogar die Fragen aller Fragen beantworten. ›Was will denn aus mir noch werden?‹ – ›Warum soll es mich eigentlich noch geben?‹ Ich schaute nach oben. Der Mond hatte sich noch nicht vom Firmament verabschiedet. Er grüßte vom kühlblauen Himmel zart gezeichnet herab. Im Blau war die Unendlichkeit zu ahnen. Unendlich viele Monde, Planeten, Sonnen und Galaxien.«

Ich möchte nicht versäumen, Ihnen noch die Geschichte des Wunders zu verraten. Kurz bevor mir Lilith ihren Text schicken wollte, entschloss sie sich doch noch, das Unmögliche zu versuchen und das äußere Grab ihrer Mutter zu besuchen. Als sie vor dem Grab zögernd zu beten begonnen hatte, geschah das Unfassbare. Sie spürte zuerst die Energie ihrer Mutter, einer Mutter, die ihre Augen vor Erschöpfung geschlossen hatte. Aber auch eine erschöpfte Mutter erlöst die Einsamkeit. Das tat früher schon gut. Und auch jetzt tat es gut.
Auch wenn das alles nur Einbildung gewesen sein sollte, wollte sie es wenigstens niederschreiben. Damit es nicht vergessen ist, ließ mich Lilith wissen, was sie geschrieben hatte.

Grenzen aus Liebe

Bei Geschichten, die aus dem Herzen kommen, steigen manchmal auch eigene Erinnerungen in uns hoch. Sie haben sicher auch Themen, die schnell alte innere Bilder aktivieren. Das sind Chancen, die der Befreiung von alten Kinderängsten dienen und alte Kinderängste in heilsame Sehnsüchte transformieren helfen. Mir halfen Liliths Geschichten, um auf die Straße der Sehnsucht zurückzukehren.

Als Friedhofskind hatte ich oft erlebt, wie schnell Tränen versiegen können, wenn die Liebe über den Tod siegt. Mein Spielplatz war der Friedhof und so war ich schon bald zum Experten für die Geheimnisse des Lebens geworden. Wie gesagt: Mein Vater war Friedhofsgärtner. Wir lebten vom Tod und dem, was der Tod möglich machte.

Ein frisches Grab bedeutete Arbeit und Arbeit hieß: überleben können. Erst seit dem plötzlichen Tod meiner Mutter gingen mir darüber hinausführende Gedanken durch den Kopf, fand ich zum Tod eine andere Einstellung.

Durch meine langjährige Arbeit an mir und den dunklen Seiten meines Lebensbuches weiß ich um die Kraft der traurigen Bilder in uns. Ich weiß, dass sie Glück und Freude wie schwarze Löcher verschlucken. Ich weiß aber auch, dass diese Sogkraft von unseren unerlösten Geschichten ausgeht. Sie können uns hineinziehen wie in einen Wasserstrudel und uns handlungsunfähig machen.

Eine kleine Visionsgeschichte

Eine Frau war dafür bekannt, dass sie mit allen und jedem mitleiden konnte. Das machte sie krank und immer kränker. Da betete Sie und bat um Hilfe. Es kam, wie es so oft kommt: Die Hilfe kam als Traum. Sie träumte, dass sie in einen großen Saal kam, der einer Maschinenfabrik ähnelte. Große Schraubstöcke stan-

den in dem riesigen Saal in Reih und Glied. Vor jedem Schraubstock ein Mensch. Die linke Hand eingezwängt. Die rechte Hand frei. Wie kann ich nur bei so viel Leid mit freien Händen herumlaufen, dachte sich die Frau und zwängte sich auch die linke Hand ein. Die Schmerzenstränen flossen ihr sogleich über die Wangen. Da verirrte sich ein Kind in den Saal, schaute, versuchte auch, seine linke Hand einzuzwängen, spürte die Schmerzen und drehte gleich mit der anderen Hand den Schraubstock wieder auf. Das sahen die Erwachsenen und machten es dem Kind nach. Nur die Frau mochte das nicht nachmachen. Als schon lange alle befreit nach Hause gegangen waren, stand sie immer noch am Schraubstock eingezwängt und weinte.

Wem die Seele einen so klaren Traum schenkt, der bekommt zugleich die Richtung, in die der nächste Schritt gehen soll. Die Botschaft für die mitleidvolle Dame lautete: vom Mitleid zum Mitgefühl. Geteiltes Leid ist nur so lange halbes Leid, wie es hilfreich ist. Das kleine Kind spürte, wie sich so ein Schmerz anfühlt. Aber es blieb nicht in diesem Schmerz hängen. Sein erfolgreicher Befreiungsversuch brachte die anderen auf die Idee, es auch zu versuchen. Hilfe zur Selbsthilfe nenne ich das. Der nächste Schritt nach der Idee ist die Tat. Hier liegt auch eine der geheimnisvollen Botschaften Luzifers versteckt: Durch die »2« eine Wahlmöglichkeit zu bekommen, wie es auch gehen kann. Im Mitleiden stecken bleiben, das ist der Angstweg. Vom Mitleiden ins Mitgefühl kommen, das ist der nächste Schritt zum Weg der Sehnsucht. Dabei kann Ihnen Ihr innerer Zeuge sehr helfen. Er hilft Ihnen auch, wenn es darum geht, eigenes und fremdes Leid unterscheiden zu lernen.

Eine andere Strategie, um uns nicht sofort in eigene oder andere emotionale Strudel hineinziehen zu lassen, lautet Verdrängen. Verdrängen ist eine geniale Erfindung unserer Schöpfung. Sie hilft uns, Zeit zu gewinnen, damit wir die richtige Antwort finden können. Dabei dürfen wir zwischen Totstellen, Fliehen oder Kämpfen wählen. Mehr Wahlmöglichkeiten lässt uns die Schöpfung nicht. Oft sind wir mit dieser Freiheit des Wählens schon überfordert und bleiben lieber im Verdrängen hängen. Bis wir irgendwann die Schatten dieses Verdrängspiels radikal erleben.

Die Frau vom »König der Spartaner« erlebte dies genauso wie unser Kriegsberichterstatter. Beide können Ihnen hierzu eine eigene Lebensgeschichte erzählen.
Die Frau erzählte mir viel später, nachdem die Trennung von ihrem Mann schon in ein neues, kraftvolles Leben geführt hatte, dass das ähnlich leidvolle Kinderschicksal des Königs der Spartaner der Auslöser für sie gewesen war, diesen zu heiraten. Der versteht mich wenigstens, war damals ihre Hoffnung. Als ihre Angst noch ein Kind war, schaute sie zu, wie der große Bruder der Angst, den die Erwachsenen Tod nannten, in einem großen schwarzen Auto vorfuhr, um den Vater abzuholen. Er versteckte ihn in einem großen schwarzen Loch und da blieb er für immer. Seitdem wollte die Angst nicht mehr alleine sein und klammerte sich wie ein Teufel an das kleine Mädchen. Das merkten immer mehr Menschen und missbrauchten das Mädchen. Sie hatten die Angst im Gepäck. Auch der eigene Ehemann gehörte dazu. Angst vor Trennungen haben viele Menschen. Aber so große Angst haben nur Menschen mit solchen Schicksalen. Ich bekam eine Ahnung, durch welche Krisen diese Frau gegangen sein musste, bis sie so einen Trennungsschritt wagte. Die scheinbare herzlose Seite bekam noch eine andere Seite. Das Bild wurde vollständiger. Die Trennung war ein Akt der Liebe, zuerst ein Akt der Selbstliebe. Als dieser Schritt vollzogen war, konnte sie auch ihren Hass auf ihren ehemaligen Mann erlösen. Heute berät sie übrigens Menschen mit Beziehungsproblemen.
Der Kriegsberichterstatter kann Ihnen eine andere Geschichte

erzählen. Vielleicht finden Sie sich darin wieder. Es kann auch gut sein, dass Ihnen die Antwort seiner Seele bekannt vorkommt. Eine Antwort, die ihn direkt in die Vision seines nächsten Schrittes führte.

Oskar, so darf ich mittlerweile den Kriegsberichterstatter nennen, wuchs in ärmlichsten Verhältnissen auf. Da sein Vater in den Wirren des Krieges umkam, kannte er den Vater nur aus Erzählungen. Was er noch von ihm kannte, waren einige, in einem Schuhkarton verpackte, persönliche Utensilien. Dazu gehörten ein Bild und ein letzter Brief an die Mutter. In Zeiten größter Einsamkeit las die Mutter diesen Brief. »Wir werden noch viele gemeinsame Sonnenaufgänge erleben, denn unsere Liebe ist stärker als der Krieg. Wir werden die glücklichste Familie auf der Welt werden. Unser Sohn wird dich sehr an mich erinnern, wie alle Söhne, die das Geschenk einer so großen Liebe sind.«

Ja, das stand in diesem Brief. Der kleine Oskar durfte ihn sogar selbst lesen, als er lesen konnte. Aber nicht nur deshalb war der Brief schon so sehr verschmiert. Der kleine Oskar ging in seinen Spielen sehr früh auf die Suche nach dem verlorenen Vater. Einmal wurde er fast fündig. Da sah er Mutter mit einem fremden Mann im Bett. Der Mann lag genau dort, wo der kleine Oskar sonst lag. Oskar bekam große Schuldgefühle, als er sich wünschte, dass der fremde Mann lieber wieder dorthin zurücksolle, wo er hergekommen war: in den Krieg. Er erwischte sich sogar, wie er mit seinem Holzgewehr auf den fremden Mann zielte. Kurze Zeit später weinte Mutter sehr. Der fremde Mann war in ihren Armen gestorben. Genau dort, wo er lag, als der kleine Oskar ihn mit seinem Holzgewehr erschossen hatte. Er erzählte niemandem davon. Er ließ alle in dem Glauben, der fremde Mann wäre gestorben, weil sein Herz aufgehört hatte zu schlagen. Seit dieser Zeit zog es ihn in den Krieg. Seine Waffe war zuerst der Holzbleistift, dann das Mikrofon, zuletzt kamen Kamera und Laptop dazu.

Zu Beginn kam er sich als der eigentliche Held der Kriege vor. Er durfte dorthin, wo andere nicht hindurften. Er sah immer öfter, was eigentlich nicht für ihn bestimmt war. Seine Intuition wurde immer wacher, wenn es darum ging, Geheimnisse zu lüften. Irgendwann stellte er allerdings fest, dass er einen hohen Preis dafür zahlte. Er konnte nicht mehr weinen, nicht mehr lachen. Er hatte nur noch dieses Pokerface. Manche nannten ihn sogar so. »Gefühle, das ist was für Weicheier«, war sein Ausspruch. Dann passierte dieses Missverständnis, das ihn beinahe das Leben gekostet hätte. Man fand ihn zusammen mit ein paar angeschossenen Kindern. Eines davon hielt er hoch, damit man wenigstens ein Kind rette, wenn schon sonst alles verloren war.

Das Kind hatte ihm das Leben gerettet. So erzählte er später. Denn dadurch wurde man auch auf ihn aufmerksam.

Oskar, der Kriegsberichterstatter, stellte sich damals erstmals die entscheidende Frage: Was fehlt dir? Wer sich zum rechten Zeitpunkt die entscheidende Frage stellt, hat die Vision vom nächsten Schritt schon erfüllt. Es ist diese Frage, die selbst den großen Parzival erlöste.

Seit dieser Zeit wusste auch Oskar: Die großen Mythen der Menschheitsgeschichte sind immer auch Visionsgeschichten. Für Parzival war das Leben ein ewiger Krieg. Wer das Leben nur als Krieg erlebt, kann nur eines: kämpfen. Wer kämpft, will siegen. Wo es Sieger gibt, muss es auch Verlierer geben. Siegen müssen, das heißt in unserem Alltag oft: Recht haben zu müssen, schneller oder reicher sein zu müssen, den anderen als Feind zu erleben. Wer andere nur als Feind erlebt, verliert einen großen Schatz. Das musste auch Parzival erleben. Trotz Bewunderung und Ehrenzeichen wurde Parzival immer trauriger und einsamer. Er konnte zwar noch siegen, aber zugleich verstärkte sich die Sinnkrise. Er kämpfte noch mehr, siegte noch mehr und wurde noch unzufriedener.

Vielen Erfolgsmenschen, die zu mir kommen, geht es wie Parzival. Aber was diese Menschen zuerst brauchen, hat nicht direkt etwas mit Umsatzsteigerung und Marktmacht zu tun, sondern mit Menschsein. Maschine oder Mensch. Zum Menschen gehört Mitgefühl. Mitgefühl beginnt zuerst bei uns selbst. Wer wieder selbst in sich hineinfühlen lernt, kann auch wieder mit anderen fühlen. Für viele Menschen hat sich damit schon ein großer Traum erfüllt.

Visionsübung

Kennen Sie einen Helden? Wenn Sie einen Helden beschreiben müssten, welche Eigenschaften müsste dieser Held haben? Schreiben Sie einfach die Namen der Helden auf, die Ihnen einfallen. Welche dieser Helden mögen Sie, auch wenn sie verlieren? Welche Helden mögen Sie nur, wenn sie gewinnen? Was unterscheidet die einen von den anderen Helden?

Oskar ist nicht zuletzt durch unsere Arbeit mehr und mehr zu einem kritischen Journalisten geworden. Bei unserem letzten Treffen berichtete er mir von einer ganz anderen Front. »Wir sind mitten in einem großen Krieg!«, schrie er mich an, als er von einer großen Pressekonferenz im Rahmen eines internationalen Kongresses kam. Ich war ungewollt zur Projektionsfläche seiner eigenen Verzweiflung geworden. Mehr und mehr begriff ich, dass diese Verzweiflung kein Theaterspiel war. »Sie basteln am neuen Menschen und wir nehmen das einfach so hin. Der Mensch wird zum Ersatzteillager degradiert oder bestenfalls zum Erfüllungsgehilfen.« Dann berichtete er mir, dass die vier Schlüsseltechnologien unserer Zeit zu nichts anderem gebraucht würden, als einen neuen Menschen zu schaffen, der uns haushoch überlegen wäre. Ein höchst effizientes, unsterbliches und von den Erschaffern abhängiges Lebewesen würde da zurzeit entwickelt. Sozusagen die Weiterentwicklung unserer Spezies Mensch. Kein Wesen mit all diesen nicht planbaren Unwägbarkeiten, wie Krankheit, Eigenwille und Sinnge-

tue, nein, dieser neue Mensch wäre ein Robotermensch, ein hoch entwickelter Sklave.
Wie geht es Ihnen, wenn Sie mit so einer Utopie konfrontiert werden? Mir waren diese Informationen nicht ganz neu. Ich wunderte mich, dass er als Journalist erst jetzt davon erfuhr. Aber vielleicht hatte er noch viel mehr erfahren, was er in der gerafften Form zu erzählen vergaß.
»Was lässt Sie so aufgeregt erscheinen? Ihr Verstand oder Ihr Herz?« Oskar stutzte. »Meine Sorge um diese einmalige einzigartige Menschheit. Jeder dieser Menschen ist ein Unikat. Jeder mit seinem Recht auf Erfüllung und Glück! All das gäbe es dann nicht mehr. Stattdessen manipulierbare Maschinenmenschen. An den Feiertagen gibt es Glückspillen. Vor den Kämpfen Adrenalinspritzen und bei Niederlagen Serotonin«, antwortete er traurig. »Wer in die Augen des toten Bruders schaut, schaltet das Gefühlsvernichtungsprogramm ein und geht weiter zum nächsten Auftrag.«
Im inneren Bilderkino scheint der Film manchmal bei einem starken Gefühl stehen zu bleiben. Dieses Gefühl scheint uns hineinziehen zu wollen wie in ein schwarzes Loch. Leid ist eines der tiefsten und heftigsten dieser Gefühle, umso tiefer und heftiger zieht es uns an. Unser Lebensfilm ist dann wie ein Dia, das auf der Leinwand unseres Lebens stehen bleibt. Wir sind unfähig geworden, kreativ auf die Fragen des Lebens zu antworten. Die Schicksalsfrage »Was will daraus jetzt werden?« bleibt ungehört.
Durch die Gespräche mit Menschen, die von ihrem traurigen Schicksal erzählten, erfuhr ich immer wieder neu, dass solche schwarzen Löcher unbewussten Lebenseinstellungen entsprechen, die der Absicht unserer Seele, ein glückliches, sinnvolles und erfülltes Leben zu führen, entgegenwirken. Irgendwann wurden wir zu Verrätern an unserer Lebensgeschichte. Mit diesen Fehleinstellungen schaffen wir nur ein schweres Schicksal mehr, ohne Gewinn für uns und andere. Solche Missverständ-

nisse lassen unsere Lebensträume ersterben, wie ein Wintereinbruch alle Pflanzen erfrieren lässt. Genauso erlösen wir Leid durch ein neues Bewusstsein. Beides, Leid und Freude, bleibt in unserem Körper als Erinnerung gespeichert und wartet, oft als Schmerz getarnt, auf Erlösung. Verkrampfte Muskeln oder verhärtete Schultern wollen uns nicht ärgern, sondern erinnern, dass sie auf Erlösung warten.
In meinem ehemaligen Elternhaus, als ich meine Schatzkiste wiederfand, wurde mir bewusst, wie nahe das Haus meiner Kindheit an der Friedhofsmauer stand. Von meinem Kinderschlafzimmer aus sah ich direkt auf die Gräber. An Allerheiligen war der Friedhof einem Lichtermeer gleich. Es faszinierte mich als Kind und ließ mich zugleich vor Angst erschauern. Beide Gefühle fand ich in meinem Körper wieder, als ich damals auf Schatzsuche war. Mein Körper hatte die Gefühle nicht vergessen. Zeit war eine Illusion. Zumindest war sie relativ, denn wie hätten die Kindheitserinnerungen in meinem Kopf sonst mein neues Erleben bestimmt, wie sonst wäre ein so direktes Anknüpfen möglich gewesen? Neugierde ist eine Freundin der Seele, wenn sie aufrichtig geübt wird. Dann spricht sie sogar aus der Tiefe der Seele.

Wenn Sie das siebte Kapitel Ihres eigenen Buches schreiben wollen, dann könnten Sie über alte unerledigte Geschichten Ihres Lebens schreiben. Sie könnten schreiben, wie Sie nach der Lektüre dieses Kapitels Frieden schlossen. Sie könnten auf eine kleine Bilderreise zu Ihrem inneren Auftrag gehen. Sie könnten sich versprechen, einen ersten Schritt zu tun und diesen auch benennen. Sie könnten nach Helden Ausschau halten und dann in den Spiegel schauen. Was ist an Ihnen so heldenhaft? Mir fällt da etwas ein.

KAPITEL 8

Ein Kurs im Wundern

ODER:

DIE VISION VOM SIEBTEN SCHRITT

Wenn Sie auf dem Weg zum großen Traum zum Helden der Herzen aufgestiegen sind, bekommt sogar das Scheitern einen neuen Sinn. Die Kraft der Vision verhilft Ihnen zu einer Ihrer größten Heldentaten. Sie können wieder wirklich verzeihen und vergeben und werden mit Frieden im Herzen belohnt. Ein neues Selbstbewusstsein wächst, das inspirierend wirkt und wahre Freundschaft möglich macht. Schließen Sie aber zuerst Freundschaft mit sich selbst.

Was kommt, wenn »man« stirbt

Wer sind Sie, wenn Sie sich erlauben, mehr zu sein, als der, der Sie glauben, sein zu müssen? Wer sind Sie, wenn Sie auf diese vielen Verkleidungen verzichten, wenn Sie diese vielen Masken herunterreißen, wenn Sie die inneren Berge, hinter denen Sie sich verstecken, als Trugbilder erkennen? Wer sind Sie, wenn Sie auf den Wintermantel im Hochsommer verzichten und auf die Glaubenssätze der Kindheit? Wer sind Sie dann wirklich? Wenn Sie sich immer wieder die entscheidenden Fragen zu stellen trauen, obwohl Sie wissen, welche Strafe darauf steht, dann, erst dann haben Sie Ihr inneres Kind erlöst. Erst dann beginnt dieses Kind in Ihnen wieder zu leben! Wie ein roter Faden zieht sich dieses schicksalhafte Fragen durch all die Jahre. Wie stille Engel warten die Antworten darauf, Sie durch die Angst begleiten zu dürfen. Immer wiederholt sich dieses Schicksalsspiel: Sie werden hineingeworfen in das Unbekannte, mit all den Konsequenzen, die Ihnen so bekannt vorkommen. Man arrangiert sich, man macht das scheinbar Beste daraus, man gewinnt, man verliert. Man wird gelebt. Man wird zum Ersatzteillager fremder Interessen. Man stellt die ersten Fragen. Man spürt den leisen Hauch der Endzeit. Man sagt: Ich kann nicht mehr! Ein neues Spiel beginnt mit den gleichen Karten. Aber jetzt wird alles anders. Alles wird so einfach, wenn Sie sich trauen, dieses »Man« durch ein »Ich« zu erlösen.

Ich erinnere mich noch ganz genau an meine letzte Begegnung mit dem Reisejournalisten. Lange hatte ich nichts mehr von ihm und seiner Frau gehört. Von irgendwoher erfuhr ich zufällig, dass er einmal mehr ein ganz neues Leben begonnen hatte. Dann kam sein Anruf.

Visionsübung

Suchen Sie sich Ihre Lieblingsmusik aus. Eine Musik, die Ihren Körper in ein Meer aus Klängen und Melodien verwandeln kann. Eine Musik, die Sie zum Träumen und Fließen bringt, wie einen langen, ruhigen Fluss. Fühlen Sie sich als dieser Fluss, wenn die Musik erklingt, und bitten Sie Ihren Körper, sich nach dieser Musik zu bewegen. Ganz langsam in ein Erwachen der Bewegungen hinein. Dann wird das Erwachen allmählich immer lebendiger und lebhafter. Aber immer bleibt es fließend wie der große Fluss. Lassen Sie Ihren Körper weiter nachfließen, auch wenn die Musik schon zu Ende sein sollte. Spüren Sie noch einmal kurz in sich hinein.

Die Reise zum Verzeihen

Es gibt Tage, da öffnet sich der Himmel und gibt einen Funken seiner Schönheit preis. Weit und majestätisch breiteten sich die schneebedeckten Gipfel der Sierra Nevada vor uns aus. Die Sonne verzauberte die Luft in ein flimmerndes Lichtermeer. Der Duft von Lavendel, Rosmarin und Orangenblüten mischte sich so betörend in die feuchte Morgenluft, dass unsere Seelen darin baden wollten.

Der Reisejournalist hatte mich in seine neue Heimat eingeladen. Nun genoss ich mit ihm den Zauber dieser Landschaft, die Gärten der Alhambra und diesen magischen Ort, an dem die Geschichte leise mitschwang.

Seitdem er seine Frau auf so wundersame Weise in der einsamsten Ecke Südamerikas wiedererkannt hatte oder vielleicht erstmals wirklich erkannte, war es, als hätte eine unbekannte Kraft sein ganzes Leben durchgerührt wie ein Konditor seinen Kuchenteig. Das Gleiche war nicht mehr das Gleiche. Selbst der Mund, die Augen und die Küsse seiner neu Erkannten offenbarten immer wieder Geheimnisse. In einem Orangenhain hatten sie vor einiger Zeit sogar ihre kirchliche Hochzeit nachgeholt. Ein alter Schäfer spielte ein fast vergessenes Hirtenlied dazu – genauso, wie sie es sich beide erträumt hatten. Bei unserem letzten Visions-Coaching erlaubte ihnen ihre Seele einen Blick in den Himmel. Dort sahen sie, was aus dieser Beziehung werden wollte. Mit dem Wissen um dieses innere Bild gestalteten sie nun die nächsten Schritte ihrer Lebensgeschichte. Jetzt durfte ich Zeuge sein, dass dies alles geglückt schien.

Allerdings ist es so, dass Leben nicht stehen bleiben will. Es gönnt uns das Verweilen im Augenblick nur, wenn wir das ewige Werdenwollen als das Verweilen im Augenblick erkennen. Wer schöne Seelenbilder festhalten will, hält einen Seelenvogel fest, der dazu geboren ist, zu fliegen. Mitten in diesen Gedanken hörte ich einen Vogel kläglich um Hilfe rufen. Durch das folgende Gespräch verstand ich den Hilferuf aller Vögel und ich verstand den Hilferuf des Seelenvogels. Manche Leiden sind unnötig und warten nur auf ein klärendes Gespräch. Unser Reisejournalist wollte so vieles besser machen als früher. Je mehr er besser machen wollte, umso mehr litt er an dem Vergleich. Was versprechen wir uns Menschen alles, damit wir eine Liebe nicht verlieren? Er versprach ihr für die Zukunft ein sorgenfreies Leben. Sie sollte endlich im Paradies ankommen und mit ihm den großen Traum erleben. Sie sollte wissen, dass er nicht nur alles besser machen wollte, sondern vor allem alles anders. Sie hörte es gern und wollte es auch glauben.

Ja, so war das damals. Aber auch aus Orangenblüten wollen Früchte werden und das bedeutet den Tod der Blüten.

Deshalb ist es in solchen Lebensphasen wichtig, sich als Frucht zu fühlen, sonst senkt sich der Schleier der Nacht über unsere Blüte. Genauso aber ging es unserem Reisejournalisten. Seit er sich mit seiner Frau in ein Haus im Süden zurückgezogen hatte, um mit ihr im wiederentdeckten Paradies der Liebe zu verweilen, verdiente er keinen Cent mehr. Jetzt wurde es langsam eng. Je enger es wurde, umso schlechter ging es ihm. Hatte er ihr damals nicht davon erzählt, dass er nie mehr so wie damals in der Welt herumfliegen würde? Wollte er nicht ganz wach und offen sein für das Neue, wie immer es auch aussah? Jetzt sah es so aus, dass er das Neue, so es sich denn schon angekündigt hatte, im Dösen und im Weinrausch übersehen hatte. Ja, dieser Müßiggang und der Alkohol hinterließen Spuren in seinem Gesicht und noch mehr auf seinem Bankkonto. Er war auf dem besten Weg, wieder zum Verräter an der Liebe zu werden, und seine Frau war auf dem besten Weg, wieder depressiv zu werden.

Als er mir all das zur Einstimmung am Telefon berichtete, war ich überzeugt, dass die Zeit der Ernte schon ganz nah war.

Wenn Sie von einem lieben Menschen um Hilfe gebeten werden, der irgendwo in einer guten Absicht stecken geblieben ist, dann empfehle ich Ihnen, diesen Menschen erst einmal wieder in Bewegung zu bringen. Der Morgen ist dazu eine gute Zeit. Deshalb waren wir heute sehr früh aufgestanden und hatten selbst im Gehen meditiert. Im Gehen meditieren ist eine altbewährte Praxis, die uns schnell vom Grübeln erlöst und uns wieder frei macht für die Hilfsangebote unserer Seele.

Visionsübung

Beginnen Sie mit einem bewussten Gewahrsein. Wie stehe ich jetzt? Dann entscheiden Sie sich bewusst, mit welchem Fuß Sie Ihre Gehmeditation beginnen möchten. Heben Sie ganz langsam und in großer Bewusstheit den ersten Fuß zum Gehen, dann senken Sie den Fuß wieder ebenso bewusst und kommen für einen kurzen Augenblick zum Stehen. Dies wird zu Ihrem Rhythmus. Heben, senken und gehen. Bewusst heben, bewusst senken und bewusst stehen – so lange, bis Sie die Übung beschließen wollen.

Gegen Mittag kamen wir in ein verlassenes Dorf. Unser Reisejournalist kannte es schon und war mehrmals daran vorbeigelaufen. Ich bat ihn, dort innezuhalten. Wir standen bald vor einer verfallenen Tür. Über der Tür stand ein Spruch, den ich schon aus einer alten Kirche kannte: »Der, vor dem du davonläufst, bist du selbst«, übersetzte er mir die Worte. Jahrhundertelang gingen die Menschen müde und ausgebrannt durch diese Tür. Jetzt machte die Tür auch einen müden und ausgebrannten Eindruck. »Dieses Haus erinnert mich an mein Geburtshaus. Da stand auch so ein Spruch drüber: ›Dies Haus ist mein und doch nicht mein, beim Nächsten wird's nicht anders sein.‹ Den hatte mein Vater hingepinselt.« Traurige Augen kündeten von einer traurigen Geschichte. »Ich kenne auch so einen Hausspruch«, versuchte ich seine Gedanken in eine für ihn hilfreiche Richtung zu lenken. »Fliegen ist mein Traum, weit durch Zeit und Raum.« Er stockte, dann erinnerte er sich, dass er diesen Spruch in unserem letzten Coaching gesagt hatte, als es um seine großen Träume ging. Manchmal fällt es leicht, die Gedanken des anderen zu lesen. »Wie soll ich meine Sehnsucht nach Heimat und meine Sehnsucht nach Freiheit in einer heiligen Hochzeit vereinen?«, sprach er nach Minuten der Stille seine Gedanken aus.

Exkurs: Sehnsucht

Im Spannungsfeld unserer Sehnsucht nach Sicherheit und der Sehnsucht nach Freiheit entwickelt sich unsere Vision. Wir sehnen uns nach Wurzeln und wir sehnen uns nach Flügeln. Wir sehnen uns in der Tiefe unseres Herzens danach, dass unsere Wurzeln fliegen lernen. Wenn die Erinnerung ihre Erlösung darin sieht, vergessen zu werden, so ist die Erlösung der Sehnsucht … die Erfüllung. Erinnerung und Sehnsucht leben von der Kraft der inneren Bilder. Die Sehnsucht zeigt uns über diese inneren Bilder, was unserem Leben noch fehlt, speist sich also aus einem inneren Ungenügen. Bleiben wir an diesem inneren Ungenügen hängen, wird daraus Neid. So ist Neid auch ein Wegweiser zu unserer Sehnsucht. Sehnsucht, die in die Vergangenheit reicht, nennen wir Nostalgie. Sehnsucht, die in die Unendlichkeit reicht, nennen wir Spiritualität.

Schnelle Antworten sind nur manchmal gut, Schweigen ist oft besser. Wo große scheinbare Gegensätze verschmelzen wollen und Sie keine schnellen Antworten finden, kann es hilfreich sein, sich im Schweigen einer Kraft anzuvertrauen, die größer ist als unser Verstand. Ich erlebe diese Kraft, wenn ich bewusst zum Schauenden werde.

Vor uns tanzten die Schmetterlinge. Wir schauten ihnen zu. In solchen Augenblicken tanzte die Gnade mit. »Warum begleiten Menschen andere Menschen trotz vieler Hindernisse durch deren Krisen hin zu ihren großen Träumen?«, fragte er mich. »Aus Dankbarkeit«, hörte ich mich antworten. Manchmal antwortet eine tiefere Stimme aus uns heraus und das stimmt dann so. Meine Antwort glich einer Feder im Wind. Da bemerkte ich, dass der Reisejournalist seine Flügel hob, um weit wegzufliegen: über die schneebedeckten Gipfel der Sierra Nevada, die blühenden Küstenfelder und das blaue Meer, hinein in eine neue Welt, mit neuen Sternen und neuen unbekannten Welten hinter diesen Welten, die wieder neue Welten aus sich heraus gebaren. »Nie aufhören zu fliegen! Fliegen, fliegen! Weil Freiheit so schön ist. So schön.« Über das sonnengegerbte Gesicht flossen die Tränen. Jetzt bemerkte ich, dass dieser Mann in der Zeit seines Rückzugs alt geworden war. Ich legte meine Hände vorsichtig auf seine Schultern. »Wo sind Sie jetzt?« Meine Stimme schien das Gewicht des Flügelschlags eines Schmetterlings zu haben, leise und leicht. »Ich fliege in den Untergang, direkt in das Maul eines Vogels.« – »Stellen Sie sich vor, dieser Vogel ist das Neue. Der alte, müde Schmetterling war nichts anderes als die alte Erinnerung eines alten Träumers, der dabei war, sein Leben zu verträumen.« – »Und damit zu versäumen«, ergänzte er. »Ich bin ein Vogel, ja ein Zugvogel, der viel weiter und höher fliegen will als jeder Schmetterling.« In diesem Moment setzte sich ein Schmetterling auf seinen Kopf. Ich habe es bereits erwähnt, Tiefenpsychologen nennen dieses Phänomen Synchronizität. Synchron zum einen läuft etwas anderes Analoges ab und gibt allem eine größere Bedeutung. »Spüren Sie den Schmetterling auf Ihrem Kopf?« – »Das war ich.« – »Was könnte Ihnen dieser Schmetterling noch sagen wollen?«, fragte ich in den Moment der Stille hinein. »Dass in jedem Schmetterling eine geheime Anklage mitschwingt. Du bist schuld am Tod der Raupe.« – »Ja, und gleichzeitig bist du das Geschenk der Raupe an die große weite Welt. Ein Gruß der Vergangenheit an das Zukünftige.« – »Aber auch der Schmetterling ist ja schon Vergangenheit. Aus der Perspektive des Zugvogels, also der Zukunft hinter der Zukunft, lösen sich manche Schuldgefühle auf wie Morgennebel in den Sonnenstrahlen.« Nachdenkliches, wiederholtes Nicken, dann Stille. In der Stille hören wir die Seele reden. Ich bat den Reisejournalisten, seinen Seelenbotschaften mit geöffneten Augen zu begegnen. Vorsichtig, ganz vorsichtig öffnete er die Augen, um den Schmetterling auf dem Kopf nicht zu erschrecken. »Wenn Sie die Seele mit dem Körper verwechseln, bekommen Sie Existenzangst. Die Seele kennt diese Existenzangst nicht. Wenn sie wissen will, was es heißt, immer unterwegs und überall zu Hause zu sein, erfindet sie einen Seelenvogel. Sie pflanzt diese Sehnsucht in einen Körper und überlässt es der Sehnsucht, die Fantasie zu beflügeln. Die Fantasie spielt mit der Schöpferkraft und probiert immer wieder neue Möglichkeiten aus, zur Freude aller Seelen. Eine baut auf der anderen auf. Keine ist besser als die andere, sondern notwendig um der Seelensehnsucht willen. Und dann fliegt er, der Seelenvogel, und bedankt sich rückschauend bei allen Spielern, um sich endgültig zu erfüllen.«

Sollten Sie einem Seelenvogel begegnen wollen, können Sie versuchen, Menschen mit anderen Augen zu sehen. Beobachten Sie, wo immer Sie auch sind, die Menschen mit dem Bewusstsein, dass Ihnen ein Körper gegenübersitzt, durch den sich eine Seele äußern will. Versuchen Sie jetzt durch den Körper auf das, was sich durch den Körper äußern will, zu schauen. Vielleicht interessiert es Sie, wie dieses Wesen Gefühle zum Ausdruck bringt oder Gedanken äußert oder wie es nichts tut. Schauen Sie, wie dieses Wesen durch den Körper Schlaf oder Gehen erlebt. Gesundsein oder Kranksein. Angst oder Sehnsucht.

Durch das Wesen des Reisejournalisten erlebte ich, wie sich nachdenkliches Schweigen äußert. In dieses Schweigen hinein konnte ich einen Gedanken der Hoffnung säen. »Vielleicht erfindet Sie Ihre Seele immer wieder neu, um zu erfahren, was es heißt, genau dieser Mensch zu sein. Ein Mensch, der so viel Großartiges in einem einzigen Menschen auf einmal ausleben will: die Sehnsucht nach Freiheit, die Sehnsucht nach Sicherheit, die Sehnsucht nach Einmaligkeit und die Sehnsucht nach Verschmelzung. Wo so vieles erlebt wird, ist viel mitzuteilen.« – »Ich hatte schon immer viel mitzuteilen. Deshalb ist das Schreiben auch immer schon mein Leben. Aber Schreiben war bisher Handwerk, nie hatte es den Anspruch, mehr sein zu wollen. Es ging ums Geldverdienen. Die Kinder brauchten Geld. Die Familie kostete Geld und Zeit. Die Freizeit findet später statt, wenn die Kinder einmal aus dem Haus sind. Seit die Kinder nun ausgezogen sind, ist die Depression eingezogen. Jetzt ist wieder kein Platz für die Kunst. Früher, als ich noch ein Kind war, da war das anders. Da schrieb ich wunderschöne Gedichte. Rilke war mein Lieblingsdichter. Mir war klar: So gut wirst du nie. Als Jugendlicher schrieb ich dann meinen ersten Roman – für den Papierkorb. Das macht auch nur begrenzt Freude. Ich lernte eine Frau kennen, die wirklich gut schreiben konnte. Sie sagte mir deutlich: Kunst kommt von Können. Vergiss das Schreiben, Junge. Danach konnte ich nicht mehr schreiben und war außerdem impotent, wenn ich mit ihr schlafen wollte. Nicht einmal das kannst du mehr, dachte ich mir. Also gab es einen Kompromiss: Schreiben ja, aber nur für die Kohle. Nicht lange darauf streikte die Seele. Sie war ein Kind der Freiheit. Wir einigten uns auf einen neuen Kuhhandel: So tun, als wäre ich frei, und trotzdem nur für die Kohle schreiben. Jetzt kapiere ich, dass dieses viele Reisen im Grunde nur eine Flucht war, eine Flucht vor der Antwort. Denn alle Landschaften, die ich gesehen, erlebt und beschrieben habe, sind in mir oder überhaupt nicht da. Was tun wir alles, damit wir schön beschrieben werden? Welche Berge bauen wir um uns herum auf, damit wir attraktiv erscheinen? Welche Kitschpostkarten verschicken wir, als Bewerbungsschreiben getarnt, nur damit man sich für uns begeistert? Wie

viele gewaltige Schluchten, Stürme und Orkane produzieren wir, damit wir andere beeindrucken?
Was ist dann ein Reisejournalist in Wirklichkeit? Ein Flüchtiger und zugleich ein Erwarteter, ein Beobachter und zugleich ein Gesehener, ein Illusionist und ein Idealist, ein Erfinder von Wirklichkeiten, der versucht, das Unfassbare zu fassen. So viele Sehnsüchte wie möglich durch sein Schreiben zum Klingen zu bringen ist ja alleine schon eine Kunst. Mal sehen, wie das weitergeht, wenn ich als Seelenvogel auf meine Träume schaue.« So lebendig und neugierig hatte ich diesen Menschen den ganzen Tag noch nicht erlebt.
Es ist auch eine Kunst, den Bewegungen der Seele so zu folgen, dass wir sie nicht bedrängen und stattdessen ihrer größeren Weisheit vertrauen. Der Reisejournalist brauchte jetzt Zeit und Abstand. Deshalb übten wir uns in der Kunst des Genießens in einer kleinen versteckten Bodega. Aber selbst hier spürte ich, dass der Seelenvogel im großen Traum angekommen war. Irgendwann zu später Stunde schrieb der Reisejournalist einen Brief an seinen Seelenvogel. »Es ist so schön, dass es dich gibt ...«, begann er seinen Brief. Es wurde ein Liebesbrief, in dem er ausführlich und in sensiblen Worten beschrieb, warum es so schön ist, mit seinem Seelenvogel unterwegs zu sein.
Wenn auch Sie Ihrem großen Seelenvogel schreiben wollen, ist es gut, sich große, weite und starke Flügel vorzustellen, damit Ihr Brief ihn auch erreicht.

Visionsübung

Schreiben auch Sie so einen Brief, in dem Sie Ihrer größten Sehnsucht einen Namen geben. Vielleicht heißt die Mutter aller Sehnsüchte auch bei Ihnen Seelenvogel. Was wäre Ihnen möglich, wenn sich Ihre größte Sehnsucht mit großen Flügelschlägen in die Lüfte heben könnte, alles Schwere und scheinbar Unmögliche unter sich lassend. Was würden Sie zurücklassen?

Was würden Sie federleicht mitnehmen? Was wäre möglich, wenn Sie die Sicherheit und Geborgenheit eines Nestes und die Freiheit eines großen starken Vogels hätten? Schreiben Sie die Antworten auf. Spüren Sie in Ihren Körper hinein. Spüren Sie, wie sich Ihr Körper bei diesen Antworten wohlig, kraftvoll und entspannt anfühlt. Wo ist dieses Gefühl in Ihrem Körper am stärksten zu fühlen? Legen Sie eine Hand genau auf diese Stelle. Atmen Sie tief ein und aus. Wenn Sie dieses Gefühl in Zukunft brauchen, finden Sie es ab jetzt immer an dieser Stelle Ihres Körpers. Wenn alte Ängste und Bedenken hochkommen, legen Sie wieder und wieder Ihre Hände auf diese Stelle. Wenn es Ihnen gut geht, legen Sie Ihre Hände auf diese Stelle. Diese Stelle ist nicht nur die Heimat Ihres Seelenvogels geworden, sondern auch Ihr innerer Schutzraum, in den Sie sich jederzeit zurückziehen können. Von hier aus können Sie und Ihr Seelenvogel zur großen Traumreise aufsteigen. Erfinden Sie sich Ihre ganz eigene Seelenvogel-Traumreise!

Die Befreiung des Seelenvogels

Es war wieder so ein früher, sehr früher Morgen. Wir saßen auf der Terrasse seiner kleinen Finca. Seine Frau war zum Einkaufen im nahen Dorf. Seine Ermahnungen klangen noch in meinen Ohren: Gib nicht so viel aus, du weißt, dass wir sparen müssen. Ihr Blick sprach Bände. »Da ist noch so viel unerlöste Angst aus der Vergangenheit. Angst, die es dem Seelenvogel schwer macht, frei und unbeschwert zu fliegen.« Während er das sagte, begannen seine Lippen leicht zu zittern und die Wangen zu zucken.

Ich begegne oft großartigen und mutigen Menschen, die von alten Kinderängsten daran gehindert werden, ihr unbekanntes Glück zu wagen. Manchmal sind diese Ängste aber auch mit uns erwachsen geworden. Sie haben uns ein Leben lang geholfen zu überleben und sie wollen uns weiterhin helfen. Die Frau des Reisejournalisten hatte ein Leben lang panische Angst vor Krankheit. Sie tat alles, um Krankheiten schon im Keim zu erkennen und zu verhindern. Nach unserer Arbeit konnte sie ihre Angst würdigen, weil sie dadurch gut auf ihre Gesundheit achtete. Anders als viele ihrer Altersgenossinnen war sie noch gesund und munter. Die Angst wurde zum Freund. Solche Ängste wandeln sich in Sehnsüchte und Wertschätzung, eine gute Basis, um Lebensfreude und Gesundheit neu zu entfalten. Der Seelenvogel kann Symbol dieser Sehnsucht werden. Wie alle Symbole will auch der Seelenvogel mit kraftvollen Bildern gefüllt werden, damit er stark genug wird, über die Ängste hinauszuwachsen.

Deshalb beginne ich oft erst damit, die Angst zu würdigen, damit sie zum Freund des Seelenvogels werden kann. So war es auch beim Reisejournalisten. Ich verankerte die Kraft des Seelenvogels genau so, wie Sie es in der vorhergehenden Übung ausprobiert haben. Dabei hilft mir die Attraktor-Arbeit. Attraktor nenne ich das unbekannte Glück, das nicht nur erkannt, sondern auch gelebt sein will. Der Atem des Mannes wurde ruhig. Ich bat ihn nun, die ankommende Ruhe mit einem kleinen Lächeln zu begrüßen, seinen Mund leicht zu öffnen und den Atem immer gleichmäßiger fließen zu lassen. Wir saßen auf dem Teppichboden, um uns herum viele bunte Kissen. Dies brachte mich auf die Idee, mit einer Arbeit zu beginnen, die ich Kissenspiel nenne.

Wenn Sie auch so ein Kissenspiel machen wollen, ist es wichtig, sich gut mit dem Boden zu verbinden. Ihr Seelenvogel braucht einen sicheren Startplatz, wenn er in das neue unbekannte Glück fliegen will. Sie können das sichere Gefühl sogar noch verstärken, indem Sie sich vorstellen, dass Ihnen so lange, wie Sie es wollen, kleine Wurzeln wachsen. Oder Sie stellen sich Menschen als zusätzliche Begleiter vor, die Ihnen Sicherheit und Kraft geben. Saugen Sie sich mit Sicherheit und Vertrauen voll, wie ein Durstiger sich vollsaugt, bevor er weitermarschiert. Finden Sie den Raum der Stille, des Vertrauens und der Kraft in sich, bevor Sie mit dem Kissenspiel beginnen. Beim Reisejournalisten war es der untere Bauchraum. Er nannte ihn den Raum der Dankbarkeit. Diesen Raum entdeckte er schon bei einem unserer früheren Kissenspiele. Seitdem war dieser Raum ein Schutzraum für ihn geworden. Ich bat den Mann, eines der Kissen stellvertretend für sich selbst auf den Teppich zu legen. Achtsam, wie bei den früheren Kissenspielen, wählte er den Platz für das Stellvertreterkissen. »Da sitze ich und genau gegenüber sitzt meine Angst«, während er dies sagte, holte er auch schon ein Stellvertreterkissen für seine Angst und legte es an den entsprechenden Platz. Er setzte sich auf das Kissen, das ihn selbst symbolisierte und schaute auf sein Angstkissen. »Das versperrt mir immer den Weg in die Freiheit«, dabei deutete er zur Tür. Die Tür war für ihn als Kind das Tor zur Freiheit. Es sah so aus, als hätte er dieses Spiel schon oft gespielt. »Denn vor der Angst gibt es kein Entrinnen«, schob er nach. Ich erinnerte ihn daran, dass er bei unserer letzten Arbeit auch seiner Liebe, seinem Vertrauen, der Demut, der Sehnsucht und der Gnade einen Platz um sich herum gegeben hatte. Das schien vergessen. Allmählich füllten sich die Plätze um sein Stellvertreterkissen wieder. Er öffnete das große Gartenfenster und sagte: »Hier ist der schönste Platz für meinen Seelenvogel.« Ich bat den Reisejournalisten, vom Platz des Seelenvogels aus auf seine Angst zu schauen. Er tat sich schwer. Da bat ich ihn, den Platz seiner Angst einzunehmen. Er setzte sich schnell und ohne groß nachzudenken auf diesen Platz. »Bitte fühle dich mal als dieses Wesen, das dem Reisejournalisten absichtlich mitgegeben wurde. Du weißt, dass deine Seele euer gemeinsamer Freund ist.« – »Ja, das weiß ich und ich weiß auch, dass ich diesem undankbaren Kerl als Freund mitgegeben wurde, als Helfer. Jetzt komme ich mir als ein treuer, ungewürdigter Geselle vor. Wie oft bewahrte ich diesen Kerl schon vor Überforderungen, wie oft vor Leichtsinn und Übermut? Allzu oft spielte er den Helden, der alles tat, um beklatscht und bewundert zu werden. Ich, die Angst, bewahrte ihn davor, dass es seinem Seelenvogel wie Ikarus erging. Immer mehr fällt mir ein, wofür mir dieser Mensch dankbar sein müsste.«

Gab es nicht viele, zu viele Frauen auf seinen vielen Reisen, denen er einen Helden vorspielte? Wie viele Heldengeschichten hatte er schon bei all diesen Frauen erfunden? Wie viele Geschichten hatte er überhaupt schon erfunden? Wie viele Kinder gab es irgendwo auf der Welt schon von ihm? Kinder als sichtbarer Beweis all seiner Lügen oder Erfindungen? Konnte er überhaupt noch zwischen Erfindung und Wirklichkeit unterscheiden?

Wir gaben dem Helden auch ein Kissen. Der Reisejournalist legte es direkt neben die Angst. Nun drehte sich die Dramaturgie. Die Angst und der Held wurden zu Hauptpersonen. Die Schuldgefühle übernahmen die Regie. Wie oft hatte er seine Frau betrogen? Wie oft spielte er ihr ein Heldentheater vor? Wie konnte er sich das jemals verzeihen? Konnte sie ihm jemals verzeihen? Konnte sie ihm das jemals verzeihen? Er spürte das Beben eines Tsunamis in sich. Was könnte dieser Tsunami auf der Insel seiner Träume alles zerstören? Würde dieser zerstörerische innere Tsunami die beiden Inselbewohner für immer trennen? Würde ein Paradies für immer im Ozean der Enttäuschungen untergehen? Und alles war dann seine Schuld?

Was ist der nächste Schritt für einen Mann, der seine Vergangenheit mit den dunklen Wolken der Schuldgefühle schwärzt? Zuerst geht es darum, sich selbst verstehen zu lernen. In dem Maß, in dem wir verstehen lernen, können wir auch verzeihen. Schuldgefühle sind die dunkle Seite der Helden. Sie machen uns größer und mächtiger. Nehmen wir die Vergangenheit demütig als Teil unseres schicksalhaften Lebensweges an, als Teil unseres Erfahrungsschatzes, dann können wir sie auch als das

annehmen, was sie ist. Eine von vielen Erinnerungen, vielleicht auch Erfindungen, als einen Teil von uns und als gelebtes Leben.
Wenn Ihnen Menschen mit Schuldgefühlen begegnen, werden Sie immer öfter feststellen, dass Schuldgefühle, Zwänge und Ängste ein gefährliches Bermudadreieck bilden, in dem Lebensschiffe untergehen können.
Dies erinnert mich sehr an den »König der Spartaner«. Auch er geriet auf dem inneren Ozean der Schuldgefühle in große Not. Einige Zeit versank er in der Opferrolle. Sie wissen schon, wie heimtückisch diese Opferrolle ist. Der König der Spartaner spielte diese Opferrolle perfekt – wie alle Rollen seines Lebens. Nur diesmal ging es um sein eigenes Leben. Machtverlust und Ohnmacht verstecken sich oft hinter einer nur scheinbar allmächtigen Maske, die wir Manie nennen. Rache und blinder Hass führen zu Entfremdung, zu Isolation und es entsteht eine Unfähigkeit, sich selbst und andere wirklich fühlen zu können. Darunter leiden die Menschen, nicht zuletzt der Manische selbst. Dessen Leid ist oft ein von allem anderen Leid abgeschnittenes Selbstmitleid, das keine Verantwortung für eigene Schuld bei sich erkennen will. Dabei liegt gerade hier der nächste Schritt, um wieder zurück zur Straße der Sehnsucht zu finden.
Sich von Schuldgefühlen zu befreien, beginnt oft damit, dass wir die Position des Seelenvogels einnehmen. Mit dem Blick des zeitlosen Abstands stellen wir schnell und einfach fest, dass all das, wofür wir uns schuldig fühlen, zum ganz normalen Menschsein gehört. »Wenn Sie wissen wollen, wie ganz normale Menschen mit all den Schattenseiten aussehen, können Sie eine Reise zu den vielen Milliarden Menschen unternehmen oder einfach in den Spiegel schauen«, sagte ich dem Reisejournalisten. – »Oder auf meine Nachbarn, auf meine Frau oder ich kann die Märchen und Mythen studieren.«
Das Gleiche hätte ich auch dem König der Spartaner vorschla-

gen können. Manche der Manager, die im Rahmen von Umstrukturierungen oder Firmenfusionen selbst »outgesourct« werden und – finanziell gut gepolstert – im Selbstmitleid zu versinken drohen, könnte diese Übung ebenso helfen. Sie macht den Blick frei für die Straße der Sehnsucht.

Exkurs: Zweierlei Helden

Frauen lieben andere Helden als Männer, weil sie oft besser als die Männer wissen, dass zu Gewinnern auch Verlierer gehören. »Ich kam, sah und siegte!«, das ist sehr oft das Heldenbild der Männer. Wenn sie schon selbst nicht immer so sind, dann sollen wenigstens ihre Helden so sein, wenn nicht, dann werden sie vom Thron gestürzt. Siegfried oder Ikarus sind solche mythischen Heldenbilder. Männer schicken Sieger in den Olymp und Verlierer in die Hölle.

Frauen lieben vor allem herzliche Helden. Sie steigen mit ihnen empor bis in die Ekstase und fallen mit ihnen hinunter in die tiefste Verzweiflung – vorausgesetzt, die Helden zeigen Herz. Frauen wissen oft besser als Männer, dass Scheitern ein Teil des Lebens ist. Es kommt darauf an, was Mann aus Niederlagen macht. Das ist der Maßstab, an dem Frauen Helden messen. Helden mit Herz sind auch das bessere Vorbild für die Helden von morgen, für unsere Kinder. Deshalb können Frauen ihren Helden auch besser verzeihen.

Die Kraft, die aus dem Verzeihen kommt

Was kommt, wenn Verstehen zu neuer Einsicht führt? Was ist möglich, wenn Verstehen auf den nächsten Schritt wartet? Beim Reisejournalisten geht dieser nächste Schritt in die gleiche Richtung wie beim König der Spartaner. Es geht um die Kunst, um Verzeihung zu bitten und um die Kunst des Verzeihens.

Verzeihen, vor allem sich selbst zu verzeihen, ist eine Kunst, die ein Leben lang gelernt werden will. Je besser uns dies glückt, umso besser können wir lieben. Beim Verzeihen geht es immer um Vergangenes. Vergangenes können wir nicht ändern, wohl aber unsere Einstellung zum Vergangenen. Vergangenes kann uns einholen wie ein Tsunami und unser Leben zerstören. Vergangenes kann aber auch der heilsame Regen für ausgetrocknete Seelenlandschaften sein. Machen Sie Ihren Seelenvogel zum Verbündeten, wenn es auch bei Ihnen um Verzeihen geht. Seine Perspektive gibt Ihnen den Abstand zu den Schuldgefühlen, Zwängen und Ängsten. Vor allem lässt diese Perspektive Ängste leichter zu Freunden werden.

Dem Reisejournalisten halfen zusätzlich noch einige Übungen, die ich auch Ihnen gerne weitergebe. Eine davon können Sie sofort ausprobieren. Eine andere Übung führt Sie zu einem starken Verbündeten. Dieser Verbündete ist das wahre Wesen der Angst. Sie kennen ihn. Er heißt große Sehnsucht. Wenn Sie diese große Sehnsucht beim Namen nennen, kann es sein, dass der Seelenvogel bald zu Ihnen schwebt. Sie erkennen ihn daran, dass er dieses Mal den Namen »Versöhnung« trägt.

Aus vielen Coachings, bei denen es um Verstehen, Verzeihen und Versöhnen ging, nahm ich die Erkenntnis mit, dass für den Seelenvogel die Sorgen der Menschen ein Theaterspiel sind, da sie sich größtenteils im Kopf abspielen und jederzeit verändert werden können, wenn wir den Mut haben, vom scheinbar festen Drehbuch abzuweichen.

Exkurs: Die Schritte zu einem geglückten Verzeihen

1. *Verletzungen brauchen Zeit zum Heilen.*
2. *Verstehen steht vor dem Verzeihen.*
3. *Mit dem anderen fühlen erleichtert das Verzeihen.*
4. *Beim Verzeihen geht es immer um Vergangenes.*
5. *Vergangenes kann man nicht mehr ändern.*

6. *Wer verzeiht, ist frei für die Liebe.*
7. *Verzeihen beginnt mit kleinen Schritten.*
8. *Die Königin im Land des Verzeihens ist die Versöhnung, aber der König heißt Vergebung.*

Verzeihenkönnen ist die Voraussetzung für ein großes Geschenk, das Sie nicht einfordern und erst recht nicht erzwingen können. Dieses Geschenk heißt Vergebung. Wenn uns das Spiel mit Beschuldigen und Schuldgefühlen zu langweilig und zerstörerisch geworden ist, wenn es keinen mehr gibt, bei dem wir Verzeihung einfordern müssen, wenn es nichts mehr zu verzeihen gibt und wir die Lust am Verletzen verloren haben, dann beginnt der Samen der Vergebung zu keimen.

Wie bei der Frau unseres Reisejournalisten. Sie kam voll bepackt aus dem Dorf zurück. Schweißperlen standen ihr auf der erhitzten Stirn. Er sah zuerst den Großeinkauf, spürte dann seine Angst vor dem leeren Bankkonto, dann die Freude im Gesicht seiner Frau und dann seinen Seelenvogel. »Ein Geschenk von Pietro, weil du ihm den Artikel so gut geschrieben hast. Du siehst, wir müssen nicht verhungern«, beruhigte sie ihn. Dann sah sie die Kissen auf dem Boden liegen und verstand. »Das sieht aus wie ein Mandala.« – »Nur das Kissen in der Mitte fehlt noch. Und das steht für dich«, nutzte er die Gelegenheit für ein Danke auf seine Art. »Würdest du mir beim Verzeihen helfen?«, fragte er sie, noch am Boden sitzend. Sie setzte sich zu ihm, schwieg und schwieg und schwieg weiter. Dann küsste sie ihn und zog ihn zu sich heran. Dies war nicht irgendein Kuss. Es war der Kuss einer Frau, die ihre Vision des nächsten Schrittes erfüllen will, und der hieß Vergebung.
Eine liebende Frau weiß vieles, was sie eigentlich nicht wissen sollte. Ihr Herz sagt es ihr. Dieses Herz aber möchte verzeihen, um wieder frei zu sein für das Vergeben. Wenn es keine Worte

mehr braucht, sondern nur Gesten des Herzens, wenn es nichts mehr zu verzeihen gibt, sondern nur noch zu lieben, dann ist Vergebung geglückt. Aus dieser Perspektive heraus sehnen wir uns danach, vergeben zu dürfen – so wie sich eine Pflanze nach Wasser sehnt. Aus dieser Vision heraus können wir leichter den Weg der Sehnsucht wiederfinden. Vorher aber liegen die Schritte Verstehen und Verzeihen.

Visionsübung

Wenn Sie zu den Menschen gehören, die frei werden wollen für das Vergeben, habe ich eine heilsame Übung. Sie gehört für mich zu den größten Geschenken, die ich selbst von einer alten weisen Frau bekam.
Stellen Sie sich vor, Sie wären ein Filter. Dieser Filter war irgendwann ganz klar. Alles Licht konnte durch diesen Filter ungetrübt in Sie hinein und durch Sie hindurch zu geliebten Menschen weiterfließen. Wenn Sie Liebe oder Licht als Gott bezeichnen, dann floss das Göttliche durch Sie hindurch. Dann kamen die Ereignisse Ihres Lebens. Sie trübten den Filter oder verstopften ihn. Wenn Sie jetzt anderen Menschen halfen, dann kam diese Hilfe aus Ihren eigenen Reserven. Schnell erschöpfen sich solche Reserven. Sie fühlten sich erschöpft. Das muss nicht sein.
Setzen Sie sich auf einen Stuhl, die Füße fest mit dem Boden verankert. Rücken und Hüften locker und gerade, den Atem einfach beobachten. Dann mit jedem Ausatmen den inneren Filter reinigen und mit jedem Einatmen den freieren Fluss spüren. Nach ein paar Minuten mit der Lichtdusche aufhören. Wiederholen Sie sie am nächsten Tag.

Wenn Sie das achte Kapitel Ihres eigenen Buches schreiben wollen, dann könnten Sie über Ihren Seelenvogel schreiben. Sie könnten über Ihre guten Vorsätze und Ihr Scheitern schreiben. Sie könnten sich erinnern, was durch dieses Scheitern alles Wunderbares möglich wurde. Sie könnten über die Helden schreiben, die Ihnen über den Weg gelaufen sind und wie Sie sich nach Ihrer Niederlage verhalten haben. Vor allem aber sollten Sie über Ihre großen Enttäuschungen schreiben und wie es Ihnen glückte, zu verstehen, zu verzeihen und sich zu versöhnen. Wo war vielleicht sogar Vergebung möglich?

KAPITEL 9

Wie Sie sich neu erfinden

ODER:

DIE VISION VOM ACHTEN SCHRITT

Am Horizont sehen Sie schon Ihren großen Traum wie eine aufgehende Sonne. Jetzt gilt es, sich von Ballast und Sorgen zu befreien, damit Sie frei werden und so wunderbar und einmalig strahlen können, wie Sie von Ihrer Seele geträumt sind. Lernen Sie die schöne Schwester der Sehnsucht, die Inspiration, kennen. Im Reich der Inspiration gibt es eine Königin und die heißt Liebe. Diese Königin will Sie überraschen. Bereiten Sie sich auf diese Überraschung vor wie auf eine Traumhochzeit.

Endlich wieder lieben

Es gibt Menschen, die können wir einfach nicht vergessen. Vor Kurzem rief mich eine junge Dame an. Sie fragte mich, ob ich mich noch an sie erinnern könne. Ich zögerte. Sie wäre die Frau mit der Broschengeschichte, ergänzte sie. Ich schwieg, weil meine Erinnerung noch Zeit brauchte. Wenn eine Feuerstelle von dicker Asche bedeckt ist, genügt oft nur ein kleiner Windstoß und die Glut wird wieder sichtbar. So geht es uns oft auch mit dem Vergessen. So ging es mir. Plötzlich tauchte das Bild der Brosche in mir auf und ich war mitten drin in der

Geschichte mit der schwangeren Frau von damals. »Sind Sie die Frau, die ich damals über meinen alten Meister kennen lernte? Sie waren doch schwanger? Wie geht es dem Kind?«, fragte ich nach. Ja, sie wäre diese Frau. Ja, das Kind wäre gesund und munter, fast zu munter, eher nervig. Nein, hyperaktiv wäre die bessere Beschreibung. Ein Problemkind also. Alles würde sich nur noch um das Kind drehen. Wie lang das alles überhaupt noch so weitergehen könne, das stünde in den Sternen. Dann erzählte sie mir, dass ihr Kind zwar mittlerweile schon in der Schule wäre, aber auch da gäbe es nur Probleme. In ihren ganzen Erzählungen über das Kind, den Beruf und das Leben fehlten Freude, Dankbarkeit und Zufriedenheit. So klang auch die Stimme der jungen Frau. Voller Enttäuschung, Resignation und unterschwelliger Aggression auf das Kind. Welche Geschichte wollte hier ihr Geheimnis preisgeben? Eine südliche Weisheit kam in mir hoch: Ein Kind, das neben einem Stolpernden läuft, lernt zuallererst das Stolpern. Ein Kind schaut sich das ab, was die Mutter vormacht. Auch Partner schauen voneinander ab. Sollte die junge Mutter vielleicht unglücklich liiert oder verheiratet sein? Oder hatte sie Sorgen, die sie auf ihr Kind übertrug? Sie löste selbst das Rätsel. Sie hätte so viel Hass auf den Vater des Kindes und sie käme von diesem Hass einfach nicht los. Dieser Mann hätte ihr ganzes Leben versaut. Dafür solle er bluten. Ein Leben lang. Was durch diesen Mann für Sorgen in ihr Leben kamen, das müsse er wiedergutmachen. Aber mit Geld wäre das alles sowieso nicht zu bezahlen. »Wie dann?«, fragte ich dazwischen. Das wüsste sie auch nicht, trotz allen Grübelns. Sie käme aus dem Grübeln mittlerweile gar nicht mehr heraus. Dabei möchte sie so gerne wieder wirklich leben. Aber sie wüsste nicht mehr, wie das geht. Wir vereinbarten einen Beratungstermin. Schon bei der Begrüßung spürte ich ihre Aufregung, ihr Zittern und das leichte Beben in der Stimme. Sie begann sofort über ihre eigene Blödheit, Naivität und Gutmütigkeit zu schimpfen und verdammte ihren größten Schatz: ihre Sensibilität. »Diese blöden Gefühle gehören abgeschafft. Die machen nur das Leben schwer. Warum nur? Warum?«, schrie mich die Mutter verzweifelt an.

Ich konnte ihr aufgeregtes und bebendes Herz in meinem ganzen Körper spüren. Meine Seele berührte ihre Seele mit einem zarten, tröstenden Streicheln. Ich gab die Frage der jungen Frau an die größere Seelenweisheit weiter. »Warum brauchen Menschen Gefühle? Warum brauchen Menschen solche schlimmen, selbstzerstörerischen Gefühle? Was hast du Seele dir als die Künstlerin dabei gedacht?« Schweigen. Dass wir ganz nah bei unserer Seele sind, erkennen wir meist daran, dass wir das Schweigen unserer Seele zu hören glauben.

In solchen Augenblicken antwortet dann meist unser Verstand. Und er antwortet auf seine Art. Er erklärt uns zum Beispiel, wie wichtig Gefühle für unser Überleben sind und dass sie uns aktivieren sollen, damit wir auf all das angemessen reagieren können, was in so einem langen Leben auf uns zukommt. Aber nicht alles, was uns begegnet, kommt von außen. Viel vom scheinbar bösen Schicksal ist in unserem eigenen Kopf erschaffen worden. Diese schöpferische Kopfquelle, die viele auch unseren schöpferischen Geist nennen, ist sogar sehr aktiv. Und sie hat mit äußeren Quellen vieles gemeinsam. Sie ist durch unser Schicksal oft verschmutzt, belastet und getrübt.

Wenn schwere, trübe Gedanken unsere Gefühle aktivieren, werden auch unsere Gefühle entsprechend gefärbt. So wird aus Liebe leicht Hass, Freude wandelt sich in Neid und aus Sehnsucht wird Angst. Weil die Gefühle unseren Körper managen, beeinflussen sie natürlich auch unser Handeln. Wer hasst, wird Kinder anders erziehen als einer, der liebt. Wer voller Freude ist, wird anders handeln als einer voller Neid. Oft hilft uns diese einfache Erkenntnis, um uns eine bessere Gedankenwelt zu erlauben, als Voraussetzung für eine bessere Gefühlswelt und ein besseres Leben.

So wird der Schmerz, der durch den Hass in uns entsteht, sogar ungewollt zum Wegbereiter für eine neue Liebe. Mit diesen Gedanken konnte ich die junge Mutter allerdings jetzt nicht erreichen. Deshalb versuchte ich es mit einem einfachen Beispiel. »Manchmal sind unsere Gefühle wie die Kinder«, sagte ich ihr, während ich sie zum Tisch begleitete. »Wir sagen ihnen etwas, aber die Kinder wollen es nicht hören. Dann langen sie auf die heiße Herdplatte, verbrennen sich die Finger und wollen nie mehr in die Küche. Sie könnten auch auf ihren Verstand hören. Der würde ihnen sagen, dass wir nicht gleich die ganze Küche meiden müssen, wenn wir uns einmal die Finger am Herd verbrannt haben. Vielleicht gibt es noch bessere Alternativen.« Die junge Mutter horchte auf. »Sind meine Gefühle dieses kleine Kind, das sich die Finger verbrannte? Dann will ich wieder in die Küche und mir ein wunderbares Essen zaubern.« Was ist der nächste Schritt, wenn das, was man kochen will, noch halb gefroren im Kühlschrank liegt? Was ist der nächste Schritt, wenn ein von Hass, Schmerz und Angst halb erfrorenes Leben wieder die Sehnsucht nach Liebe spürt? Vielleicht genügt es schon, diesen Menschen daran zu erinnern, was Leben bedeutet.

Visionsübung

Nehmen Sie sich ein Kissen, das all Ihre Sorgen und Ihren Ballast symbolisiert: Die Kränkungen des Chefs, die Lieblosigkeit eines Menschen, die Undankbarkeit eines Kindes ...
Legen Sie dieses Kissen auf eine Schulter. Spüren Sie das Gewicht dieser Last, wie es Sie nach unten drückt, so schwer und ungerecht. Dann schütteln Sie ganz langsam die Last ab. So lange, bis das Kissen neben Ihnen am Boden liegt. Atmen Sie ein paarmal befreit und kräftig durch. Das Leben wartet auf Sie!

Wir gingen die paar Schritte zur Sitzecke. Nachdem wir uns gesetzt hatten, bemerkte ich, dass die junge Mutter ihre Füße ganz unruhig auf dem Boden hin und her zappeln ließ. Genauer gesagt, war der linke Fuß der Zappelfuß. Der rechte Fuß versuchte krampfhaft, den Zappelfuß zurückzuhalten. Ich bat sie, den Zappelfuß einmal zu fragen, was er ihr zeigen wolle. Das gefiel ihr. Sie zog die Schuhe aus und ließ den linken Fuß gewähren. Langsam begann er zu tasten, zu kreisen, zu tanzen. Die junge Mutter schaute mich an: »Der Fuß will wieder leben und er will tanzen!« »Alles hat seinen Preis. Welchen Preis müsste der linke Fuß bezahlen, wenn er sich seiner Lust zu tanzen hingeben würde?« – »Er müsste das Hassen aufgeben.« – »Ja«, bestätigte ich. »Er müsste seine Opferrolle aufgeben. Er müsste aufhören, die Welt nur noch durch diesen Filter des Opfers zu sehen. Das ist gar nicht so einfach. Allzu oft haben wir uns in dieser Opferrolle wunderbar eingerichtet. Eine verhängnisvolle Dramaturgie mit Wiederholungszwang. Vielleicht fällt Ihnen eine kreativere Lösung ein?«

Das vergessene Geschenk der Seele

Kennen Sie auch einen halb erfrorenen Menschen, der sehnlichst darauf wartet, wieder tanzen zu dürfen? Dann könnten Sie vorsichtig versuchen, ihn für ein Geschenk seiner Seele zu öffnen, das zu den wunderbarsten Geschenken überhaupt gehört: die Inspiration! Sie brauchen nur etwas Geduld und Offenheit. Dann ist die Zeit für Wunder reif.

Erinnern Sie sich an die Augenblicke kurz vor einer Inspiration. Irgendetwas beschäftigte Sie. Sie grübelten und grübelten. Keine Lösung. Sie grübelten noch mehr und machten sich nur noch mehr Sorgen. Das Problem wurde zu einem riesigen Flaschengeist. Dann schauten Sie zum Fenster hinaus. Draußen zogen die Wolken leicht und frei vorbei. Plötzlich ein Lächeln in Ihrem Gesicht. Es schien so, als würden die Probleme mit den Wolken weggeblasen, und die Lösung tauchte wie die Sonne hinter den Regenwolken hervor. Inspiriert von diesen neuen Einfällen, gingen Sie an die Arbeit.

So ging es der jungen Mutter. Was hatte sie so nachdenklich gemacht? War es mein Satz mit der Opferrolle? Waren es die sich immer wiederholenden Verhaltensmuster, die mit dieser Opferrolle zusammenhingen? Unabsichtlich oder unbewusst saßen wir beide für ein paar Augenblicke ratlos, sprachlos, aber offen für Einfälle einfach so da. In solchen Situationen ist es hilfreich, nur mitfühlend da zu sein. Mitfühlen, ohne sich im anderen zu verirren. Wach zu bleiben, ohne das Mitgefühl aufzugeben. Vielleicht gab es da noch in ihr eine schwierige Aufgabe zu lösen. Vielleicht war da ein scheinbar unlösbares Problem, ein Thema, eine innere Blockade, ein Angstbild, das die junge Mutter faszinierte. Ich wollte helfen, aber ich wusste noch nicht wie.

Da geschah es. Wie damals, beim Sternschnuppenschauen, kam plötzlich und ohne Zwang diese Eingebung in mir hoch. Der Nachthimmel öffnete sich für dieses kurze Blitzen und schon war alles anders. Die Welt war zum Tanzen und Umarmen schön. So viel wusste ich aus meiner Arbeit mit den Sorgen und Problemen der Menschen: Hinter jedem Problem liegt zum Greifen nah eine Lösung versteckt. Jetzt sah ich die Lösung. Ich beobachtete den ängstlichen Fuß der jungen Mutter. Auch die junge Frau beobachtete interessiert und geduldig ihren linken Fuß. Der begann ganz leise zu zucken. Dann versuchte er keck mit dem rechten Fuß zu flirten. »Was wäre möglich, wenn der rechte Fuß mitmachen würde?«, fragte ich vorsichtig. »Dann könnten die beiden Füße endlich wieder tanzen!« Dabei stand die junge Frau mit einer tiefen Vorfreude auf, schaute zuerst mich an, schaute dann ihren rechten Fuß an, schaute den linken Fuß an und schwieg. Ihr ganzer Körper wurde vom rechten Fuß ängstlich zurückgehalten. »Du siehst selbst: Ich darf nicht tanzen. Dabei

ist Tanzen doch mein Leben. Ich möchte mich so gern noch einmal fallen lassen, so wie damals. In die Arme, in den Körper eines Mannes fallen lassen, mich hingeben, aufgehen für eine kurze Zeit, so lange, wie die Liebe es will. Ich bin doch noch nicht zu alt für die Liebe. Warum darf ich nie mehr lieben?«
Mehr und mehr offenbarte sich das Geheimnis, das einer schwarzen geschlossenen Rose glich. Die junge Frau war streng christlich aufgezogen worden. Seit dem unehelichen Kind wurde sie von den strengen Eltern nur widerwillig unterstützt, mit der Auflage, dass so etwas nie mehr passieren dürfe. Der Verstand sagte Ja, der Körper aber wollte leben und das heißt immer auch lieben. »Eigentlich wollte ich meinen großen Traum leben. Jetzt ist er ein Albtraum geworden.«

Die entscheidende Frage

Wozu könnte Sie so eine Aussage inspirieren, wenn Sie wissen, dass Albträume nur die Angstseite der großen Träume sind? Richtig, Sie fragen die Sehnsucht, was werden will. Was fragt die Sehnsucht einen Menschen, der sein Leben als einen Albtraum sieht? »Was möchte jetzt aus diesem Leben werden?« Dann freuen Sie sich geduldig und offen auf die Inspiration aus der Unendlichkeit des Nachthimmels. Auch ich versuchte, dieser Lebensreise auf diese Weise einen neuen Sinn zu geben, und fragte die Frau, ob sie mit mir auf eine Visionsreise gehen möchte. Sie könnte sich einen schönen Platz aussuchen und dann die Augen schließen, um die Signale der Seele besser wahrnehmen zu können. Dabei könnte sie jederzeit selbst bestimmen, ob und wann sie die Visionsreise beenden möchte. Sie hätte die Wahl, einfach aufzuhören oder die Reise bis zum Ende zu gehen. Das passte ihr.
Aus früheren Gesprächen erinnerte ich mich, dass die junge Mutter ausgebildete Ärztin und Körpertherapeutin war. Sie war

in Körperreisen sehr erfahren. Ich wusste auch, dass eine schwierige Kindheit hinter ihr lag, dass sie eine kleine Arztpraxis betrieb und eine tiefe Beziehung zur Natur und zu allem Schönen hatte. »Wo möchtest du sitzen?«, fragte ich. Der Blick der jungen Mutter streifte über die Bilder an meiner Wand hin zum großen Gartenfenster. Der Sommer zeigte seine ganze Pracht und Fülle, wie eine stillende Mutter, die bereit ist, ihrem Kind alles im Überfluss zu geben. »Wo möchtest du den Bildern deiner Seele begegnen?«, fragte ich noch einmal nach. Sie sah zum Garten. »Auf dieser Wiese?«, bat sie mich fragend. Also setzte sie sich auf einen filigranen Gartenstuhl mitten in die satte Frühsommerwiese. Der Zitronenbaum neben ihr verwöhnte sie mit dem Duft des Südens.
Wie geht es Ihnen und Ihrer Seele, wenn leise Gitarrenmusik herüberklingt, der Gesang eines im Käfig gefangenen, fremd klingenden Vogels wehmütig von Freiheit kündet, wenn der Geschmack der letzten Erdbeere noch Ihre Lippen küsst und sich die Blüten roter Rosen nach einem kühlen Morgenregen langsam öffnen? Wie geht es Ihnen, wenn Sie die Frage des Herzens atmen hören? Eine fremde, Ihnen wohlgesinnte Stimme bittet Sie, die Augen sanft zu schließen, die Bilder in Ihnen aufsteigen zu lassen wie einen Sonnenaufgang am Meer. Diese gar nicht mehr so fremde Stimme schwingt in Ihrem inneren Bildermeer mit, so wie ein Schmetterling mit dem leisen Windhauch mitschwingt, um sich, scheinbar zufällig, auf dieser oder jener Blüte auszuruhen. Dazu kommt eine Ahnung, dass das scheinbare Ausruhen das Wesentliche sein könnte. Langsamer werden, um schneller den rechten Bildern der Seele folgen zu können.
»Möchtest du sehen, wie deine Seele sich dieses Leben vorgestellt hat?« Die junge Frau nickte heftig. Die Augenlider bedeckten sanft die unruhig zuckenden Augen. »Was siehst du vor deinen inneren Augen aufsteigen?«, fragte ich vorsichtig. »Eine Landschaft, durch die sich ein wunderschöner Bach

schlängelt.« Ich bat, genauer hinzuschauen. Da bemerkte sie, dass der Bach einbetoniert war. Das erinnerte sie an ihr eigenes Leben. Auf meine Frage an die Seele, wie diese Landschaft in einem Jahr aussehen würde, rief sie erstaunt: »Es ist alles frei! Der Bach fließt so frei und unbeschwert. Er ist voller Fische. Die Ufer blühen in buntesten Farben!« Ich bat die junge Frau, die Seele des Baches zu fragen, was diesen Wandel möglich machte. »Dein Tanz! Dein Tanz!«, rief es aus ihr heraus. »Wie war dieser Tanz?«, wollte ich wissen.

Und dann geschah ein Wunder. Leicht, zuerst unbeholfen torkelnd wie der kleine gelbe Schmetterling über uns, erhob sich die junge Frau. Das feine, bunte Sommerkleid schwebte im Morgenwind. Dann der erste zaghafte Schritt des rechten Beins, das linke Bein wurde ganz still, lauschte dem Wunder, zog zitternd vor Freude nach, das Gras wie eine Geliebte berührend, das rechte weitete den Schritt und bat zum Tanze. Und es tanzte der Garten. Es tanzte der Mond, der die Nacht verschlafen hatte. Es tanzte die ganze Erde mit der Seele der jungen Frau. Jede Bewegung ein Fließen hinein in das Glück, in die Kunst, sich selbst zu leben.

Wir folgten den vor Freude sprühenden Bildern der Seele und kamen zur Quelle der Sehnsucht. Tanz und Heilen wollten in dieser jungen Frau Hochzeit feiern. Sich heilen durch Tanzen. Der Seele die Möglichkeit geben, sich tanzend zu heilen. Wer wusste mehr um das Leid eines scheinbar zu Leblosigkeit und Lieblosigkeit verfluchten Menschen? Wer konnte glaubwürdiger Hoffnung verbreiten, die Hoffnung nämlich, dass es möglich ist, sich durch heilenden Tanz zu befreien? Wie ein Kind stand sie nun auf der grünen Wiese. Das bunte Kleid bewegte sich leicht im Wind. Dann erinnerte sie sich, dass sie als kleines Kind auf den Armen einer ersten großen Liebe im Kreis herumgewirbelt wurde, schnell und immer schneller, bis es ihr ganz leicht schwindelig wurde und sie kleine Sternchen sah. »Wie im Himmel! Wie im Himmel, so wunderbar leicht und so schön. Dann der erste Kuss, das erste Mal. Dann war er fort. Es kam nicht einmal ein Brief, nicht einmal ein kleiner, letzter Brief, auch kein Anruf.« War sie vielleicht nicht gut genug? Oder zu unerfahren? Von da an war es nie mehr so schön, nie mehr so leicht, nie mehr so frei. Genauer gesagt, wurde es immer langweiliger. Bis sie es noch einmal wissen wollte und alles vergaß, sogar ihre Kontrolle. Das sollte sie büßen.

Ein Leben in Beton gegossen. An der Größe unseres Leids erkennen wir die Größe unserer Aufgabe. Diese junge Frau hatte fürwahr eine große Aufgabe vor sich. Jedes Leid der nächsten Zeit würde sie als ein Leid im Dienste der Befreiung sehen.

Jeden Streit, jede Angst, jedes klärende Wort würde sie ab jetzt als einen Schritt in Richtung Visionsverwirklichung erkennen. Sie würde es noch einmal wagen. Wach und nicht blind! Sie würde die innere Seelenlandschaft von den Zwängen befreien. In einem Jahr würde sie es geschafft haben, das Wasser des Lebens wieder frei fließen zu lassen. Kein Leid, keine Angst würde sie daran hindern. Denn der Preis der Angst ist viel zu groß für eine Seele, die das Leben als einen Tanz erleben will. Die Ängste würde sie entlarven als das, was sie sind: die Sorgenquellen ihrer Eltern und die Sorgenquellen einer verletzten Frau. Die Sorgen um ihr Kind würde sie entlarven als Schuldgefühle und Zwänge aus längst vergangenen Zeiten. Jetzt ging es ihr darum, das Betonbett, in dem ihr Leben floss, wieder zu renaturieren und das Wasser des Lebens wieder natürlich fließen zu lassen. »Erst wenn es den anderen gut geht, darf ich es auch mir gut gehen lassen.« Diesen Satz entlarvte sie als den Fluch einer Zauberin, die ihren Namen trug.

Exkurs: Ballast und Sorgen abwerfen

Kennen auch Sie Menschen, die vor lauter Sorgen zu leben vergessen? Wen auf der Straße der Angst die Sorgen nach unten drücken, für den ist es schwer, den Sonnenaufgang über dem

Land der Visionen zu erkennen. Bestenfalls sieht er, wie sich in den Wasserpfützen aus vielen Verzweiflungstränen die Sonne widerspiegelt.
So können Sie diesen Menschen am besten helfen:

1. *Machen Sie sich und diesen Menschen bewusst, dass es zweierlei Sorgen gibt: hinderliche und förderliche Sorgen.*
2. *Sorgen sind zuallererst Gedanken mit der Kraft von sich selbst erfüllenden Prophezeiungen.*
3. *Sorgen sind oft Fallen, weil sie nur von Vergleichen und Erfahrungen leben.*
4. *Wenn Sie sich das alles bewusst gemacht haben und die obige Befreiungsübung erfolgreich war, dann konzentrieren Sie sich nur noch auf die Sorge, die ein lieber Freund sein will.*
5. *Begrüßen Sie die Sorge, die ein lieber Freund sein will, mit den Worten: Guten Morgen, liebe Sorge, was willst du mir sagen? Beginnen Sie einen wohlmeinenden, inneren Dialog mit dieser Sorge.*

Was macht eine von alten Sorgen befreite junge Mutter? Als Ärztin wusste sie viel über Krankheiten. Als Körpertherapeutin wusste sie viel über Blockaden. Jetzt aber wusste sie noch viel mehr. Jetzt wusste sie, dass es tausend Gründe gibt, sich zu sorgen, und einen Grund, sich nicht allen Sorgen auszuliefern.
Jetzt wusste sie aber auch, wie die Künstlerin in ihr zur wirklichen Heilerin werden kann. Heilkunst bekam eine neue Bedeutung. Sie lernte den Sinn der Gefühle und die Sprache der Schmerzen verstehen. »Schmerzen wollen uns nicht ärgern, sondern uns zu unserer Lebensaufgabe führen.« Solche Erkenntnisse führen zu einem ganz neuen Verständnis von Krankheit, von Leid und von Angst. Befreiungsschmerzen sind leichter zu ertragen als von Angst besetzte Schmerzen.

Das Gleiche ist nicht mehr das Gleiche

Zu meinem Kunden- und Freundeskreis gehören begnadete Ärzte. Diese Ärzte erzählen mir oft, dass sie gerne anders mit ihren Patienten arbeiten würden. Aber die Patienten wollen oft lieber behandelt werden, als selbst zu handeln. Das macht niemanden wirklich gesund und erst recht nicht glücklich. Denn Heilung kann man selten verordnen, erst recht nicht einfordern. Heilung ist das Geschenk einer besonderen Beziehung zwischen einem »Heiler« und einem Menschen, der für eine bestimmte Zeit seine Vision verloren hat. Nicht selten ist dieser Heiler der, der eigentlich als Patient gekommen ist. Manchmal heilt die Begegnung beide: den Patienten und den Heiler. Genauso erlebe ich es oft, dass ein Ratschlag auch für den gilt, der den Ratschlag gibt. Sonst wird jeder Ratschlag nur ein Schlag, der bestenfalls ins Wasser geht. Wer als Helfer in dem Bewusstsein hilft, mit jedem Heilen auch reich beschenkt zu werden, wird selten ausgebrannt.

Dazu braucht es aber neben diesem wachen Bewusstsein auch Weisheit. Die Weisheit zum Beispiel, dass wir in unserem wahren Wesen sowieso untrennbar miteinander verbunden sind. Vielleicht haben wir im Augenblick unserer Begegnung unterschiedliche Rollen, vielleicht unterschiedliche Schritte, unterschiedliche Wege. Aber je mehr wir uns unserem großen Traum nähern, umso näher sind wir zugleich dem großen Traum des großen Lebens. Dieser Traum ist wie eine große Arche Noah, in der alle Träume ihren Platz haben. Die Heiler und die auf Heilung Hoffenden. Die Träumer und die auf große Träume Hoffenden. Die Ratgeber und die auf Rat Hoffenden. Wer in diesem Geist seine Vision als weiser Ratgeber erfüllen will, kann vielleicht vom Licht der Kerze lernen. Oft erzählen mir unglückliche Berater, dass sie sich im Helfen erschöpften. Ich führe sie dann zu meinem Kerzenschrank, hole eine Kerze heraus und zünde sie an. Dann bitte ich den Ratgeber, sich vorzustellen, dass die vielen Kerzen im Schrank allesamt hilfsbedürftige Menschen wären, die auch ihre Vision einer brennenden Kerze erfüllen möchten. Das fällt den meisten Menschen leicht. Danach bitte ich darum, jede der Kerzen im Schrank an der Flamme der brennenden Kerze anzuzünden – so lange, bis sich die Flamme durch das viele Lichtgeben erschöpft. Meist verstehen meine Besucher schon vor den ersten Versuchen, wie dieses Kerzenspiel zu Ende geht.

Die heilige Hochzeit

Um Ihre Vision zu wissen ist das eine. Sie zu leben ist das andere. Sie aus Angst nicht zu leben, das ist eine Tragödie. Wenn Sie in Ihrer ewig blutenden Wunde Ihre Berufung erkennen und diese dann als Anliegen in die Welt bringen, dann nenne ich dies die »heilige Hochzeit feiern«. Das große Geheimnis fast aller Mythen, Märchen und Sagen ist, dass Heldin oder Held nach langen Abenteuern und Prüfungen die größte aller Prüfungen besteht. Diese Prüfung erlöst zugleich die ewig blutende Wunde. Mit dieser Erlösung verbunden ist zugleich eine »Einweihung« in das eigene Geheimnis. Das eigene Geheimnis ist nie getrennt vom großen Geheimnis. Wenn Sie Ihr eigenes Geheimnis erkennen und sich mit diesem Geheimnis in den Dienst des Lebens stellen, haben Sie auch die Gralsfrage und viele andere Fragen auf einmal beantwortet. Sie sind Lichtträger und vom Licht Getragener zugleich. Sie sind Bräutigam und Braut. Sterbend und neugeboren, alles in einem. Sie sind Held und Heldin der Herzen zugleich. Sie haben sich dann entschieden, wem Sie dienen wollen. Wenn Sie heilige Hochzeit feiern, fragen Sie nicht mehr, warum es Sie auf dieser Welt geben soll. Sie wissen es einfach. Sie fragen auch nicht mehr, was Ihre Aufgabe in diesem Leben ist. Sie selbst sind der lebende Beweis, dass diese Aufgabe drängend und dringend ist und deshalb durch Sie dringend und drängend erledigt wird. Wenn Sie diese Aufgabe nicht übernehmen würden, wäre die Welt um Ihren Beitrag ärmer, weniger schön und weniger liebevoll.

Diese Aufgaben sind meist prozesshaft angelegt. Sie beginnen ganz klein, fast unscheinbar. Eine feine und leise Inspiration begleitet Ihr Tun. Ein unfassbares Ungenügen. Dann kommt irgendwann dieser Chaospunkt, der Punkt, an dem Sie sich ganz oder gar nicht hingeben. Der Augenblick, in dem nichts mehr kontrollierbar ist. Der Augenblick, in dem Sie sterben, um neu geboren zu werden. Der Augenblick, in dem alles plötzlich sinnvoll ist, in dem die Kraft in Hülle und Fülle da ist, kein Mangel mehr, keine Angst zu versagen. Nur das sichere Bewusstsein, sich gefunden zu haben. Angekommen zu sein. Lieben zu können. Dankbar, unendlich dankbar dafür zu sein, die ganze Welt wirklich lieben zu können, statt von der ganzen Welt geliebt werden zu müssen. Dankbar, unendlich dankbar dafür zu sein, bewusst beitragen zu dürfen, dass Liebe fließt.

Die junge Frau hat als Folge unserer Beratung ein eigenes Verfahren entwickelt. Wie eine Tänzerin der Musik folgt, um sich in ihr zu erfüllen, so folgt sie nun den Bewegungen und Impulsen des Körpers und lässt sich von ihm inspirieren. »Wer weiß besser als unser Körper selbst, was ihm wirklich fehlt?«, fragte sie selbstbewusst den Reporter, als er sie für eine große Zeitschrift interviewte. Das leuchtete ein. Sie wurde mehr und mehr zur Expertin für »Healthflows«. So nennt sie nun ihr Verfahren, das aus weiteren Visionsreisen entstanden ist. So begeistern ihre Inspirationen nicht nur sie selbst, sondern viele Menschen, wenn sie verkündet, dass es ganz einfach ist, sich in sein eigenes Gesundsein hineinfließen zu lassen. Probieren Sie es doch an sich selbst einmal aus.

Visionsübung

Suchen Sie sich Ihre Lieblingsmusik aus. Spüren Sie zuerst Ihren Körper und dann die Musik. Es gibt einen Moment, da beginnt Ihr Körper den Inspirationen der Musik zu folgen, wie das Blatt einer fallenden Kirschblüte den Bewegungen eines leichten Frühlingswindes folgt. Auch wenn es noch fremd und ungelenk scheint, sind Sie schon auf dem Weg, ein Healthflower zu werden. Geben Sie nach und nach allen Körperteilen, Organen und Zellen die Möglichkeit, in der Musik mitzufließen.

Was ich Ihnen jetzt verrate, werden Sie kaum glauben, denn Sie kennen ja mittlerweile die Vorgeschichte: Am liebsten tanzt die junge Mutter den Healthflow mit Kindern. »Kinder tanzen sich so gern gesund.« Als Nächstes möchte sie alle Kinder dieser Welt zum Tanzen bringen. Ahnen Sie schon, was da als Nächstes werden will? Im letzten Kapitel werden Sie erfahren, ob Sie mit Ihrer Vermutung richtig lagen.

Auch Sie haben eine »Methode« an sich selbst erprobt, ein Leben lang, ohne es zu wissen. Ab jetzt wird Ihnen Ihre lebenslange Erfahrung nicht nur dabei helfen, krank zu werden, sondern auch zu wissen, was Sie krank machte, und vor allem, wie Sie wieder in Ordnung kommen.

Jeder Mensch, der ab jetzt zu Ihnen kommt, ist für Sie ein »Inspirator«, der Sie dazu inspiriert, lebenslang zu lernen. Seien Sie dankbar für die Probleme und Herausforderungen, die Ihnen vom Leben und von den unterschiedlichen Menschen geschenkt werden. Vielleicht werden Sie dadurch zu neuen Einstellungen und Verhaltensweisen, Lösungen und Aufgaben inspiriert, die Sie zurück zur Straße der Sehnsucht führen. Inspiratoren sind selten bequem, oft bringen sie uns an unsere Grenzen. Aber genau dort beginnt oft die Straße der Sehnsucht. Die Straße der Sehnsucht ist der schnellste Weg zur Erlösung. Folgen Sie Motivatoren, die sich als Inspiratoren ausgeben und die Sie verführen, statt Sie zu führen.

Inspiratoren erkennen Sie oft an Kleinigkeiten. Als ich mit starkem Schnupfen bei einem befreundeten HNO-Arzt war, bedankte sich dieser voll Freundlichkeit dafür, als ich ihn kräftig anniesen musste. »Kostenlose Impfung«, erklärte er mir sein Danke.

Eine neue Einstellung und ein neues Bewusstsein erlösen nicht nur die junge Mutter, sondern auch Sie und viele andere Menschen von langem Leid und großer Hoffnungslosigkeit. »Wer selbst krank und unglücklich ist, kann andere nicht gesund und glücklich machen. Wer auf dem Weg ist, immer gesünder und glücklicher zu werden, kann anderen den Weg zeigen«, so sagt die junge Mutter heute voller Dankbarkeit. Manchmal flüstert mir die Seele leise zu, dass es die Kraft dieser Dankbarkeit wäre, die Heilung erst möglich macht.

Am Kind der jungen Mutter konnte ich es am schnellsten erkennen, dass die Seele wieder einmal recht behielt. Denn durch die Kraft der Dankbarkeit seiner Mutter lösten sich auch die Probleme des Kindes.

Inspiration oder Manipulation?

Manchmal gehe ich in ein Altenheim. Am Frühstückstisch sitzen die alten Menschen zusammen. Manche essen stumm vor sich hin, andere schimpfen, wieder andere unterhalten sich über längst vergangene Zeiten. »Wenn ich zurückschaue auf die Vergangenheit, dann wünschte ich mir, ich hätte damals schon diesen Blick von heute gehabt. Dann hätte ich manches leichter genommen. Tod und Krankheiten wären mir nicht erspart geblieben, aber manche Sorgen.« So fasste ein alter Mensch einmal die Erfahrungen seines Lebens zusammen. Rückschauend sollten wir zwar nicht alles durch die rosarote

Brille sehen. Das wäre auch gar nicht heilsam. Rückschauend kommt allerdings oft eine Gelassenheit in unseren Blick. Wir haben es ja geschafft. Wir wissen, wofür das eine oder andere gut war. Wir können schon den Segen im scheinbaren Fluch erkennen.

So geht es uns auch, wenn wir auf der Straße der Sehnsucht gehen. Wir schauen vielleicht nostalgisch zurück. Diese Nostalgie ist aber eine Falle, die uns hindert, unserer Sehnsucht zu folgen. Denn die Sehnsucht finden wir im Jetzt, die Nostalgie nur in der Vergangenheit. Noch bevor Sie sich durch die Nostalgie auf die Angststraße ziehen lassen, wo Sie sich vielleicht beschweren oder Schuldige suchen würden, nutzen Sie dieses Gefühl des inneren Ungenügens doch lieber als Kraft, um Anlauf zu nehmen, damit Sie mit Ihrer inneren Entwicklung einen großen Schritt weiterkommen. Schauen Sie in das, was aus dem Problem Gutes werden will. Wenn Sie aus Ihrer inneren Weisheit heraus die Antwort bekommen, dann können Sie auch sicher und kraftvoll an die Lösung des Problems gehen.

Aus der Position des bereits Erlösten auf das zu schauen, was scheinbar noch auf seine Erlösung wartet, macht das Unerlöste erträglicher und Ihre Handlungen entschlossener. Sie sind nicht mehr Opfer, sondern Täter. Täter sind Sie, weil Sie wieder die Verantwortung für Ihr Tun übernehmen, statt sich wie ein Lamm zur Schlachtbank führen zu lassen.

Wenn Sie sich von Ihrer Opferrolle befreien wollen, bekommen Sie sofort Zugang zu Ihren größten und wichtigsten Verbündeten: Ihrer Intuition und Ihrer Inspiration.

Wenn Intuition Ihr alter weiser Führer ist, der sein Wissen aus der Zeitlosigkeit und Unendlichkeit des großen Lebensstroms schöpft, dann ist Inspiration das weise Kind, das unschuldig, rein und absichtslos seine Einfälle und Ideen heraussprudelt. Ein Kind, das sich einfach freut, da zu sein. Ein Kind, das noch von einem Geist begeistert ist, der wie der alte Dionysos spontan und unvorbereitet einfällt in unser Grübeln und Zaudern.

Ja, göttlich ist diese Inspiration fürwahr! Wenn wir sie brauchen, dient sie uns, wenn wir sie missbrauchen, wirft sie uns auf die Straße der Angst zurück.
Erinnern Sie sich? Wenn Inspiration missbraucht wird, nenne ich das auch Manipulation. So wie ein unschuldiges Kind leicht Opfer von Missbrauch werden kann, kann auch Ihre Inspiration leicht zum Opfer werden. Sie brauchen nur auf die Straße der Angst zu schauen. Dort stauen sich die Menschenmassen, die sich mit Angst verführen ließen. Sie laufen visionslos hinter Zielen her. In meiner Zeit als Werbeunternehmer musste ich oft Motivationsprogramme entwickeln. Sie sollten Menschen dazu verführen, immer höher gesteckte Ziele zu erreichen, ohne die eigene Seele zu fragen. Ich wusste noch zu wenig über den Verrat an der Seele und die Folgen dieses Verrats. »Anerkennung und Geld«, das waren die Zutaten, die kreativ verpackt jeden Verrat möglich machten. Ich gab ein gutes Beispiel ab, was dieser Verrat an Folgen mit sich brachte.
Heute weiß ich, dass Manipulation leicht von Inspiration zu unterscheiden ist, so leicht, dass ich mich frage, wie ich das denn übersehen konnte. Manipulation geht nämlich nur in Verbindung mit Macht, Kontrolle und Unfreiheit bis hin zur Unterdrückung.
Inspiration braucht das nicht. Inspiration ist das Kind der Liebe, will der eigenen Seele und damit der großen Seele dienen. Manipulation mehrt das Unglück. Inspiration mehrt das Glück. Manipulation will vereinnahmen. Inspiration will Grenzen achten und doch berühren.
Ich stehe oft tief ergriffen vor einem Bild, das Sie ganz sicher kennen oder vielleicht schon in der Sixtinischen Kapelle in Rom selbst gesehen haben. Michelangelos Meisterwerk zeigt zwei Hände, die sich einander, nach Berührung sehnend, entgegenstrecken und sich doch nicht berühren. Was sehen Sie in diesem Bild? Freiheit? Sicherheit? Oder ist es die Achtung vor dem Geheimnis? Oder ist es so, dass wir diese letzte Grenze

brauchen, weil wir sonst im Wissen verglühen würden? All diese Fragen gelten auch für die Inspiration. Inspiration achtet Grenzen, weil sie ein tiefes Wissen um die Kraft dieser letzten Geheimnisse besitzt.

Die letzte Frage

Dazu fällt mir folgende Geschichte ein. Die Frau meines alten verstorbenen Meisters hatte sich nach einem langen inneren Ringen entschlossen, ein letztes Mal, wie damals ihr Mann, auf eine große Reise zu gehen. Unsere Visionsarbeit hatte einen so tiefen Eindruck bei ihr hinterlassen, dass sie sich entschloss, der inneren Reise eine äußere Reise folgen zu lassen. Ich erinnere mich noch genau an die inneren Bilder, die sie zu diesem Entschluss inspirierten.

Es war eine Visionsreise in ein fernes, unbekanntes Land. Sie begann in der Nacht, einer stürmischen Nacht voller Blitze und Donnergrollen. Ein Mann tauchte auf und zündete ihr ganz selbstverständlich eine Kerze an. Plötzlich beruhigte sich das Wetter. Die Wolken brachen auf und ließen das beruhigende Funkeln der Sterne erkennen. Auch in ihr wurde es ruhig. Sie wollte sich bei dem Mann bedanken, aber er zeigte ihr nur den Rücken. Mit dem Gesicht schaute er in die flammende Kerze. Von Zeit zu Zeit gab er ihr das Feuer der flammenden Kerze zu essen. Sie aß und wurde immer heller, fast erleuchtet. Ich fragte sie in unserem Visioneering, ob sie sich etwas wünschen möchte. Sie wollte den Mann von vorne sehen. Da bemerkte sie, dass sich ein Vogel zu ihr setzte. Ob sie wohl dieser Vogel sein möchte, fragte ich sie. »Ja, dieser Vogel möchte ich sein«, antwortete sie spontan. Denn sie wollte diese Szene von oben anschauen. Also flog sie als Vogel nach oben – auch um diesen Mann von vorne sehen zu können. Aber er wollte noch nicht gesehen werden. Ich fragte sie nach einer neuen Idee. Sie wollte ihn tanzend bezirzen. Sie tanzten einen göttlichen Tanz. Aber sein wahres Gesicht erkannte sie trotzdem nicht. Ihr kam die Idee, in die Zukunft zu fliegen und von dort aus auf das Jetzt zu schauen. Sie flog ein paar Monate in die Zukunft. Sie sagte, sie wäre ein Teil des Lichts geworden. So wurde es ihr möglich, ihn zu erkennen. Das Licht hatte für sie die Farbe des Sonnenaufgangs. Plötzlich war ihr klar, wohin sie musste. Schon als junges Mädchen wollte sie den Fernen Osten bereisen, um dort die letzte Antwort zu hören. Für diese letzten Antworten lohnt sich die weiteste Reise. Davon war die alte Dame überzeugt.

Seit ihrem Entschluss, den Fernen Osten zu bereisen, wurden ihre Besuche wieder seltener. Umso deutlicher bemerkte ich, dass sich das Leuchten in ihren Augen mit jedem der Besuche veränderte, so wie sich auch das Sonnenlicht verändert, wenn wir in größeren Abständen aus dem Fenster schauen. Eine letzte große Frage lag wie eine reife Frucht in ihrem Herzen. Mit dieser Frage fuhr sie also fort. Der Abschied hatte den Hauch von Endgültigkeit in sich, so, als ob Liebende Abschied nehmen und die Seele den Schmerz nicht herausweinen darf, obwohl sie weiß, dass dies der letzte Abschied werden wird.

Ich hatte diese tapfere alte Frau mit ihren zarten, silbergrauen Haaren und den feinen Falten im Gesicht auf eine Art lieben gelernt, wie Kinder ihre Großmutter lieben, wenn sie in dunklen Winternächten Geschichten von damals erzählt.

Ein letztes Lächeln, ein letztes Berühren, ein letztes Danke. Dann hob sich der Flieger, um sie in ein anderes Land zu bringen. Die alte Dame hatte sich den Fernen Osten auch deshalb ausgesucht, weil sich ihre Vision im Land der aufgehenden Sonne erfüllen sollte. Wie, das wollte sie mir auf jeden Fall berichten.

Lange hörte ich nichts von ihr. Mit der Entfernung bekommen auch Versprechen eine andere Bedeutung. An einem Tag, es war der Tag nach der Wintersonnenwende, fand ich ihren letz-

ten Brief in meinem Briefkasten. Ein Brief mit einem »Danke«, groß und mit einem Silberstift geschrieben, leicht verwischt – von einer letzten Träne vielleicht.
Auf einem zweiten Blatt eine Geschichte, die von einem tiefen Einverständnis durchdrungen war. Ich bin mir sicher, dass diese Geschichte auch für *Sie* bestimmt ist.
Irgendwo im Fernen Osten hatte ihr jemand diese Geschichte erzählt, irgendjemand, der diese Geschichte vielleicht von jemand anderem erfahren hatte. Vielleicht war diese Geschichte als Geschenk gedacht für einen, der sie dringend brauchte – so wie auch ich sie brauchte, ohne es zu wissen. Vielleicht lebte dieser Geschichtenerfinder schon lange nicht mehr und doch lebte noch etwas Wesentliches von ihm: eine kleine Visionsgeschichte! Ich zündete eine Kerze an. Eine Musik aus dem Fernen Osten schwang wie zufällig vom Nachbarhaus in die Stille meines Zimmers. Halblaut begann ich zu lesen:

In einem fernen Land lebte einst eine traurige Prinzessin. Sie hatte eigentlich keinen Grund, traurig zu sein, denn sie hatte alles, was kleine Prinzessinnen sich so wünschen: ein großes Schloss, ein Himmelbett, Schmuck und Kleider vom Feinsten, viele Bewunderer und große Träume. Wenn sie zum Fenster hinausschaute, wusste sie, dass alles, was sie sah, ihr gehörte. Auch das, was sie nicht sah, gehörte ihr.
Ihr gehörte die Einsamkeit. Ihr gehörte die Angst und ihr gehörten die Fragen eines ängstlichen Herzens.
Eines Tages hörte sie von einem Mann in ihrem Reich, der weise und heilig war. Er könne deshalb alle Fragen beantworten, auch die wesentlichste aller Fragen, die sonst unbeantwortet bleibt. Etwas eigenartig wäre er schon. Nie käme er aus seiner Höhle und reden würde er nicht viel. Aber was er sagte und vor allem wie er es sagte, das hätte heilsame Wirkung.
Das kam der Prinzessin bekannt vor. Auch sie redete nicht mehr viel. Auch sie kam sich wie in einer Höhle vor oder bestenfalls

wie in einem goldenen Käfig; nur dass die Wirkung ihrer Worte andere eher kränkte als heilte. Oft schon dachte sie deshalb ans Sterben. Nur die Angst hielt sie davon ab. So war sie zum Grübeln verdammt und mit ihr das ganze Volk. Sie hatte ihren Sinn verloren und mit dem Sinn die Freude am Leben.
Weil das nicht mehr so weitergehen konnte, machte sie sich also auf, das zu finden, was sie glaubte verloren zu haben. Wer sich in dieser Absicht auf die Reise begibt, wird oft belohnt. So kam sie schneller zur Höhle, als sie geglaubt hatte.
Der Mann begrüßte sie sogleich mit den Worten: »Schön, dass du da bist. Lange habe ich auf dich gewartet.« So alt, wie es hieß, fand sie diesen Mann dann doch nicht, auch erinnerte er sie an jemanden aus längst vergangenen Zeiten. Sie setzte sich zu ihm an den Rand der Höhle. »Was verbringst du dein ganzes Leben in der dunklen Höhle?«, fragte sie den Mann. »Ist das deine Frage?«, gab der Mann zurück. Konnte es sein, dass er schon die wesentlichste aller Fragen in ihrem Herzen las? Leise sprach er weiter: »Wenn wir nach unserem Sinn fragen, haben wir den Kontakt zum Wesentlichsten verloren.«
Die Prinzessin schien ratlos. »Was ist das Wesentlichste in dieser Höhle?« Der Mann führte die Prinzessin tief in die dunkle Höhle hinein. Die Prinzessin wunderte sich, dass sie gar keine Angst hatte. »Willst du wirklich das Wesentlichste sehen?« Die fragende Stimme des Mannes wurde drängender, aber auch immer vertrauter. »Ja«, hörte sie sich in der Dunkelheit antworten. Sodann entzündete er eine Kerze in der Mitte der Höhle. Im selben Augenblick begann die Höhle, wie von Tausenden und Abertausenden Lichtern erhellt, zu strahlen. Weil der Mann jedoch zwischen Kerze und Prinzessin stand, konnte die Prinzessin die brennende Kerze selbst nicht sehen. Irgendwann begann sie das zu stören. Erst recht, als der Mann die Bedeutung dieser Kerze erklärte. »Gott ist dieses eine Licht, das sich in Abertausenden Spiegeln widerspiegeln will. Würde einer dieser Spiegel fehlen, würde die ganze Höhle an Glanz verlieren. Deshalb

wirst du auf der Welt gebraucht. Du bist einer dieser Spiegel. Nicht weniger, aber auch nicht mehr.« Jetzt erst sah die Prinzessin, dass der Mann die ganze Höhle im Laufe der Jahre mit all den Spiegeln verkleidet hatte, um seine Vision zu erfüllen. Und doch fehlte ihr bei all dem Glanz etwas ganz Entscheidendes: Sie sehnte sich danach, direkt in die Kerze schauen zu können.

»Ich ehre deine Weisheit und dein Werk«, sprach sie. »Trotzdem bitte ich dich, trete zurück, damit ich den Glanz des Kerzenlichtes ohne deinen Schatten erblicken kann.« Kaum hatte sie das gesagt, drehte sich der Mann um und sah ihr in die Augen. Jetzt erkannte sie ihn – es war ihr eigener Vater. Er lächelte ihr noch einmal zu, segnete sie und war für immer verschwunden. Ganz alleine stand sie nun vor dem Licht aller Lichter und begann mal vor Freude und mal vor Trauer zu weinen.

Als ich die Geschichte fertig gelesen hatte, ahnte ich ihre Bedeutung. Eine Bedeutung, die weit über das hinausging, was sie vielleicht der alten Dame bedeutete. Wie viele Frauen habe ich im Laufe meiner Beratungen kennen gelernt, die sich damit begnügten, im Licht ihres Mannes zu glänzen. Wie viele dieser Frauen lebten lieber im Schatten eines Mannes als im Kontakt mit dem direkten Licht der großen Seele, die viele Namen hat. Der große Schatten eines großen Mannes hatte sich zwischen Licht und Spiegel geschoben.

In meinen vielen Beratungen begegnen mir immer wieder starke Frauen, die wegen einer unerlösten Vatersehnsucht ihr eigenes Leben zu leben versäumen. Oft muss erst ein schmerzhafter Verlust passieren, damit diese Frauen sich wieder auf sich selbst und damit auf ihre eigene Spiritualität besinnen können.

Wer seinen Mann vergöttert, macht es sich und seinem Mann schwer. Vor allem wird er seine eigene Vision weniger wertschätzen als die Vision seines Mannes.

Die alte Dame gestand mir in einer unserer vielen gemeinsamen Sitzungen der letzten Monate einmal, dass sie schon sehr früh die Heilkraft ihrer Hände erkannt hatte. Mit diesen wunderbaren Händen konnte sie nicht nur körperliche Schmerzen lindern, sondern auch die Heilungserfolge ihres Mannes entscheidend beeinflussen.
Sie war viel zu bescheiden, um dies auch nur einmal zu erwähnen. Einige Patienten ahnten etwas von dieser segensreichen Unterstützung, nur wenige hatten auch den Mut, dies zu würdigen. Der alte Herr hätte wohl auch heftig den Kopf geschüttelt, wenn er gefragt worden wäre, ob diesen Händen auch zu danken wäre.
So hatte sich, genau wie in der Geschichte, der große Schatten des großen Mannes zwischen das Licht der Kerze und den Spiegel geschoben. Frauen mit unerlöster Vatersehnsucht leben ihre Vision, ohne sie bewusst zu erfüllen.
Wenn Sie glauben, zu diesen Frauen zu gehören, möchte ich Ihnen diese kleine Übung schenken.

Visionsübung

Stellen Sie sich eine Kerze auf. Dann stellen Sie ein Bild zwischen die Kerze und sich. Bedanken Sie sich bei Ihrem Vater und all den Ersatzvätern Ihres Lebens – für immer. Danach nehmen Sie eine Beobachterrolle ein. Dort, wo Sie selbst saßen, ist jetzt stellvertretend ein Stuhl oder ein Kissen. Sie selbst suchen sich jetzt einen Platz, von dem aus Sie die Kerze, den Platz des Vaterbildes und Ihren bisherigen Platz gut überblicken können. Atmen Sie tief ein und machen Sie sich mit jedem Atemzug bewusst, dass Sie jederzeit diesen Platz einnehmen können, auch wenn Sie ihn gleich wieder verlassen werden. Immer wenn Sie jetzt einem wichtigen Mann begegnen, nehmen Sie so bald als möglich diesen Platz des Beobachters wieder ein und prüfen, ob sich schon wieder diese Vatersehnsucht dazwischenge-

schoben hat. Wenn ja, verabschieden Sie diese Sehnsucht wieder. Den Männern sei die gleiche Übung empfohlen. Denn: Es gibt auch eine Muttersehnsucht!

Wenn Sie das neunte Kapitel Ihres eigenen Buches schreiben wollen, dann könnten Sie jetzt über Ihre eigenen Sorgen schreiben. Sie könnten schreiben, wie es Ihnen gelang, sich von diesen Sorgen zu befreien. Sie könnten sich erinnern, wie Sie sich in der Vergangenheit inspirieren ließen, was sich dadurch veränderte und wie es Ihnen dann ging. Sie könnten über Ihre heilige Hochzeit schreiben und über Ihre größten Heldentaten.

KAPITEL 10

Das Land, in dem Visionen blühen

ODER:

DIE VISION VOM NEUNTEN SCHRITT

Wenn ein ganzes Land wieder zu blühen beginnt und sich Menschen nicht mehr ihrer Tränen schämen, wenn das Geheimnis der Sieger zu Ihrem eigenen Geheimnis geworden ist, dann sind Sie angekommen im großen Traum. Dann hat sich eine Vision erfüllt, von der Ihre Seele ein Leben lang träumte. Noch eine letzte Prüfung gilt es zu bestehen, dann öffnet sich das Tor zu einem Land, in dem alle die gleiche Sprache sprechen, alle gleichwertig und gleich wichtig sind. Und Ihre Angst war nichts anderes als der Irrtum eines Kindes, das Ihren Namen trug.

Eine neue Arche Noah

Das Land, in dem Visionen blühen, lag diesmal unter Palmen, inmitten uralter Olivenbäume. Die Idee, ein Sommercamp für Visionäre in einem alten Palazzo unter südlicher Sonne anzubieten, kam von der wunderschönen Frau, die nie Glück mit Männern hatte. Seit damals der eine Mann aus der Gruppe für sie ein Gedicht geschrieben hatte, begann die Erntezeit in ihr, aber auch in ihrem äußeren Leben. Sie kam in größeren Abständen immer dann zu mir, wenn sie aus alter Gewohnheit die Straße der Angst mit der Straße der Sehnsucht verwechselt hatte.

Neben vielen anderen Klienten der vergangenen Monate sollte ich auch sie jetzt auf diesem Sommercamp im »Palazzo azzurro« wiedersehen.

Zu diesem alten, rustikalen Seminarhaus gab es zwei Wege, die oft zu Verwechslungen und Missverständnissen führten. Der eine Weg führte zuerst durch dichte Maroniwälder, dann einen steilen Hang hinauf und zum Schluss über eine alte, schmale Steinbrücke, die kühn eine tiefe Schlucht überspannte. Der andere Weg war eigentlich eine breite, asphaltierte Straße. Sie führte, direkt und wenig spektakulär, zum Haus. Vom großen Fenster des Seminarraums aus konnte ich beide Wege einsehen.

Ich hatte mir vorgenommen, die Natur und das Wissen um die größeren Zusammenhänge in unsere Visionsfindungen mit einzubeziehen. Ich wollte die heiligen und heilsamen Orte dieser einmalig schönen Landschaft finden lassen, wollte zeigen, wie wir wieder in diesen heiligen Orten zu lustwandeln lernen, damit jeder seinen Ort der Kraft finden kann. Vor allem aber sollte jeder zum Wahrnehmenden werden, zum Wahrnehmenden einer heilsamen Kraft, die der Kraft der Visionen eine neue Qualität geben kann. Was von dieser Kraft könnte wer als Geschenk mit nach Hause nehmen? Was wollte darüber hinaus noch werden? Solche Gedanken begleiteten mich, als ich die Gäste nach und nach ankommen sah. Geschwätzig die einen. Unsicher die anderen. Ängstlich und von all dem Neuen überflutet die nächsten. Das übliche Kennenlernen, die übliche Begrüßung. Die übliche Routine. Jeder Gast mit seinen geübten Mustern, einem Ritual vergleichbar, aber ohne dessen Tiefe, ohne dessen Kraft.

Nach und nach kehrte Ruhe ein. Unsere Gäste waren wirklich

angekommen. Die Sehnsüchte begannen mit den Ängsten zu tanzen. Die Ängste taten sich noch schwer mit dem Gedanken, dass es ihr letzter Tanz sein sollte.
Dann der Morgen, an dem es nach Freiheit und Abenteuer roch und Menschen zu Göttern werden. Die Morgensonne schien hinter den Spitzen der majestätischen Berggipfel hervor. Erste golden glänzende Lichtstreifen tanzten schon unten auf dem Wasser. Vor dem Seminarhaus, im mediterranen Garten, die Gäste, die dabei waren, zu Heimkehrern zu werden.

Im Tanz der Seele

Die Gruppe dieser erwartungsfrohen, großen Träumer bildete einen Sitzkreis auf dem ausgetrockneten, hellbraunen Grasboden. Dumpf, noch den Rhythmus suchend, klangen leise unsere Trommelschläge. Irgendwann dann der Punkt, wo der Rhythmus die Seele fand. Und die Seele antwortete schweigend, weil Seelen nur schweigend antworten können: »Versuch ganz nah bei mir zu sein. Denn ich, deine Seele, rufe dich schweigend. Höre in meiner Stille, was mir wichtig ist. Schwing dich in meinen Geist hinein, damit du zu einem lächelnden Wesen wirst.« So konnte der die Seele hören, der Seelen zu hören versteht. Mit der Sonne stieg eine Ahnung von Größe auf. Das Neue wollte zum Ende des Alten werden. Das Ende wollte sich um das Neue erweitern, so wie Äste, Zweige und Blätter den Baum weiter, vollständiger und erfüllter werden lassen.

Exkurs: Rituale

Wenn Menschen große Antworten auf große Fragen suchen, wenn sie scheinbar Widersprüchliches sinnvoll integrieren wollen, verbinden sie sich seit Tausenden und Abertausenden von Jahren durch Rituale mit der großen Weisheit. Es gibt viele

Gründe für rituelle Handlungen und ebenso viele Gestaltungsmöglichkeiten.
Von den Ritualforschern wissen wir, dass Rituale einer festgelegten Dramaturgie folgen. Diese Dramaturgie ist archetypisch in uns angelegt. Weil Archetypen die Entwicklungsdynamiken unserer Seele sind, gehört das Wissen um Rituale und deren Dramaturgien also zu unserem Urwissen. Wir haben es nur vergessen oder verdrängt. Was wir vergessen haben, können wir aber wieder erinnern.
Wir können uns erinnern, dass es bei jedem Ritual zuerst um Ablösung und Abstand geht. Rückzug wird zum Wesentlichen.
In der Übergangsphase danach erkennen wir, dass alte Strukturen nicht mehr tragen und neue noch nicht sichtbar sind. Wir wissen nicht, was kommt. Wir wissen nur, dass das Alte unwiederbringlich verloren ist.
Der Eintritt in das Neue ist die dritte Phase. Das Neue will gelebt und geliebt werden, aber in dem Bewusstsein, dass sich das Rad des Schicksals immer weiterdreht.
Rituale wollen berühren. Weil jeder Mensch unterschiedlich berührt wird, sind Rituale zugleich individuell und kollektiv.
Dabei haben Symbole eine große Bedeutung.

Wenn Menschen Götter werden

So wie ein Vogel ein Nest braucht und Bäume die Erde, um Wurzeln treiben zu können, so brauchen auch unsere großen Träume die Rituale. Rituale verbinden die Kraft unserer Vision mit der Kraft der großen Weltvision. Sie geben unserer Sehnsucht die Wurzeln, damit sie sich verwirklichen kann. Zuerst aber sollten der Sehnsucht Flügel wachsen.
Auch Sie können leicht Ihrer Sehnsucht Flügel wachsen lassen. Ich habe dafür eine einfache Sehnsuchtsübung, die immer wieder erstaunliche Ergebnisse bringt. Diese Übung nenne ich »den

Flügelschlag der Sehnsucht«. Es geht darum, sich nach entsprechender Einstimmung und Vorbereitungszeit zurückzuziehen, um den nötigen Abstand zum Alltag und zu den anderen Menschen zu bekommen. Ich lade deshalb meine Gäste zu einem kleinen Visionsspaziergang ein. Jeder der Teilnehmer wird mit Trommelklängen verabschiedet und macht sich nun auf den Weg zu einem Platz, der für einen Tag sein Zuhause sein wird. Diesen Platz sucht er sich selbst aus und verlässt ihn auch bis zum Abend nicht mehr. Er nimmt nur das mit, was ihm für diesen Tag wesentlich ist. Wir bitten die Sehnsucht, jeden sein Symbol finden zu lassen, das ihm zur rechten Zeit die rechte Antwort gibt. Manchmal kommt diese Antwort während der Gruppenarbeit nach dem Visionsspaziergang, manchmal später, aber immer genau zur rechten Zeit. So, wie sich unsere großen Visionen nicht in unsere Zeit und Erwartungsvorstellungen zwingen lassen, so lassen sich auch unsere Symbole keinen Zeitpunkt aufzwingen, an dem sie ihre Weisheit preiszugeben haben.

In diesem Wissen gingen sie los, unsere Traumfinder und Visionäre. Jeder für sich und jeder auf seinem ihm eigenen Weg, von seinen eigenen Füßen getragen, seinen eigenen Herzschlag spürend. Bereit, seine eigenen Erfahrungen in dem »Nirgendwo-und-doch-überall-Land« zu machen und vielleicht als Gott zurückzukommen, als Gott im archetypischen Verständnis.

Exkurs: Symbole

In ein Symbol ist all das »hineingelegt«, was für den Einzelnen oder seine Gemeinschaft eine Bedeutung hat. So kann ein heruntergefallenes Vogelei genauso Symbol werden wie eine Wurzel oder ein toter Vogel.

Ein Symbol verlangt gleichzeitig Demut und Selbstbewusstsein von uns. Dabei geht es uns so wie mit einem Geheimnis: Würden wir es ganz erschließen, dann würde es seine magische

Kraft verlieren. Wir werden es also nie vollständig erfassen, denn in seinem Wesenskern ist es Teil einer größeren, unfassbaren Welt.
Symbole geben uns in Verbindung mit den Ritualen eine Ahnung von unserer eigenen unfassbaren, unsichtbaren, göttlichen Größe. Nicht zuletzt hilft das Symbol einer Gemeinschaft, über Ländergrenzen hinweg, die gleiche Sprache zu sprechen.

Aufbruch zu neuen Ufern

Der Tag des Rückzugs war für die einen nur einen Fügelschlag lang, für die anderen zog er sich wie eine Ewigkeit hin. Das Leben spiegelte sich in einem einzigen Tag wider. Wer von den Heimkehrern kam mit diesem Bewusstsein zurück? Wer kam auf welchem Weg zurück? Wer kam zu früh, zu spät oder zur rechten Zeit? Warum kommen die einen von der glühend heißen Sonne verbrannt und die anderen frierend zurück? Warum kommen die einen mit müdem, schleppendem Gang und die anderen beschwingt und erleichtert an?
Bald würden wir wieder im Kreis zusammensitzen, nur dass jetzt Abend war und ein Feuer brannte. Wir würden auf viele Fragen Antworten finden. Aber auf welche, das wussten wir nicht.
Jeder würde, wie besprochen, sein Symbol vor sich hinlegen und den ausklingenden Trommeln lauschen. Bald würden wir danach diese unschuldigen und stummen Gegenstände vom Schweigen erlösen. Irgendjemand aus der Gruppe würde sich trauen, als Erster den Redestab zu nehmen, in die Mitte des Kreises zu treten und zu erzählen beginnen. Genau so geschah es. Wenn wir in Zwischenräumen hängen, ist es gut, eine Prise Gewissheit mitzunehmen.

Visionsübung

Nehmen Sie sich einen Tag Zeit. Nur für sich, ohne Erwartungs- und Erfolgszwang. Beginnen Sie diesen Tag zu einer vorher genau festgelegten Uhrzeit, an einem Platz, der für Sie einem Altar gleichen soll. Zünden Sie eine Kerze vor diesem Ihrem ganz persönlichen Altar an. Bitten Sie um eine gute und glückliche Reise. Versorgen Sie sich mit genügend Proviant für einen Tag. Denken Sie an die passende Kleidung und Schreibzeug. Dann folgen Sie den inneren Impulsen und lassen Sie sich da hinführen, wohin Sie der Zufall führt. Haben Sie Ihren Platz gefunden, dann bleiben Sie den Rest des Tages dort. Haben Sie keine Scheu vor neugierigen und fragenden Blicken. Lassen Sie sich von Ihrem Symbol finden. Dann meditieren Sie mit diesem Symbol ohne feste Absicht und ohne sich einer bestimmten Meditation verpflichtet zu fühlen.

Nähern Sie sich diesem Symbol so an, wie man sich einem Kind nähert, das man nicht erschrecken will. Schreiben Sie nieder, was Ihnen dazu einfällt, oder malen Sie, was in Ihnen dazu hochkommt. Nehmen Sie das alles mit, ohne zu werten, auszusondern oder etwas vorab wegzuwerfen. Zu Hause bedanken Sie sich zuerst, um sich dann dem Mitgebrachten so zu nähern, wie man sich auch einem Traum nähern sollte: in frei schwebender und offener Aufmerksamkeit. Wiederholen Sie diese Annäherung einige Tage und vergleichen Sie das, was im Äußeren geschieht, wohlwollend mit dem, was in Ihrem Inneren geschieht.

Der Mittelpunkt des Glücks

Die wunderschöne Frau nahm als Erste den Redestab, atmete kurz und tief durch, um danach aufzustehen und sich in die Mitte des Sitzkreises zu stellen. »Ich bin so aufgeregt. Ich stehe nicht gerne im Mittelpunkt«, begann sie, um gleich nachzuschieben, wie gut ihr das trotzdem täte. »Du entscheidest selbst, ob und wie lange du der Mittelpunkt bist. Das gehört zu den Regeln«, gab ich zu bedenken. Sie horchte auf und genoss diese Freiheit. Dann legte sie beide Hände lustvoll und offen auf den hochschwangeren Unterbauch. »Wie gut sich das anfühlt, so ein schwangerer Bauch. Dieser schwangere Bauch ist mein Symbol. Vielleicht wird dieses Symbol schon morgen durch ein neues ersetzt. Durch ein lebendiges Kind! Ich kann es kaum erwarten! Die ganze Welt ist da drin, in diesem Bauch noch unsichtbar für euch alle, aber total spürbar für mich. Reif und prall, voller Leben, ja, so fühle ich mich jetzt!« Ihre Augen bekamen ein Strahlen, das mir so noch nie bei einem Menschen aufgefallen war. Ihr Gesicht leuchtete. Das Leuchten dehnte sich mit jedem Atemzug mehr und mehr über ihren ganzen Körper aus. »Ihr seht alle, was hier werden will. Was will ich da noch sagen. Ein Kind, mein Kind will hier werden. Stellt euch so ein Wunder vor! Ein Kind! Ein Kind will geboren werden.«

Vorsichtig begann sie, sich wie tanzend zu bewegen, summte dabei das Lied, mit dem sie das Kind begrüßen wollte. Leuchtete und leuchtete mehr und noch mehr. Erfasste mit ihrem Leuchten die ganze Gruppe, das Haus, die Wiese, die uralten Olivenbäume, die Berge, den Himmel, das unendliche Blau über uns und alles Unsichtbare dazu. »Mein Kind wird geboren! Ich bin der Mittelpunkt des Glücks.« Jetzt weinte sie, wollte nicht aufhören, vor Glück zu weinen, weil Tränen und Glück oft ein Liebespaar sind. »Ach, noch was«, schniefte und schluchzte sie, »mein nächster Schritt wird sein, meine Schmerzen bei der Geburt zu bejahen. Ein gewaltiger Schritt, wo ich doch gerade wegen der Schmerzen solche große Angst vorm Kinderkriegen hatte.«

Es waren nicht nur die Frauen in der Gruppe, die sich die Tränen aus den Augen wischten. Es waren nicht nur die Frauen,

die diesen Augenblick so gerne festgehalten hätten. Aber dann hätten sie dem Vogel der Freiheit das Singen verboten.
»Jetzt erst verstehe ich die Weisheit dieser Tage«, hörte ich in der Stille den Kinderarzt der Hochschwangeren zuflüstern. »Wer sich so auf das Neue und Unbekannte freut wie du, der kann Schmerzen und Leid leichter ertragen.«
Als Kinderarzt erlebte er bei Müttern und deren Kindern viele unterschiedliche Möglichkeiten, mit Schmerz und Leid umzugehen. Oft waren Schmerz und Leid so unerträglich, weil sie sich mit Angst vollgesaugt hatten wie ein nasser Schwamm. Die Existenzängste der Mütter begleiteten meist die Kinder unbewusst ein Leben lang. »Es wird doch hoffentlich nichts schiefgehen.« Solche Gedanken zeugen nicht von sattem Urvertrauen, auch nicht von Vertrauen in die Fähigkeit eines Arztes und erst recht nicht von Selbstvertrauen. Wo sollen Kinder ihre Sehnsucht nach Vertrauen stillen, wenn schon die Mutter vor Angst überläuft? Wer das werdende Kind schon auf die Straße der Angst legt, nur damit er nicht alleine laufen muss, braucht sich nicht zu wundern, wenn es ein Angsthase wird. Dann brauchen Kinder oft ein Leben lang, um die Straße der Sehnsucht wiederzufinden. Diese Mutter aber, davon waren alle überzeugt, wollte ihrem Kind solche Umwege ersparen.

Visionsübung

Beobachten Sie sich in den nächsten Tagen einmal mit dem Blick von außen. Wann sind Sie voller Vertrauen? Wie fühlt sich das an? Was ist dann möglich? Schreiben Sie Ihre Beobachtungen auf. Versuchen Sie so zu leben, dass sich die Situationen, in denen Sie voller Vertrauen sind, öfter wiederholen können. Sie werden sich wundern, wie schnell sich Ihr Leben zum Positiven verändert.

DU WIRST MEINER LIEBE NICHT ENTGEHEN

MIT CONSTANZE BECKER
CLAUDE DE DEMO
NIUSCHA ETEMADI
JOSEFIN PLATT
MAREN SCHWARTZ
MICHAEL ABENDROTH
MICHAEL BENTHIN
ISAAK DENTLER
OLIVER KRAUSHAAR
WOLFGANG MICHAEL
SASCHA NATHAN
MARC OLIVER SCHULZE
SIMON ZIGAH

REGIE/BÜHNE GÜNTER KRÄMER
KOSTÜME FALK BAUER
MUSIK FRANK ROSENBERGER
DRAMATURGIE ANDREAS ERDMANN

SCHAUSPIELHAUS PREMIERE 06. DEZEMBER 2009

KARTENTELEFON 069.212.49.49.4

Die Trägerin des Lebens

Der Redestab wanderte und er brauchte mehrere Runden, um wieder einen zum Reden zu bringen. Zu groß war die Betroffenheit. Zu tief saß die Ehrfurcht vor dem, was da werden wollte.

Die Frau mit der Brosche war es, die sich jetzt in die Mitte des Kreises zu stellen traute. Sie hielt eine Brosche in der Hand, streichelte sanft die Oberfläche dieses kostbaren und symbolgeladenen Erbstücks. »Einen Tag, bevor ich hierherfuhr, kam dieses lieb gewordene Symbol wieder zu mir zurück. Warum, fragte ich mich, kommt es aus dem Fernen Osten? Warum kommt es gerade jetzt nach so langer Zeit, so zufällig wieder zu mir? Warum kommt es gerade immer dann zu mir, wenn etwas Neues geboren werden will?« Sie schaute die Brosche, die mittlerweile in ihrer offenen Hand lag, wie ein rohes Ei, fragend und wissend zugleich, an und ließ ihren Blick dann zu mir wandern.

Ich versuchte dem Blick eine offene Hand zu sein. Er nahm diese offene Hand dankbar an, wie ein Kind. »Warum nur?«, wiederholte ich die Frage. Dann bat ich die Frau, sich tief in das Wesen der Brosche hineinzufühlen, genauer in das Wesen des Symbols. Sie flog wie der Sehnsuchtsvogel durch die Zeiten. Farben, Klänge, Gerüche und Bilder, sie ließ sich hochtragen und fallen, bis sie von den Händen einer riesigen schwangeren und zugleich stillenden Frau aufgefangen wurde. Erstaunt fragte sie die fremde Frau, wer sie denn sei. Die Frau lächelte in einer Güte und Freundlichkeit, wie wir sie nur von großen Müttern kennen. »Ich bin die Trägerin des Lebens«, antwortete die fremde Frau. Da sah unsere Visionsreisende, dass die Trägerin des Lebens eine Brosche, ihre Brosche trug. Plötzlich wurde ihr auch das verborgene Anliegen der Brosche bewusst. »Schenke sie dem, der dich zum Geheimnis des Lebens führt.« Das Geheimnis des Lebens ist nichts anderes als ein bedingungsloses JA zu dem, was werden will. Wie so ein Ja klingt, das hatte sie aus dem Mund der Schwangeren gehört.

Jetzt wusste sie, wem sie diese Brosche weiterreichen sollte. Sie wusste auch, dass jetzt der richtige Zeitpunkt gekommen war. Als sie mir das aus ihrer Traumreise so selbstsicher und eindeutig entgegenrief, fragte ich sie, wie es ihren aufsteigenden Bildern jetzt ginge. »Sie fangen zu tanzen an. Die Bilder fangen zu tanzen an. So schnell, dass ich keines davon richtig erkennen kann.« Ich bat sie, sich vorzustellen, dass sie dieses Kino der Fantasie auch auf Zeitlupe stellen könne. Sie probierte es aus und es klappte. Da sah sie viele Kinder tanzen. Kinder unterschiedlicher Hautfarben und Nationen. Die ganze Welt der Kinder tanzte. »Ja, alle Kinder dieser Welt drehen sich tanzend im Kreis. Oben über den tanzenden Gesichtern sehe ich bunte Fahnen.« – »Was steht auf den Fahnen?«, wollte ich wissen. Sie zögerte. »Etwas wie ›World-health-dance for children‹ oder so ähnlich. Eigentlich ist mir das egal. Was mir nicht egal ist, sind dieses Lachen und diese Freude der Kinder, die alle erfasst wie eine Kraft aus einer anderen Welt. Wie vielen Menschen verging das Lachen schon seit den Kindertagen. Ich sehe unendlich viele Kinder, die endlich wieder tanzen wollen. Dafür will ich leben. Endlich wieder Kinder zum Tanzen bringen. Ich weiß, du willst immer wissen, was der nächste Schritt ist. Euch, als Erwachsene verkleidete Kinder, möchte ich hier und jetzt zum Tanzen bringen.« Das war keine schwierige Aufgabe, denn alle in der Gruppe warteten schon darauf, mit ihrem inneren Kind tanzen zu dürfen, und der Redestab tanzte von Mensch zu Mensch und wollte immer weitertanzen, bis er dem Kriegsberichterstatter vor die Füße fiel.

Visionsübung

Fremde und Feinde finden wir schnell im Äußeren. Wenn wir sie im Inneren suchen, tun wir uns meist schwerer. Versuchen Sie einmal, in sich Frieden zu schließen. Suchen Sie die inneren Heckenschützen und Miesmacher. Wo haben Sie heute über sich geschimpft, statt geduldig und liebevoll mit sich selbst zu sein? Wo verfielen Sie wieder in die altbekannte Opferrolle, statt endlich Frieden zu schließen? Wo funktionierten Sie aus Angst, nicht mehr geliebt zu werden? Wo entschieden Sie sich für die Macht und gegen die Liebe? Schreiben Sie sich dazu selbst einen Brief.

Wenn Seele die Seele berührt

Der Kriegsberichterstatter drehte den Stab, schaute ihn an, warf ihn kurz nach oben, um ihn gekonnt wieder aufzufangen. Dann zeigte er sein Symbol. »Diesen alten, verrosteten Stahlhelm fand ich da oben am Brunnen. Zu nichts mehr zu gebrauchen, weil ein Loch drin ist. Ich kenn mich mit solchen Dingern aus. Weiß, wer da drinsteckte und dass es ihm das Gehirn zerfetzte. Ich sehe die aufgerissenen Augen vor mir. Aber ich sehe noch mehr. Ich sehe, worum es jetzt geht. Ich sag nur Menschmaschinen oder Seelenmenschen.« Dann erzählte er der Runde sehr berührt, dass wir alle vor einer der größten Herausforderungen stehen würden. Ich kannte seine Geschichte vom Kriegszustand »Gut gegen Böse« bereits und wollte ihn gerne einen Schritt weiterbringen. »Unserem schöpferischen Geist gehört die Zukunft. Er macht uns zu Seelenmenschen!« Ich fragte ihn, ob er diesem schöpferischen Geist eine Gestalt geben könne. Als er bejahte, bat ich ihn, einen aus der Gruppe dafür auszuwählen. Auch für die Menschmaschine sollte er einen Stellvertreter aussuchen. Danach fragte ich den Stellvertreter für die Menschmaschine, wie es ihm denn nun gehe. Sehr kraftvoll ginge es ihm, ließ er mich wissen. Dabei schaute er in Richtung der Felswand, die unser Grundstück weiter hinten begrenzte. Wohin es ihn zöge, war meine nächste Frage. Nach vorn Richtung Felswand, antwortete er, ohne zu zögern, da müsse eben der Fels weg. Dann wollte ich vom Stellvertreter des Seelenmenschen wissen, wie es ihm gehe. Er spürte den Druck der Menschmaschine.

Sein Blick schweifte von der Gruppe über das Land, das weite Wasser hin zu den Bergen und zurück bis zur Menschmaschine. »Ja, ich kann scheitern, aber ich kann nicht anders, als ein Sterblicher zu sein.«

Ich bat den Kriegsberichterstatter, die Position des Seelenmenschen einzunehmen. Als ich ihn nach ein paar Minuten Stille fragte, wie es ihm gehe, da antwortete er leise und bescheiden. »Zuerst hatte ich Probleme, meine Schwächen und Schatten anzunehmen. Jetzt spüre ich, was es heißt, sterblich, endlich, begrenzt und krank sein zu können, nein, zu müssen. Aber ich bin auch fähig zu lieben. Der dahinten ist vielleicht irgendwann unsterblich, übermächtig, perfekt. Aber er ist nur eine auf Funktion, Zweck und Nutzen ausgerichtete Maschine. Ihm gehört vielleicht die Macht über alles Materielle. Aber er wird nie fähig sein zu lieben. Sein schöpferischer Geist ist auf sein Katastrophengehirn reduziert. Ihm geht es um Macht, mir geht es um Liebe.«

Dann begann er mehr und mehr mit Menschen zu diskutieren, die es im Äußeren nicht gab, sah sich an einem großen Tisch in einem großen Raum sitzen, was ihn an König Artus' Tafelrunde erinnerte, oder war es die alte Akademie des Aristoteles? »Ich will im Dialog lernen, so wie ihr damals«, rief er durch die Jahrtausende.

Er sah in sich eine Akademie für neues Bewusstsein aufsteigen. Er berichtete, was dadurch möglich wurde, wie dieses Bewusstsein expandierte, sich transformierte, transzendierte, ausdehnte wie ein riesiger Atemzug und wieder zusammenzog. Dazwischen die Pausen und alles durchströmt von einem Licht, das er Liebe nannte. »Das ist es. Eine neue Arche Noah. Eine Schule für neues Bewusstsein, in dem alles seinen Raum hat, einen nicht greifbaren, frei schwingenden und sich immer wieder neu erfindenden Raum, so wie der Raum ist, den die Musik ausfüllt. Ein schwingendes Energiefeld. Nicht so was hier.« Dabei drückte er den zerschossenen Helm fest an seine Brust, verneigte sich vor der Gruppe und ging fast feierlich an seinen Platz zurück.

Ein neuer Stern wird geboren

So wurden wir nach und nach zu Zeugen großer Träume. Wirklichkeit erschuf Wirklichkeit. Jeder nahm den Stab auf seine eigene, einzigartige Weise. Jeder öffnete der Sehnsucht ein Fenster: Bär und sein Bärchen, die jetzt nur noch Lilith hieß. Der Reisejournalist und seine wiedererkannte Frau, unser Bekannter mit dem Traumauto, selbst das Model mit der Ritterrüstung, die eigentlich nur zuschauen wollte, und ein Geschäftsmann, der sich immer nur Selfmademan nannte. Sie und all die anderen Ungenannten nahmen den Redestab, legten ihr Symbol in die Mitte des Kreises und berichteten von ihrer Reise, die sich gerade mal einen Tag über die äußere Zeit erstreckte und doch tief in die Kairoszeit schauen ließ. Nur einer fehlte, obwohl er unbedingt dabei sein wollte.

Vorfrühling

Auch wenn im Außen alles gleich bleiben würde, im Inneren, dort, wo unsere Welten entstehen, wo wir unsere Feinde und unsere Freunde, unsere Grenzen und unsere Macht erfinden, wo wir unsere ersten Schritte und unsere ersten Kriege ausprobieren, dort also, wo neues Bewusstsein und ein neuer Frieden entstehen, dort begannen erste Vorfrühlingsblüher leise und gewaltlos den frostigen Boden aufzubrechen, dehnten sich Veränderungen wie der Frühling aus und bereiteten den letzten großen Schritt für einen neuen Menschen vor. Dann wurde die Dämmerung von der Nacht durchwoben. Wir verabschiedeten uns, um bereit für den nächsten Tag zu werden. Einige Gäste konnte man im Heimgehen noch über den König der Spartaner lästern hören, der wieder einmal, trotz großer Ankündigung, einfach nicht gekommen war.

Die hochschwangere, wunderschöne Frau bat mich, in einem unteren Zimmer noch etwas ausruhen zu dürfen, da sie eine leise Ahnung hatte. Der Kinderarzt wollte ihr gerne noch etwas Gesellschaft leisten.

Es wurde eine dieser sternenklaren Nächte im August, die zum Sternschnuppenzählen einladen. Plötzlich hörte ich die wunderschöne Frau schreien. Laut stöhnend und die Nacht durchdringend. Ein Stöhnen und Schreien, das die großen Schmerzen ahnen ließ. Daneben die beruhigende Stimme unseres Kinderarztes, der ihr half, eine neue Welt, gerade ein paar Pfund schwer, zu gebären.

Sie bat ihn später, dem Kind Pate zu sein. In der Luft, aus der Visionen werden, konnten wir schon sehen, wie sich Ideen zu neuen Bildern formten. Bilder, auf denen der Kinderarzt und die wunderschöne Frau eine Traumhochzeit feierten.

Der König ist tot, es lebe der König

Der König der Spartaner hatte nach seiner wortgewaltigen Ankündigung, unser Sommercamp diesmal auf jeden Fall zu besuchen, nichts mehr von sich hören lassen. Die meisten aus der Gruppe, vor allem die, die ihn kannten, wunderte es deshalb nicht, dass er nicht erschienen war. Bis es geschah. Kurz vor

Morgengrauen klopfte es heftig an meine Tür. Ich war gerade dabei, eine Kerze anzuzünden, um gleich danach mit meiner Meditation zu beginnen. Ich erkannte die Stimme des Spartanerkönigs sofort. Ich öffnete. Er schien schon lange unterwegs zu sein. Er war bis auf die Haut vom heftigen Gewitterregen der vergangenen Nacht durchnässt. Seine Augen lagen in dunklen Höhlen. Die ganze Gestalt ähnelte mehr einem Nachtgespenst als einem lebendigen Menschen. Und doch flackerte ein kleines unscheinbares Kerzenlicht in einer verborgenen Herzenskammer. Was war geschehen?

Ich bat den Mann herein. Durch die Zugluft wurde mein Meditationslicht ausgeblasen. »Möchten Sie sich abtrocknen?«, fragte ich den König der Spartaner im halbdunklen Raum. Er stand und schwieg. Dann fiel er mir um den Hals und weinte leise. Wo stille Tränen fließen, will endlich Frieden werden. Langsam, ganz langsam beruhigte sich der Mann. Dann bat er mich, erzählen zu dürfen. Zuhören, einfach nur Zuhören, ist oft der nächste Schritt für Menschen, die bereit sind, anderen zu helfen, die Straße der Angst für immer zu verlassen.

Lange dauerte es, bis sich die Worte erschöpft hatten und ein heilsames Schweigen möglich war. Dann besprachen wir, wie es wohl weitergehen sollte. Denn was der Mann erzählt hatte, suchte seine heilsame Erlösung in der Gruppe. Ich wollte also die Mitglieder der Gruppe fragen, die nach und nach wieder eintrudelten. Die Gruppe war nach anfänglichen Diskussionen einverstanden, den Mann trotz seiner Verspätung bei unserer Morgenrunde so aufzunehmen, wie er war, und sich von dem, was da werden wollte, überraschen zu lassen.

Der Morgen sollte mit einer kleinen Eröffnungsrunde im großen Saal beginnen. Jeder konnte einen Satz mitbringen, der für ihn bedeutend war. Dazu sollte er seine entsprechende Geschichte erzählen.

Bald war der König der Spartaner an der Reihe. Er schaute mich lange an. Ich nickte ihm aufmunternd zu. Dann wan-

derten seine Blicke langsam von einem Teilnehmer zum anderen. Bei einigen der Teilnehmer blieb er hängen und kam nur schwer wieder los. So dauerte es seine Zeit, bis er fertig war. Dann ging er in die Mitte des Kreises und begann seinen Satz: »Und vielleicht ist schon beendet, was uns kaum begonnen schien.« Schweigen. Nur das Rauschen des Wasserfalls drang durch das offene Fenster. Dann erzählte der König unserer Gruppe, dass er ein ganzes Leben lang brauchte, um mit seinem Vater einen Friedensvertrag zu schließen. Der Vater war ein Schauspieler der alten Schule. Der Sohn war ganz anders. Deshalb nahm ihn der Vater nie ernst. So wurde das Leben vor dem Friedensvertrag ein täglicher Kleinkrieg und wuchs sich immer mehr zu einem Kampf zwischen zwei Männern aus, die genau um die Wunden des jeweils anderen wussten. Statt Hilfe war da nur Intrige, statt Freundschaft nur Feindschaft – ein langes, gemeinsames Leben lang. Ein Leben voller Demütigungen, voller Streit, ohne echte Versöhnung.
Für den Sohn hieß dieses Leben, es dem Vater zu beweisen, dass er besser war als dieser Vater. Ein Leben lang besser sein müssen, das hinterlässt Spuren. Spurenleser aber konnten die geheime Botschaft in den Spuren lesen: Bitte beachte mich mit offenen Vateraugen. Bitte zeig mir den Weg. Bitte liebe mich! Nichts von alldem geschah. Jedem heimlichen Flehen folgte eine verächtliche Zurückweisung oder eine schroffe Ablehnung – ein Leben lang. Später, nach einer scheinbaren Versöhnung am Sterbebett der Mutter, wurde daraus wenigstens ein in Gleichgültigkeit und Korrektheit verstecktes Nein. Sonst kam nichts. Irgendwann waren es nur noch Rachegedanken und die Schuldgefühle. Der innere Zwang, das der Mutter am Sterbebett gegebene Versprechen einhalten zu müssen, war der einzige Grund, dass Vater und Sohn sich überhaupt noch begegneten. Aber wie sie sich begegneten: nur Machtspiele, Demütigungen, Angst und Trotz. Und immer wieder blutende Wunden. Danach dann Schmerz, Wut, Hass. Liebe mich oder ich hasse

dich. Aber der Vater wusste um seine Macht und er ließ den Sohn am langen Arm verhungern.
Je mehr sich der Sohn bemühte, umso größer wurde die Macht des Vaters. »Hast du meinen letzten Film gesehen?« – »Nein.« – »Warum nicht?« – »Weil du kein guter Schauspieler bist.« Oder: »Vater, ich kann nicht mehr. Bitte hilf mir!« – »Hilf dir selbst, dann hilft dir Gott.« Je mehr der Sohn wuchs, umso größer wurde der Krieg.
Dann der Anruf mit der Nachricht, dass der Vater im Sterben lag. Er rief nach dem Sohn. Der Sohn kam nicht, wollte nicht und kam doch. Und Wunder geschehen! Der Vater konnte nur noch flüstern. Er zitterte am ganzen Körper. Der Sohn sah es und deckte den Vater zu, streichelte ihn. Da fiel ihm das Lied ein, das er damals als Kind mit dem Vater auf dem Weg zu seinem ersten Auftritt immer so gerne gesungen hatte. Und er begann zu singen: »Grüß mir die Sonne, grüß mir das Licht ...« Der Vater sang ganz leise mit, versuchte sich aufzurichten, um den Sohn zu küssen. »Mein lieber Sohn.« Dann der lang ersehnte, letzte Kuss mit zitternden Lippen. Der lang ersehnte Frieden. Die Stille vor dem großen Abschied. »Vater, vergiss das Atmen nicht. Gut einatmen. Gut ausatmen.« – »Ja, gut ausatmen. Das mach ich. Ich habe dich immer geliebt, mein Sohn.« Von da an wurden die Hände ungewöhnlich schnell kalt und steif.
Das war gestern, genau zu der Zeit, als wir uns über seine Unpünktlichkeit lustig machten. Seitdem raste der König der Spartaner durch die Nacht. Hatte Angst. Wollte der panischen Angst entfliehen. Wollte zu uns, weil er sonst niemanden mehr hatte. Weil in der Verlassenheit Angst und Schmerz sonst nicht auszuhalten sind. Er suchte stundenlang im Gewitterhagel nach unserem Haus und stand irgendwann vor meiner Tür. Er konnte nicht mehr stehen, war selbst zum Liegen zu schwach. Er wollte nur noch gehalten werden. Ja, das erzählte er der Gruppe und die Tränen suchten sich eine Heimat, fanden sie in den Augen einer Frau, die bis vor Kurzem die Frau eines Königs

war, der kein König mehr sein wollte, weil Könige nicht lieben können.
Draußen hatte es zu regnen aufgehört. Sonnenlicht wagte sich durch das offene Fenster. Das leise Licht unbekannter Visionen bestrahlt Mitfühlende oft besonders heilsam.

Helden der Herzen

Frieden ist immer billiger als Krieg. Vor allem hilft er Wunden heilen, wenn wir bereit sind, den Verwüstungen, die wir in den Augen anderer angerichtet haben, verstehend zu begegnen. Als der König der Spartaner langsam vor seiner Frau niederkniete, die ihm im Kreis gegenübersaß, glichen die Augenblicke dieser Begegnung einer heiligen Wandlung. »Willst du noch einmal meine Frau werden?«, fragte er die Verdutzte. Sie zögerte und streichelte dann sanft sein Haar.
Oft wird uns der nächste Schritt geschenkt, so wie Schülern der Lehrer geschenkt wird, wenn es an der Zeit ist. Dann wandeln sich die Heldengeschichten. Die Helden müssen nicht mehr siegen, sondern dürfen wieder Menschen sein. Der König der Spartaner opferte den Schein für das Sein und wurde wieder als der erkennbar, der er wirklich war. Seine Seele wollte sich endlich wieder an die Freude erinnern. Daran zum Beispiel, dass es der Vater war, der ihm das vergessene Wort beim ersten Satz mitten im ersten Auftritt auf der ersten großen Bühne zuflüsterte, noch ehe er ins Stottern kam. Daran, dass es der Vater war, der mit seinem stehenden Applaus alle anderen Zuschauer mitriss und der ihn danach einlud, das größte Eis seines Lebens zu essen. Die Mutter hätte das nie erlaubt. Die Mutter wollte vieles nicht, was der Vater wollte. Vor allem wollte sie nicht, dass der Sohn so früh von zu Hause fortging. Der Vater wollte, dass er eine gründliche Ausbildung als Schauspieler bekommen sollte. Die Mutter setzte sich durch. Ein

Stellvertreterkrieg auf dem Rücken des Sohnes. Der Sohn entschied sich für die Liebe der Mutter und damit gegen den Vater. Alte Geschichten. Übrig blieb, dass der Sohn am liebsten Heldenrollen spielte, noch lieber tragische Heldenrollen.

Was will werden? Es war nicht viel Geld, das der Vater dem Sohn hinterließ. Aber es steckte in einem Umschlag mit einem Brief von unschätzbarem Wert. »Sollte ich einmal auf irgendeiner Bühne dieser Welt tot zusammenbrechen, mein Sohn, dann wird der erste Schritt meiner erlösten Seele sein, das zu tun, was mir als Mensch versagt blieb: dich zu segnen. Der Segen eines Vaters ist mehr wert als alles Geld der Welt. Er ist voller Dankbarkeit und reicht das Licht der Ahnen weiter in die Zukunft hinein. Sei gesegnet, mein Sohn.«

Der Segen des Vaters half der Seele des Sohnes wieder, an die eigene Vision zu glauben. Ein Menschenleben lang wollte sie Rollen spielen. Spielend ausprobieren, was es heißt, ein König oder ein Narr zu sein, ein Weiser oder ein eitler Pfau, ein Sterbender oder ein Werdender, ein Geliebter oder ein Liebender. Nie wollte sie aufhören, all diese Rollen zu spielen. Aber dann blieb sie wie eine alte Schallplatte in einer Rille hängen. Das macht selbst weise Seelen traurig. Traurigkeit war gestern. Vorfreude ist heute. Diese Seele wandelte wieder auf ihrer Lieblingsstraße, der Straße der Sehnsucht.

Auch wir in der Gruppe sollten teilhaben an dem Segen des Vaters, sollten reich beschenkt in den neuen Tag hineingehen. Als der Mann, den alle noch vor Kurzem, leicht spöttelnd, den König der Spartaner nannten, die Bilder seiner Vision wie sprudelndes Wasser aus sich aufsteigen ließ, da sollten wir alle staunende Zeugen sein. Er beschrieb uns seine Visionsreise als eine Begegnung mit der Seele des verstorbenen Vaters. Die Seele des Vaters streifte den Körper ab, der sie noch als Vater erscheinen ließ. So stand sie dem Sohn als ein funkelndes, lebendiges Licht gegenüber. Der Sohn spielte noch einmal den König, der sein rechtes Maß verloren hatte und dafür tragisch zu enden schien. Dann legte auch seine Seele die Rolle ab, um wieder das zu sein, was Seelen am liebsten sind: tanzendes Licht, aus dem heraus alles und nichts werden kann und werden will. Bis eine Absicht erkennbar wird.

Das Licht der beiden Seelen verschmolz immer mehr zu einem gemeinsamen Licht, aus dem heraus sich immer neue Erfindungen formten. Einmal war es die Gestalt der Mutter, mal die Gestalt der Frau, mal die unserer Gruppe, mal die von scheinbaren Feinden, von Tieren, Pflanzen, Ozeanen und Bergen, von Planeten, Sonnen oder Monden; Erfindungen wie Seifenblasen, oder wie man Unbeschreibliches sonst beschreiben wollte. Hinter allem ein ewiges Lächeln, ein ewiges Einverstandensein, ein großes tanzendes, singendes Ja.

Die Straße der Angst – nur eine Utopie. Der Tod – nur das Ende eines Maskenspiels. Die Vision – nur das langsame Sterben eines Bildes in ein neues Werdenwollen hinein. Wo alles möglich ist und alles unmöglich zugleich, welche Bedeutung hat dann für einen Regisseur das Spiel? Da begann er innezuhalten. Wollte er nicht schon immer Regisseur werden statt Schauspieler? Wollte er nicht schon immer zum Inszenierer werden? Zum Inspirator, zum König seiner Geschichten, Bilder und Rollenspiele? Wie hatte er das jemals vergessen können? Die Vorfreude dehnte sich aus wie ein Universum am Rande der Welt und bezog alle Welten mit ein. Dehnte sich grenzenlos aus, zog sich nach Grenze sehnend zusammen, um ihr rechtes Maß zu finden und doch maßlos zu sein.

Er bekam gedankenblitzelang eine Ahnung, was es heißt, Seele zu sein, um sogleich die Dimension dieser Ahnung wieder zu vergessen. Er machte sich klein, um noch einmal seine Größe zu spüren. Er machte sich groß, um noch einmal seine Kleinheit zu spüren. Er tastete seinen Körper entlang, um noch einmal, ein allerletztes Mal, seine scheinbaren Grenzen zu spüren. Alles nur, um sich dann doch endgültig aufzugeben. In diesem Augenblick des totalen Loslassens aber geschah das Wunderbare. Er konnte sich spüren. Spüren, so wie er gedacht war, so lebendig, wie er wirklich gedacht war. So wie er mit sich und allem um sich herum ganz einverstanden war. Da waren kein Wenn und Aber mehr, keine Bedingungen und keine Vorurteile. Nur dieses Einverstandensein. »Sei einverstanden. Sei deine eigene Größe. Nicht kleiner, nicht größer. Du würdest diese größere Größe sowieso nicht ertragen, wo du die jetzt wahrgenommene Größe kaum ertragen kannst. Sei einfach.« So rief er in sein eigenes Spiegelbild hinein, das durch das Regenwasser entstanden war. Auch wir waren einverstanden. Wir waren mit ihm und uns einverstanden. Mit uns, mit ihm und mit allen. Wir konnten auch nicht anders. Es wäre sinnlos gewesen. Wir waren ja alles und zugleich waren wir nichts von allem. Das zu verstehen war uns unwichtig geworden. So blieben wir sitzen, bis es uns genug schien.

Visionsübung

Wie haben Sie begonnen, dieses Buch zu lesen? Was ist beim Lesen geschehen? Wie geht es Ihnen jetzt? Versuchen Sie, diese Fragen in kurzen Blitzlichtern zu beantworten. Dann lesen Sie weiter, ohne die Antworten aufzuschreiben.

Das Abschlussritual

Lange stand ich noch unter der Tür des »Palazzo azzurro« und ließ immer wieder die inneren Bilder, Klänge, Düfte und Berührungen in mir aufsteigen. Der Geschmack von Abschied mischte sich mit Vorfreude und Dankbarkeit. Es kamen Fragen nach all den Menschen, die Spuren hinterlassen hatten und wollen, hoch: Wie sind sie gekommen? Was ist geschehen? Wie sind sie gegangen?
Ich schaute zum großen Platz mit dem durch die Sommerhitze

verbrannten Gras. Die Reste unseres Abschlussrituals in der Mitte des Kreises waren noch erkennbar. Die Trommeln standen noch an ihrem Platz. Einige der Teilnehmer hatten ihre Symbole vergessen. Andere wollten noch schnell all das mitnehmen, was zu kurz gekommen schien. Meist waren es Fragen, die vom Wesentlichen ablenken wollten. Einige Gesichter wollten mir nicht so schnell entgleiten. Der Selfmademan, was würde er mitnehmen? So viel hatte er von Quantenphysik und Neurobiologie, von Nano- und Bewusstseinstechniken erzählt und sich mit dem Kriegsberichterstatter heiße Diskussionen am Abend geliefert, als es um den neuen Menschen ging. Die Tänzerin ging so traurig fort. Der König bedankte sich voller Überschwang.

Bär und seine Lilith wollten so schnell wie möglich bei mir zu Hause weitermachen. Sie hatten Gesundheit und Lebensfreude als ihr Thema entdeckt und konnten es nicht erwarten, ihre neuen Konzepte für Gesundheit und Lebensfreude in die Welt zu bringen. Der Reisejournalist entdeckte Tiefenökologie als sein großes Lebensthema, obwohl ihn der Kriegsberichterstatter überreden wollte, doch lieber die ersten Bewusstseinsreisen übers Internet anzubieten.

Und ich? Ich begann mit meinem ganz eigenen Abschlussritual.

Visionsübung

Wandern Sie ganz bewusst durch Ihren Körper von oben nach unten. Begrüßen Sie jedes Organ voller Dankbarkeit. Geben Sie reinigenden Atem in Ihr Bewusstsein hinein, auf dass Sie das geben, was gut für Sie und die anderen ist, und auf dass Sie das aufnehmen, was gut für Sie und die anderen ist. Dann lassen Sie los. Wenn Sie an den Füßen angelangt sind, bedanken Sie sich bei sich selbst dafür, dass es Ihnen möglich ist zu dienen.

Der große Schweiger

Ich möchte Ihnen zum Schluss noch eine Geschichte erzählen, die mich tief berührte und bei der es auch um den Tanz der Seele ging.
Es war die Zeit, in der die Kornfelder, golden glänzend, auf die Ernte warteten. Der Himmel drückte tiefblau auf die Berge. Die Luft versprach einen heißen Tag. Da rief mich ganz überraschend der Selfmademan an. Er, dieser erfolgreiche Geschäftsmann, der Macher, der Boss, er, der nichts anbrennen ließ, der nichts ausließ, keine Frau, keinen Luxus und kein Abenteuer. Er, der sich selbst nichts schenkte und den anderen erst rechts nicht. Er, dieser Haudegen, rief mich also an jenem Morgen an. Ganz leise, fast kleinlaut klang seine Stimme. Nach einigen Belanglosigkeiten wollte er »zur Sache« kommen. Ob ich bei ihm vorbeikommen könne, schnell, so schnell wie irgend möglich. Seit diesem Sommercamp damals hätte sich doch einiges bei ihm getan, auch wenn er mit dem Symbol damals nichts anzufangen wusste. Aber seitdem ließ ihn die Augenklappe nicht mehr los.
Ich kam, weil meine Intuition es so wollte – und weil eine Kinderstimme mich darum bat. Die Kinderstimme hatte sich schüchtern in meine Intuition geschlichen.
Das Haus war ein Palast inmitten eines paradiesischen Gartens, mit weitem Blick auf das Meer. Stacheldraht und hohe Mauern, Kameras und dicke Eisentore erweckten in mir allerdings mehr den Eindruck eines Hochsicherheitsgefängnisses.
Irgendwann stand ich vor ihm. Genauer: Ich stand vor einem großen Bild, dem Bild seines Großvaters. Von ihm hatte er eine kleine Firma geerbt. Die kleine Firma entwickelte er zu einem Weltkonzern. Der Großvater war in all diesen Aufbaujahren sein großes Vorbild gewesen.
Seinen Vater nahm er nicht so ernst. Der philosophierte ja nur so vor sich hin. Ein Fantast. Das sagte schon seine Mutter. Des-

halb blieb die ganze Arbeit an ihr hängen. Beide hatten nie Zeit für den kleinen Jungen. Auch der kannte bald nichts als Arbeit. »Hilf dir selbst, dann hilft dir Gott«, tröstete ihn damals der Großvater. So jemand brauchte für sich keine Hilfe. Das hatte er über die vielen Jahre mitbekommen. Spätestens auf dem Sommercamp musste sich aber etwas geändert haben. Warum wollte er heute so schnell mit mir sprechen? Ratlosigkeit vermischte sich mit Neugier.

Ich hörte ihn nach mir rufen und ging in die Richtung, aus der seine Stimme kam. Plötzlich stand ich in diesem großen, blühenden Garten. Im Schatten eines großen Baumes sah ich ihn sitzen. Auch er schien mich zu bemerken, obwohl er mit dem Rücken zu mir saß. So blieb er auch, begrüßte mich knapp und schwieg lange, um dann einen Satz zu zitieren, den ich von irgendwoher kannte. »Das Herz hat seine Gründe, von denen der Verstand nichts weiß.« Dann fiel es mir ein: »Pascal?«, fragte ich ihn. »Weiß nicht. Das sagte mein Vater immer, wenn er nicht mehr weiterwusste.« Dabei drehte er sich nur zögernd zu mir um. Jetzt bemerkte ich, dass seine Augen verbunden waren. »Ich habe Angst, schreckliche Angst«, fuhr er fort. Ein Mensch, der ein Leben lang alles unter Kontrolle gehabt hatte, der alles sah, nie den Überblick verlor, dieser Mensch war jetzt vom Schicksal aufgefordert, etwas Neues zu lernen. »Früher, als ich immer so allein in meinem dunklen, einsamen Kinderzimmer lag, da genügte es mir zu wissen, dass Mutter in der Nähe ist. Da wurde die Angst schon weniger. Jetzt ist die Angst wieder da.« – »Jetzt?«, fragte ich. »Nein, jetzt, wo Sie nicht da sind.«

Ich entschloss mich zu bleiben, einfach zu bleiben, ohne Absicht, ohne Blick auf die Uhr.

Sichtbar, wirklich sichtbar werden die Menschen nur in der Krise. Irgendwann erzählte er dann die Geschichte seiner Wunde. Wie er als Kind das erste Mal auf der Bühne stand. Er sollte mit einem Mädchen den Tanz der Kinderseelen tanzen. Das war

der Höhepunkt der Aufführung. Alle waren da: der Pfarrer, der Bürgermeister, die Lehrer, die Eltern und viele, viele unbekannte Gesichter. Lange hatten sie geprobt. Jetzt war es so weit. Seine Eltern konnten nicht kommen. Für so etwas hatten sie keine Zeit.
Dann die Musik. Die Kinderseelen begannen zu tanzen, immer schneller, bis sich alles um ihn herum drehte. Er sprang vor Freude und – sprang direkt auf die zarten Füße seiner ebenso zarten Tänzerin. Die schrie vor Schmerz, gab ihm eine schallende Ohrfeige und rannte die Bühne hinunter zu ihrer Mama. Die nahm ihre Kleine und begann sie zu trösten. Er aber stand alleine da und blieb alleine auf dieser großen Bühne stehen, weil er nicht wusste, wohin er laufen sollte. Seine Kinderseele begann zu bluten und blutete, bis sie ausgeblutet war. In diesem Augenblick wusste er es: Er würde nie mehr tanzen. Und er hatte doch so gerne mit seiner kleinen Seele getanzt.
Jetzt wusste ich, warum er immer wollte, dass seine Mitarbeiter tanzen lernen. »Lernt tanzen, sonst wissen die Engel im Himmel nichts mit euch anzufangen«, zitierte er immer seinen Großvater. Er aber tanzte nie. Mit seinen Managern sollte ich tanzend neue Ideen finden. Ganze Workshops hatten wir damit verbracht, leicht und locker und damit bereit für neue Visionen zu werden. Aber er, er tanzte nie mit. Er saß in einer Ecke und schaute zu. Er war ein einsamer Wolf. Er wollte ein einsamer Wolf bleiben, obwohl er auf den ersten Blick ein Draufgänger war.

Das Erbe einer Sommernacht

Auf dem Sommercamp damals lud ihn die junge Frau bei unserem Abschlussritual zum Tanzen ein. Irgendjemand erzählte, dass die beiden anschließend die Nacht miteinander verbrachten. Sollte es hier einen roten Faden zu seiner Krise geben oder waren die verbundenen Augen das Ergebnis einer Krankheit, die nur zufällig zeitgleich auftrat? Ich gab die Fragen an die größere Weisheit ab.

Wenn wir dem Verstand in Verbindung mit unserer Neugierde das Feld überlassen, verlieren wir meist den Kontakt zu unserem Herzen und verlaufen uns. Als ich wieder zurück zu meiner Herzensmitte gefunden hatte, bemerkte ich den Ring an seinem Finger. Er bemerkte, dass ich bemerkte, und so erfuhr ich das Geheimnis, das endlich verraten werden wollte. Verräter sind seit Tausenden von Jahren tragische Figuren. Sie wollen stets das Beste und machen sich das Beste zum Feind. Jetzt war es wichtig, ganz wach und präsent zu sein. So wurde mir eine befreiende Geschichte wie auf dem berühmten Silbertablett serviert.

Weil er damals, als sie die Nacht gemeinsam verbrachten, mehr von ihr wissen wollte, erzählte sie ihm von ihrer soeben vernarbten Wunde. »Bitte enttäusche mich nicht«, hatte sie ihm ins Ohr geflüstert, als sie sich ihm hingab. Wie sollte er wissen, was sie meinte, wo er doch nie lieben gelernt hatte? Sie zeigte ihm das Symbol ihrer Enttäuschung: einen Ehering, der nie von einem Mann getragen wurde.

Als sie nach draußen ging, um dem Mond für den schönen Traum zu danken, probierte er den Ring und bekam ihn nicht mehr vom Finger herunter. Also ließ er ihn dran. Sie bemerkte das nie. Oder war es ganz anders? Hatte sie es bemerkt und vor Enttäuschung geschwiegen? Oder hatte sie es bemerkt und sich seitdem Hoffnungen gemacht?

Die Fragen wuchsen mit jedem Tag und mit jedem vergeblichen Versuch, sich des lästigen Rings zu entledigen. Dann kam die Sache mit dem Unfall und der Operation. In der Nacht ist der Mensch nicht gern alleine, vor allem wenn die Nacht kein Ende hat und Gefühle nur ihre Schattenseite zeigen.

Der Selfmademan sehnte sich nach der Nähe dieser Frau und schämte sich zugleich. »Mir fehlt einfach emotionale Kompetenz«, versuchte er mir seine Hilflosigkeit zu erklären. Aber hinter diesen Erklärungsversuchen steckte eine tiefe schwarze Angst. »Wie hätte Ihr Vater in solch einer Situation reagiert?«, fragte ich den Selfmademan. Der konnte keine Antwort finden, weil er bis zu diesem Zeitpunkt keine Erfahrung im Zuhören bei seinem Vater hatte. Jetzt könne er ihn auch nicht mehr fragen, denn er wäre schon lange tot.
»Wir fragen den Vater trotzdem«, schlug ich dem verdutzten Selfmademan vor. »Machen Sie eine Übung mit mir?«, bat er mich daraufhin fragend. »So eine wie auf dem Sommercamp?« Jetzt begann er mir zu berichten, wie gut ihm das alles damals getan hätte auf diesem Sommercamp, wie er das erste Mal wieder sein Herz vor Freude schlagen hörte und alle Gefühle wie aufgeregte Kinder auf Geschenke warteten und wie er sich nach einer Frau sehnte. Er begann laut zu weinen und schämte sich nicht – nicht mehr. »Ich kenne mich nicht mehr, was ist denn bloß los mit mir? Ich bin ja zu einem heulenden Weib geworden.« Dann erzählte er mir, wie er heulen musste vor Dankbarkeit und Freude, als er das erste Mal aus Liebe mit einer Frau geschlafen hatte. Ausgerechnet mit ihr, der er anschließend den Ring klaute. Er deutete auf den Ring, den er nicht mehr loswurde. Ich nahm vorsichtig seine Hand und zog am Ring. Ganz einfach löste er sich vom Finger.
Jetzt erst erfuhr ich die wahre Geschichte: Der Mann konnte sich nicht vom Ring trennen, nicht umgekehrt. Als ich ihm den Ring in die Hand legte, fing er zu schluchzen an. »Was wäre möglich, wenn Sie diesen Ring ganz zu Recht tragen würden?«, fragte ich ihn in das aufkommende Donnern eines nahenden Gewitters hinein. Leises Weinen. »Dann wäre ich nicht mehr so einsam und sie auch nicht.« – »Und was wäre dann möglich?«

»Dann wäre die Welt um zwei Unglückliche ärmer.« – »Und um zwei Glückliche reicher?«

Sein Handy begann, sich mit einem allmählich lauter werdenden Klingelton bemerkbar zu machen. »Für Elise.« – »Ja, so heißt sie.« – »Ich meinte den Klingelton«, bemerkte ich. Er antwortete nicht, sondern bat mich stattdessen, ihm beim Aufstehen behilflich zu sein. Das Handy spielte weiter die Melodie. Der Selfmademan stand wieder auf eigenen Beinen. »Ich rufe sie an.« – »Ja, das ist der nächste Schritt«, bestätigte ich ihn.

Als ich heimfuhr, war es schon so spät, dass weit, ganz weit draußen über dem Meer das leichte Grau eines neuen Tages sichtbar wurde. Ich summte »Für Elise« vor mich hin und dachte an die vielen vergessenen Schätze unserer Eltern, die nur darauf warten, gehoben zu werden.

Wenn Sie für Ihr Buch ein offenes und glückliches Ende brauchen…, dann schreiben Sie alle Ideen auf, die Ihnen am Ende dieses Kapitels zu Ihrem großen Traum einfallen. Sind das wirklich alle Ideen? Gibt es vielleicht noch Ideen, die so verrückt sind, dass Sie diese gar nicht mehr aufschreiben wollen? Welche dieser Ideen erscheinen Ihnen beim Aufschreiben und nochmaligen Lesen so wichtig, dass Ihr Leben ärmer wäre, wenn Sie es nicht wenigstens versuchen würden, diese Ideen zu verwirklichen? Wählen Sie die wichtigste dieser Ideen aus. Nehmen Sie sich jetzt vor, der beste Freund dieser Idee zu sein. Nehmen Sie sich vor oder versprechen Sie es sich, das Möglichste zu tun, damit diese Idee Wirklichkeit wird. Nennen Sie einen ersten kleinen Schritt.

Dann schließen Sie das Buch für ein Jahr. Unterstützen Sie diesen Abschluss durch ein kleines Ritual, zum Beispiel eine Meditation Ihrer Wahl. Lesen Sie in einem Jahr Ihr Buch noch ein-

mal. Was ist aus der Idee geworden? Ergänzen Sie Ihr Buch um Ihre jetzigen Erfahrungen. Ergänzen Sie Ihre Ideen um die Erfahrungen mit dem kleinen Schritt. Trauen Sie sich einen weiteren Schritt zu und verstärken Sie Ihr Versprechen wieder durch ein Ritual.

Schließen Sie Ihr Buch wieder für ein weiteres Jahr. Wiederholen Sie dieses Spiel, bis es selbst zum Ritual geworden ist.

Natürlich können Sie die Abstände verkürzen. Aber bedenken Sie: Manchmal ist es besser, langsamer zu sein, um schneller zu werden.

Ich wünsche Ihrem Buch in diesem Sinne ein schnelles unsterbliches WERDEN.

AUSBLICK

Wenn Menschen zu leuchten beginnen

ODER:

SIE SELBST SIND DAS GLÜCK, DAS SIE EIN LEBEN LANG SUCHTEN

Willkommen im Land der Erleuchteten. Sie blühen jetzt in einer Schönheit und Klarheit, in der nur große Visionen blühen. Ihre Ausstrahlung macht Ihre Vision ab jetzt unverwundbar, unbesiegbar und unvergleichbar. Und der Angstweg? Es gab ihn nie wirklich. Er war nur der Schatten einer Straße, die den Namen Sehnsucht trug. Und auf der erfüllt sich bekanntlich Ihr großer Traum.

Die neue Einsicht

Es ist an der Zeit, mich tief vor Ihnen zu verneigen. Sie sind an einem Wendepunkt Ihres Lebens angelangt, der in Märchen, Mythen und Sagen als die Heimkehr bezeichnet wird. Ich möchte Sie wie einen Heimkehrer begrüßen, der so sehnlich erwartet wird wie eine Braut oder ein Bräutigam. Ein großes Fest ist für Sie vorbereitet, alles wartet auf Sie, um Sie staunend, mit überströmender Liebe zu begrüßen. Ihre Ausstrahlung gleicht schon jetzt der eines neu entdeckten Sterns. Aber

das ist erst der Anfang. Niemand hat mehr Macht über Sie, es sei denn, Sie wollen es so. Sie sind jetzt eine Sonne, die keinen Mond braucht, um zu strahlen.
Früher, ganz früher, waren Sie vielleicht selbst noch ein Mond. Da war die Sonne für Sie noch wichtig, weil Sie sonst übersehen worden wären. Damals brauchten Sie noch die Verliebten, um bewundert und angehimmelt zu werden. Jetzt sind Sie selbst die Liebe! Deshalb verneige ich mich so tief vor Ihnen.
Während ich mich vor Ihnen voller Freude und Dankbarkeit verneige, schlägt irgendwo gerade ein Mann seine Frau. Ein Kind fleht verzweifelt um sein Leben, und ein einsamer Mensch sehnt sich vergebens nach Liebe.
Sie werden auch jetzt nicht verhindern können, dass dies alles geschieht. Aber Sie werden ab jetzt Ihren Teil beitragen, dass Ihre, meine, also unsere Welt um einen wichtigen Beitrag – nämlich Ihren Beitrag – schöner, wahrer und liebenswerter wird.
Baden Sie im Meer Ihrer Möglichkeiten.

Wenn es stimmt, was uns Spitzenwissenschaftler erzählen, dann gibt es nicht *die* Welt, sondern unendlich viele Möglichkeiten, die Welt zu sehen, zu erfinden und zu gestalten. Es kommt darauf an, worauf wir bewusst unsere Aufmerksamkeit lenken. Und es kommt auf die Qualität unseres Bewusstseins an.
Unser Bewusstsein ist in der Lage, alles und in allem zu sein: im Urknall der Schöpfung und am Rande eines untergehenden Sonnensystems, es kann auf bekannten Planeten lustwandeln oder als einsamer Komet in die Unendlichkeit rasen.
Wir selbst sind es, die mit unserer Angst unser Bewusstsein auf ein Minimum seiner Möglichkeiten reduzieren. Was wäre möglich, wenn unsere Sehnsucht dieses unser von Angst befreites Bewusstsein zu immer mutigeren, kreativeren Schöpfungsprozessen inspirieren würde?

Was wäre möglich, wenn unser erlöstes Bewusstsein Visionen erfinden dürfte, die seinem wirklichen Potenzial entsprächen?
Was wäre möglich, wenn diese Visionen von einer Verantwortung getragen wären, die dem Bewusstsein unserer Weisen entspricht, das nicht alles, was möglich ist, auch möglich machen will?
Was wäre möglich, wenn jeder Quantenphysiker, ja jeder Spitzenwissenschaftler, zugleich auch ein Mystiker wäre? Welche Auswirkungen hätte das auf unsere großen Träume und auf die großen Träume unserer Menschheit und aller Intelligenzen?

Wo ist der Mond, wenn er nicht scheint?

Hatten Sie nicht schon immer so eine Ahnung, dass dieses Leben, so wie Sie es jetzt gerade führen, nicht die einzige Art und Weise zu leben sein muss? Hatten Sie nicht schon immer die innere Gewissheit, dass mehr, viel mehr in Ihnen steckt als das, was Sie jetzt gerade tun? Wie Recht Sie hatten. Lassen Sie sich nie mehr kleinreden von diesen ängstlichen Monden, die sich nur sorgen, Sie könnten Ihre wahre Kraft und Größe entdecken!
Wo wäre der Mond, wenn Sie, als seine Sonne, sich von ihm abwenden würden? Er würde aufhören zu scheinen!

Die Freiheit in der Wahrscheinlichkeit

Es ist wahrscheinlich, dass Sie Ihre Zeit brauchen, um allein mit Ihrer Gedankenkraft aus diesem unendlichen Meer aus Energie und Potenzialität Ihre neue, Grenzen sprengende Vision zu entwickeln. Es ist noch wahrscheinlicher, dass Sie Ihre Zeit brauchen, um diese Vision auch sichtbar zu machen. Ge-

nauso wahrscheinlich ist es aber auch, dass diese Vision schon kurz davor ist, sichtbar zu sein.
Wir haben gelesen, dass jeder Entwicklungsprozess einen Chaospunkt kennt, an dem nichts mehr kontrollierbar ist. Das Neue geschieht einfach. Es ist unwahrscheinlich, dass alles so bleibt, wie es ist, obwohl Sie dabei sind, in den Tempel der Weisheit, Wahrheit und Schönheit einzuziehen. Es ist wahrscheinlicher, dass alles auf einen Punkt zusteuert, an dem sich Ihr großer Traum bewusst und intuitiv erfüllt.
Wie anders als Götter nennen wir Wesen, die sich so ihren großen Traum von der Welt erschaffen? Wenn Sie ab jetzt solche Möglichkeiten haben – wie klein ist dagegen ein Paradies. Freuen Sie sich schon jetzt darauf, immer neue, immer schönere Visionen zu erfinden. Die Vorfreude wird Ihnen niemand mehr nehmen.

In diesem Bewusstsein verneige ich mich also vor Ihnen und freue mich auf das, was werden will.

H.Kreis@imaco.de

»Wer etwas zu sagen hat,
der wird es immer wieder neu sagen.«

Franz Rosenzweig

Danksagung

Mein herzliches Dankeschön gilt Dr. Hans Christian Meiser für seine liebevolle Begleitung, Albert Pietzko, Dr. Joachim Galuska, Dr. Godehard Stadtmüller und Otto Lapp für Ihre freundschaftliche und fachliche Unterstützung, den Pionieren unserer ersten Fortbildungsgruppe, den vielen inspirierenden Freunden und nicht zuletzt meiner Familie.